AF876930

Der Rechtswechsel im öffentlichen Recht

und seine

Einwirkung auf gleichwertige öffentlich-rechtliche Normen

Habilitationsschrift

von

Dr. iur. et. rer. pol. Heinrich Vervier

Regierungsrat I. Klasse, Privatdozent für Staats-, Verwaltungs- und Staatskirchenrecht an der Universität Würzburg

1923

München, Berlin und Leipzig

J. Schweitzer Verlag (Arthur Sellier)

Druck von Dr. F. P. Datterer & Cie., Freising-München.

Seiner Exzellenz dem Herrn Staatsrat i. a. o. D.

Karl Ritter von Krazeisen,

Präsident a. D. des bayerischen Verwaltungsgerichtshofs,

meinem hohen Förderer, in Dankbarkeit ehrerbietigst gewidmet

Würzburg, den 4. Juni 1923

vom Verfasser.

Vorwort.

In Deutschlands tiefstem Elend wurde die Drucklegung der Schrift mit tatkräftiger Unterstützung durch den rührigen, opferfreudigen Verlag und die „Notgemeinschaft der deutschen Wissenschaft" ermöglicht.

Beiden auch an dieser Stelle hiefür Dank und Anerkennung zu zollen, ist mir ein Herzensbedürfnis.

Möge die Darstellung, der Erfahrung einer fast fünfzehnjährigen Tätigkeit in der inneren Verwaltung entsprossen, ein Wegweiser für Rechtslehre und Rechtsprechung auf diesem wissenschaftlich ziemlich stiefmütterlich behandelten viel verschlungenen Rechtsgebiet sein! Dann hat sie ihre Sendung erfüllt.

Würzburg im Oktober 1923.

Der Verfasser.

Inhaltsübersicht.

A. Allgemeiner Teil.

I. Abschnitt.

Wesen und Inhalt des Rechtswechsels.

II. Abschnitt.

Die Rechtsgrundsätze für die Entscheidung des Normenwiderstreits.

B. Besonderer Teil.

III. Abschnitt.

Der Wechsel der sachlichen Rechtsnormen.

IV. Abschnitt.

Sondergebiete.

V. Abschnitt.

Der Wechsel der Zuständigkeitsnormen.

VI. Abschnitt.

Der Wechsel der Rechtsgangsnormen.

A. Allgemeiner Teil.*)

I. Abschnitt.

Wesen und Inhalt des Rechtswechsels.

§ 1. Begriff des Rechtswechsels und Abgrenzung des Gebiets.

I. Begriffsbestimmung.

Wie jede menschliche Einrichtung ist das Recht stetem Wechsel unterworfen, so verschieden es auch seiner Entstehungsform und seinem Inhalt nach sein mag. Es können formell die Rechtsquellen (Gesetz, Gewohnheitsrecht, Autonomie) einander ablösen (§ 9 II); es kann aber auch ohne Aenderung der Rechtsquelle sachlich ein Wandel im Rechtssatz, also eine Inhaltsänderung eintreten; so ist es z. B. möglich, daß auf objektives Recht subjektives folgt, wenn etwa dem, zu dessen Gunsten der Rechtssatz lautet, ein Rechtsanspruch auf ein staatliches Gewähren eingeräumt wird, dessen Erteilung vorher im freien Ermessen der zur Verleihung befugten Behörde stand. Es kann aber auch der Fortbestand von subjektivem oder objektivem Recht von anderen Voraussetzungen als ehedem abhängig gemacht werden.

Wenn in der Überschrift der Darstellung vom „Rechtswechsel" statt vom „Gesetzeswechsel" die Rede ist, so ist diese Bezeichnung mit Absicht gewählt; denn damit soll jedes Gesetz im sachlichen (sog. materiellen) Sinn und jede Rechtsnorm[1]) gedeckt sein (vgl. Art. 2 EG. BGB.; Art. 12 EG. ZPO.; Art. 2 EG. KO., Art. 7 EG. StPO.; Art. 106 I bayer. KGO.). Hiezu gehören zunächst Vorschriften, die die Rechtskreise mehrerer Personen wechselseitig abgrenzen, auch solche zwischen dem Staat und den ihm eingegliederten natürlichen Personen (Strafrecht) oder Gebietskörperschaften (Staats-

*) Nach dem Stand von Gesetzgebung, Rechtslehre und Rechtsprechung vom 15. März 1923. Neuerscheinungen in Gesetzgebung und Rechtsprechung wurden, soweit möglich, noch während der Drucklegung berücksichtigt. In der Darstellung ist neben dem öffentlichen Reichsrecht im wesentlichen das öffentliche Landesrecht Bayerns behandelt, um sie nicht zu überladen.

[1]) v. Stengel-Fleischmann, Wörterbuch des deutschen Staats- und Verwaltungsrechts, 2. Aufl., 1913 (abgekürzt: W. B.), 2. Bd., S. 213 ff. unter „Gesetz"; Walter Jellinek, Gesetz, Gesetzesanwendung und Zweckmäßigkeitserwägung S. 21, 56, insbes. S. 175 und 179 ff., S. 211.

aufsicht). Ihre äußere Erscheinungsform ist gleichgültig. Zu diesen Vorschriften sind weiter nicht nur jene zu rechnen, die von den berufenen gesetzgebenden Organen ausgehen (sog. Gesetze im formellen Sinn), sondern auch Rechtsverordnungen, gemeindliche Satzungen (Ortsstatute zuweilen genannt) einschließlich der Satzungen der übrigen Gebietskörperschaften, der Gemeindeverbände (sog. Zweckverbände) sowie der ortskirchlichen Satzungen, Ministerialentschließungen, polizeilichen Vorschriften, die auf Grund von Gesetzen erlassen wurden, ferner das Gewohnheitsrecht;[2]) vorausgesetzt ist nur, daß in all' diesen Rechtsnormen gegenseitige Rechtsbeziehungen abgeschichtet oder verfahrensrechtliche Normen aufgestellt werden, also Vorschriften, die sich jedenfalls auch an die Untertanen (= Rechtsbeachter) wenden. Reine Verwaltungsverordnungen scheiden demnach in der Regel aus.

In der Rechtslehre wie in der Rechtsprechung ist es unbestritten, daß namentlich örtliche Satzungen den allgemeinen Grundsätzen über den Rechtswechsel unterstehen. Dadurch werden örtliche Rechtsnormen geschaffen, deren Kraft und Tragweite nach den üblichen Regeln über räumliche und zeitliche Geltung von Rechtsvorschriften zu beurteilen ist.[3]) Diesen Vorschriften können sich die sie erlassenden Zuständigkeitsträger nicht entziehen, seien es staatliche oder gebietskörperschaftliche z. B. gemeindliche Willensbildungskörper[4]) (Stadt- und Gemeinderäte); ebensowenig sind die Rechtsnormenempfänger in der Lage, sich von ihnen frei zu machen; allerdings ist dabei vorausgesetzt, daß die genannten Zuständigkeitsträger auf Grund derartiger Rechtssatzungen mit den diesen Unterworfenen bereits in Beziehung getreten sind.[5]) Indessen dürfen sog. „wohlerworbene Rechte", von denen später die Rede sein soll, die **iura quaesita** und „erledigte Rechtsstreitigkeiten" (**causae finitae**) durch solche Satzungen nicht berührt werden.[6]) Staatlich genehmigten Stiftungssatzungen unterliegt auch der Stifter, wenngleich er selbst die Satzung gegeben hat.

Voraussetzung für die Gültigkeit einer Rechtsnorm ist deren Verkündigung[7]) (vgl. Art. 71 der Reichsverfassung = RV.; § 75 der

---

[2]) W. B. S. 287 ff unter „Gewohnheitsrecht", namentlich §§ 4 mit 6.

[3]) Sammlung der Entscheidungen des bayer. Verwaltungsgerichtshofs (abgekürzt: S.) Bd. 10 S. 385; 24 S. 18 ff. und S. 561 ff.; 26 S. 18 ff.; 34 S. 22 ff.; Entscheidung des Reichsgerichts vom 7. März 1907 in DJZ. 1907 S. 414; preuß. Oberverwaltungsgericht in DJZ. 1907 S. 53; Reger's Entscheidungen Bd. 22 S. 424; 24 S. 402; 25 S. 373; Reichsgericht in ZS. Bd. 48 S 275; Entscheidung des obersten Landesgerichts in StrS. vom 10. Januar 1905 (MABl. S 111 ff.)

[4]) Georg Jellinek, System der subjektiven öffentlichen Rechte, 2. Aufl. 1905, S. 230; S. Bd 10 S. 385; 22 S 39; ferner die Entscheidung des Reichsgerichts in ZS. Bd 53 S. 35 ff.

[5]) S. Bd. 10 S. 385. — Näheres Fußnoten 38 und 240.

[6]) S. Bd. 22 S. 39.

[7]) Helmreich-Rock, Bayer. Gemeindeordnung, 2. Aufl., Anm. 16 Abs. 6 zu Art. 4 GO. — jetzt in der Fassung des Art. 27 des bayer. Selbstverwaltungsgesetzes (= SG) vom 22. Mai 1919, GVBl. S. 239 ff. —, S. 109; im all-

bayer. Landesverfassung = LV. vom 14. Aug. 1919, GVBl. S. 513 ff.; Art. 11 bayer. PStGB.); erst von diesem Zeitpunkt an besteht die Möglichkeit ihrer Anwendung, sog. lex perfecta, mag auch der Geltungstermin früher liegen. Näheres unter § 5 I.

Die Grundsätze über den Normenwechsel gelten nicht nur für Rechtssätze, in denen persönliche Rechte gewährleistet werden, nicht nur für Vorschriften des objektiven Rechts, in denen kraft zwingenden Rechtssatzes Personen entweder ausschließlich als Untertanen (sog. Pflichtsubjekte) der Staatsgewalt gegenüberstehen oder den Widerschein von Rechtsnormen (sog. Reflexrechte) empfangen; sie gelten auch außerhalb zwingender Rechtsvorschriften für Bestimmungen und Richtlinien, bei denen sich die Rechtskreise zwischen verschiedenen Personen oder zwischen dem Staat und den ihm Eingegliederten überhaupt nicht schneiden, vielmehr Belange Einzelner berührt werden; der mit staatlicher Förderung Begnadete wird dabei lediglich des Abglanzes staatlicher Weisungen an die Behörden teilhaftig. Vornehmlich geschieht dies in den Fällen, in denen bestimmten Personen oder Personenkreisen z. B. Gastwirtevereinigungen vor der Beschlußfassung über Verleihung von Wirtschaftserlaubnissen rechtliches Gehör und eine begutachtende Stellung ohne Rechtsanspruch hierauf gewährt werden soll, ferner wo staatliche Unterstützungen und Zuschüsse[8]) in Aussicht gestellt werden. In all' diesen Fällen gelten gleichförmig die Grundsätze über den Normenwechsel, deren Anwendung eben dann den zur Erledigung berufenen Behörden zur Pflicht gemacht ist.

An einer eingehenden auf der Rechtslage seit 1900 aufgebauten zusammenfassenden Darstellung der Einwirkung des Rechtswechsels auf Rechtsverhältnisse sachlicher und verfahrensrechtlicher Art, die der Übergangszeit angehören, mangelt es gegenwärtig noch.[9]) Die gelegentlichen Hinweise in der Rechtslehre sind fast dürftig. Wiederholt

---

gemeinen wird zur Frage der Verkündung verwiesen auf die eingehenden Erörterungen von Laband, Das Staatsrecht des Deutschen Reiches, 5. Aufl., Bd. II S. 70 ff., I Ziff. 2; namentlich A. Dyroff in Hirths Annalen 1889 S. 871 ff.; vgl. auch Seydel-Piloty, Bayerisches Verfassungsrecht 1913, I S. 842, 843 Fußnote 31. — Für „örtliche Satzungen" vgl. auch die Fußnoten 31/2, 35/6, 83/84, 128; ferner S. 60/1, 67 ff. (Steuersatzungen); dann für die regelmäßige Nichtrückwirkung örtlicher Satzungen überhaupt § 10 Ziff. 8, S. 75 ff.

[8]) Vgl. z. B. die ME. vom 10. März 1922 (MABl. S. 92 ff.) über die Förderung von Bodenkulturunternehmungen durch Gewährung von Staatszuschüssen, unter VI, Abs. 2 (Übergangsbestimmungen): „Die neuen Bestimmungen greifen für alle Unternehmungen Platz, die im Zeitpunkt der Bekanntgabe der Bestimmungen weder begonnen noch behandelt waren."

[9]) Gierke, Deutsches Privatrecht (in Bindings Handbuch der deutschen Rechtswissenschaft II, 3), 1 S. 183 ff., insbes § 23; Jebens, Verwaltungsrechtliche Aufsätze, 1899, S. 264 ff., XIII: lex ad praeterita trahi nequit; Stier-Somlo, die Einwirkung des bürgerlichen Rechts auf das preußisch-deutsche Verwaltungsrecht, 1900 S. 102 ff, § 9 VI Fußnote 38 (abgekürzt: „Einwirkung"); Fleiner, Die Institutionen des Deutschen Verwaltungsrechts 1913 S. 88 II; nach Fertigstellung der Arbeit kann dem Verfasser auch der Aufsatz von Karl Groß: „Die zeitliche Herrschaft der Gesetze in der Rechtsprechung des bayer. Verwaltungsgerichtshofs" in den BlfaPr. Bd. 72 S. 17 mit 25 zur Kenntnis und wurde nachträglich verwertet.

hat das Problem des Rechtswechsels die bürgerlichen Gerichte, die Strafgerichte und namentlich die eigentlichen Gerichte des öffentlichen Rechts (Verwaltungsgerichte, Gerichte für soziale Versicherung und Steuergerichtshöfe) beschäftigt.

II. Die Arten der Normenzusammenstöße.

Ein Zusammentreffen von Rechtsnormen ist in vierfacher Richtung möglich.

1. Wenn z. B. in Art. 13 I RV. der Grundsatz niedergelegt ist: „Reichsrecht bricht Landrecht", so will damit nicht die Frage nach der rückwirkenden Kraft der Rechtsnormen angeschnitten werden, für die die Rechtsregel gilt: **lex ad praeterita trahi nequit**; auch wird dort nicht vom Vorrang einer Rechtsnorm unter gleichwertigen Rechtsquellen kraft späterer Entstehung gesprochen; vielmehr soll damit der Vorrang der höheren Rechtsquelle vor der niederen ausgedrückt werden,[10]) sogen. **ius eminens** im objektiven Sinn; denn im verfassungsmäßigen Gemeinschaftsstaat ist Recht und Gesetz begrifflich niemals nach räumlichen und zeitlichen Geltungsgrundsätzen abzuschichten, sofern Rechtsnormen des Gesamtstaates mit solchen der Einzelstaaten zusammentreffen. Das Rechtsverhältnis zwischen den Zuständigkeitsträgern (Organen) der Gemeinschaft und denen der Mitgliedstaaten ist vielmehr nach denselben Regeln zu beurteilen wie die Rechtsschöpfung, die innerhalb eines Landes in eigener Gesetzgebungsbefugnis von höheren Zuständigkeitsträgern ausgeht; man spricht hier von einem **ius eminens** im subjektiven Sinn.[11]) Dagegen gilt im Verhältnis der Gliedstaaten untereinander, soweit sich Zusammenstöße von verschiedenen Landrechten ereignen, kein übergeordnetes Recht, das immer einer umfassenderen Zuständigkeit seinen Ursprung verdankt. Daher können zwischen Gliedstaaten nur Streitigkeiten über die räumliche Geltung von Landesgesetzen entbrennen.

Im übrigen sind dem **ius eminens** einer Staatenverbindung sofort mit der Verkündigung alle Rechtsakte untergeordneter Machtträger wie Gesetzgebungsbeschlüsse der einzelstaatlichen Landtage unterworfen und zwar einschließlich des Verkündigungstags. Die RV. ist z. B. mit dem Tag ihrer Verkündigung, also mit dem 14. August 1919 (Art. 181 RV. u. RGBl. 1919 Nr. 152) in Kraft getreten. Ihren Bestimmungen unterliegt daher jede an diesem Tag vorgenommene Handlung der Landesgesetzgebung, auch ein an diesem Tag gefaßter Beschluß des bayer. Landtags.[12])

[10]) W. B. Bd. II S. 217, § 5 Ziff. 2 unter „Gesetz"; Laband a. a. O. S. 72 I Ziff. 5 und § 59 II; Gierke a. a. O. S. 183 § 22; Das Verhältnis mehrerer vom Schlichtungsausschuß für verbindlich erklärter Tarifverträge, die gerade infolge dieser Erklärung einen gewissen öffentlich-rechtlichen Einschlag aufweisen, soll besonders behandelt werden.

[11]) Vgl. z. B. Art. 10 bay. PStGB., der für polizeiliche Vorschriften bestimmt, daß keine Polizeivorschrift einer von einer höheren Behörde erlassenen widersprechen darf.

[12]) Vgl. die Entscheidung des Reichsgerichts vom 10. Mai 1921 im RGBl. S. 735 mit der Begründung in der BayGVBl. 1921 S. 466.

2. Von einem Normenwiderstreit im eigentlichen Sinn kann daher in solchen Fällen nicht die Rede sein. Nur wenn demselben räumlichen Rechtsgebiet angehörige, staatsrechtlich einander für ebenbürtig erachtete Rechtsnormen *zeitlich* miteinander in Widerstreit treten, ist eine wirkliche Rechtsnormengegensätzlichkeit gegeben.

3. Ebenso ist es, wenn solche Rechtsvorschriften *örtlich* miteinander zusammentreffen. So kann z. B. bei Eingemeindung von Gebietsteilen streitig sein, ob für das Trennstück noch die Bestimmungen aus der Zugehörigkeit zum früheren Gemeindegebiet gelten oder jene der Einverleibungsgemeinde maßgebend sind.

4. Ebenso ist es endlich, wenn mehrere *gleichwertige* Rechtsnormen bezüglich der Beurteilung der *Rechtszustandsverhältnisse* eines Rechtssubjekts z. B. bei Würdigung der Frage der Geschäftsfähigkeit, Gültigkeit einer Ehe usw. *gleichzeitig* zutreffen (sog. *persönlicher* Normenwiderstreit gegenüber dem *sachlichen* Normengegensatz bei zeitlichem *und* örtlichem Zusammentreffen ebenbürtiger Rechtsvorschriften).

Nur in den letzten drei Fällen sprach man bisher von einer sog. „Statutenkollision“.

In dieser Darstellung sollen lediglich die *zeitlichen* Normenwiderstreite behandelt werden, der eigentliche „Rechtswechsel“.

5. Gesetzeswiderstreite, die nach den Grundsätzen des *Gesetzesvorrangs* zu entscheiden sind, können zusammentreffen mit solchen Rechtsänderungen, die nach den Grundsätzen über zeitlich*e* Geltung von Rechtsnormen zu beurteilen sind, z. B. wenn jüngeres Reichsrecht älterem Landesrecht oder eine frühere ortspolizeiliche Vorschrift einer späteren oberpolizeilichen widerspricht. Bei derartigen Rechtslagen kann indessen begrifflich von einer Einwirkung des Rechtswechsels im eigentlichen Sinn doch nicht gesprochen werden, sondern lediglich von einem Einfluß des übergeordneten Rechts (ius eminens) auf niederes Recht. Dies gilt namentlich auch für das Verhältnis eines für verbindlich erklärten Tarifvertrags zum Arbeitsvertrag. Bei der Lösung solcher Widerstreite scheiden die Grundsätze über den Rechtswechsel i. S. der zeitlichen Geltung der Gesetze im strengen Wortsinn aus; vielmehr sind hier die Rechtsregeln über den Gesetzesvorrang entscheidend.

§ 2. Die Problemstellung.

I. Die Herrschaft des gesetzten Rechts als Folge des Bestands der staatlichen Gemeinschaft.

Das Problem der zeitlichen Geltung der Rechtsnormen ist zu erklären aus dem Wesen der höchsten Gewalt, die nach der Lehre von Staat als oberster Gebietskörperschaft mit ursprünglicher Herrschaftsgewalt in der die Untertanen und Staatsorgane überragenden

Staatspersönlichkeit ruht.[13]) Auch das Reichsgericht hat jüngst[14]) ausgesprochen, „daß die Wurzel alles Rechts die Macht des Staates ist". Die Staatsgewalt ist demnach der letzte Grund der Rechtsgeltung, auch dann, wenn ausnahmsweise das Gesetz selbst eine Abweichung vom Grundsatz des Verbots der Rückwirkung zuläßt oder wenn eine andere Rechtsregel, Gewohnheitsrecht usw. dies gestatten. Hievon später näheres. Denn nur im jeweilig geltenden Normenrahmen, in der gegenwärtigen staatlichen Ordnung vollziehen sich alle menschlichen Lebensvorgänge, auch soweit der Mensch ein Untertan, also ein dienendes Glied im Organismus höherer Verbände ist, ein ζῷον πολιτικόν im weitesten Sinn. Nur soweit die Staatsgewalt, der auch die gesetzgebenden Organe unterstehen, es erlaubt, bilden sich Rechtsordnungen, sog. Machtrecht, lösen sich gegenseitig ab und beherrschen in der Regel sofort mit ihrer Schaffung in Verbindung mit Anerkennung[15]) und Verkündigung das gesamte staatliche, das Rechts- und Wirtschaftsleben und schlagen es in die Fesseln des organisierten Gemeinschaftswillens je nach den Bedürfnissen der staatlichen Gemeinschaft. Damit aber wurzelt am Ende auch die Befähigung der dem Staat eingegliederten Gebietskörperschaften und Verbände des öffentlichen Rechts z. B. der bürgerlichen Gemeinden, ferner der Kirchengemeinden der Glaubensgesellschaften des öffentlichen Rechts und anderer bevorrechtigter gleichartiger

[13]) Vgl Georg Jellinek, Allgemeine Staatslehre S. 538: „Träger der Staatsgewalt ist der Staat und niemand anders." Vor dieser schon lange vor der staatlichen Umwälzung, also ohne Einwirkung politischer Einflüsse und Leidenschaften gewonnenen, auf der Staatslehre von Fichte aufgebauten, auf die Fabel des Menenius Agrippa zurückreichenden staatsrechtlichen Grundansicht müssen die neuzeitlichen Irrlehren mit dem Gewaltdogma, daß die Staatsgewalt vom Volk ausgehe (Art 1 RV.; § 2 LV.), verblassen. Sie beruhen auf einer Verzerrung des von jeher wenigstens in seinen Fragmenten vorhandenen, aber nicht erkannten Staatsgedankens, wie er namentlich in der Auffassung des Staats als Gebietskörperschaft trotz zeitweiser Verdunkelung weiter herrschen wird, sich übrigens in der täglichen Gesetzesanwendung mit Macht durchbricht, die sonst unvollziehbar wäre. Staatsgewalt wäre andernfalls Volksgewalt, die Staatsbeamten wären Volksbeamten, die Entstehung von Recht und Rechtsgenossen, die Entwicklung von Recht aus der staatlichen Selbstverpflichtung, die Entstehung von Zuständigkeit sowie von subjektiven öffentlichen Rechten wären nicht mehr zwanglos zu erklären. Vom Staat bliebe nichts mehr übrig als der leere Name, ein Begriff ohne Inhalt. Das liefe aber hinaus auf eine förmliche Rückbildung des mühsam erkannten Staatsgedankens, auf ein politisches und staatsrechtliches Herostratentum. — Dazu Walter Jellinek a. a. O. S. 25 und S. 175b; ferner meine Ausführungen in den BlfaPr. Bd. 69 S. 87 ff., „Die Grundlagen des Gegenwartsstaates usw."; neuestens Othmar Spann „Der wahre Staat", Leipzig 1922.

[14]) 3. Zivilsenat in der Sache der Zwangspensionierung der Beamten nach dem preuß. Altersgrenzengesetz (bayer. Staatszeitung Nr. 62/1922). — Vgl Fußnoten 105a S. 60, 34 und 36a.

[15]) Vgl. Bierling, Prinzipienlehre I, 1894 S. 44 Nr. 13, S. 46 ff. und S. 119 Ziff. 1, der schon aus dem Begriff „Recht" zutreffend dessen zeitliche Begrenzung notwendigerweise folgert und als Urgrund der Geltung die Anerkennung der Rechtsnormen durch die Rechtsgenossen der Gemeinschaft hervorhebt; er befindet sich damit im Einklang mit der neuesten Staatslehre (z. B. Georg Jellinek, System usw., 2. Aufl. S 10 u. S. 199).

Körperschaften, Rechtssatzungen für die ihrer Herrschaftsgewalt unterstehenden Gemeinschaftsgenossen mit verpflichtender Wirkung für diese wie für die einschlägige Körperschaft und das Staatsganze selbst zu erlassen, in der solche Macht verleihenden Staatsgewalt; diese Fähigkeit der Satzungsgebung wurzelt im besonderen in dem durch die Staatspersönlichkeit, also **organisiert** geäußerten Volksbewußtsein. Dieses ist der letzte Grund für die Entstehung und Anerkennung der Rechtsnormen, somit auch des Gewohnheitsrechts[16]) und des zwischenstaatlichen Rechts, das auf den gemeinsamen Nenner „organisiertes Volksbewußtsein" durch das Mittel der zwischenstaatlichen Vereinbarungen und zwischenstaatlichen Verträge, demnach ad hoc zwischen bestimmten Staaten zur Ordnung bestimmter staatlicher, allgemein inter gentes (der Völkergemeinschaft) noch nicht oder nicht erschöpfend geregelter Gegenstände getroffene Bestimmungen, zurückzuführen ist im Gegensatz zum eigentlichen Völkerrecht;[17]) denn dieses beruht auf der freien gegenseitigen Anerkennung mehrerer organisierter Volkswillen durch bewußte und gewollte Staatsgewaltseinschränkung und je nach dem Gegenstand auch Staatsgewaltserweiterung. So schafft einzelstaatlicher Wille überstaatlichen Willen, sogar weit über die Grenzen des verfassungsmäßigen Zusammenschlusses mehrerer Staaten hinaus. Trotz des sog. Verständigungsfriedens ist das eigentliche Völkerrecht nach wie vor geblieben, was es war: eine freie Rechtsgemeinschaft der ausschließlich durch ihre Regierungen dargestellten Staaten, nicht aber eine unmittelbare Rechtsgemeinschaft der einzelnen Volksgenossen der zur Völkerrechtsgemeinschaft gehörigen Staaten,[18]) ja nicht einmal der in den Zugehörigkeitsstaaten bestehenden Staatsbürgerabordnungen, die losgelöst von ihren Regierungen zu handeln berufen wären. Damit aber verkennt Bierling trotz richtiger Erkenntnis des Völkerrechts als Staatenvereinsrechts das Wesen des Völkerrechts als „übergeordnetes" Recht im Sinne von überstaatlichem Recht,[19]) weil damals der neuzeitliche Gedanke der mit dem Wesen der Staatsgewalt wohl verträglichen freiwilligen Staatsgewaltsbeschränkung noch nicht so geläufig war.

---

[16]) Vgl. Christian Meurer, Bayer. Kirchenvermögensrecht, III. Bd., 1919, S. 198/9 und insbesondere S. 374 ff., unter Ziff. 3, vornehmlich für die Bewertung der Gerichtsübung (sogen. usus fori) im Rahmen der Lehre vom Gewohnheitsrecht. — Nur für das Strafrecht (arg. § 2 I StGB.: „gesetzlich bestimmt war"), dann Art. 116 RV. verbo „gesetzlich" ist das Gewohnheitsrecht ausgeschlossen (vgl. H. Lukas, Anleitung zur strafrechtlichen Praxis, 2. Aufl., 2. Teil S. 25); eine Ausnahme macht das Kriegsrecht; danach darf z. B der kriegsgefangene Spion nicht bestraft werden: Art. 31 der Ordnung (Landkriegabkommen vom 18. Oktober 1907); Meurer II S. 170.

[17]) Georg Jellinek, System S. 310 ff.; v. Liszt, Das Völkerrecht, 11. umgearbeitete Aufl. 1920 S. 6 ff. und die dortigen Nachweise.

[18]) v. Liszt a. a. O., S 6 II Ziff. 2, jedoch mit der Maßgabe, daß das Völkerrecht nicht im Vertrag, sondern in der Vereinbarung seine Wurzel hat; dazu Georg Jellinek, System, S. 206, 313; Bierling, ebenda S. 120, Fußnote 2 und meinen Aufsatz in den BlfaPr. Bd. 69 S. 82 ff.

[19]) Vgl. Philipp Zorn, „Der Völkerbundsgedanke", Aufsatz in der München-Augsburger-Abendzeitung 1920 Nr. 244.

Zwischenstaatsrecht und Völkerrecht stehen unter den gleichen Normen über den Rechtswechsel wie das innerstaatliche Recht. Dieser Zusammenhang bedarf daher noch einer kurzen Betrachtung.

Tatsächlich hat die weitere Entwickelung und Erforschung des Wesens des Völkerrechts dazu geführt, daß dessen Grundsätze allgemein anerkannt wurden,[20]) indessen kraft freiwilliger Staatsgewaltseinschränkung. Art. 4 der neuen Reichsverfassung hat diese bisher allgemein anerkannte und geübte Rechtsauffassung dadurch gesetzlich niedergelegt, daß die allgemein anerkannten Regeln des Völkerrechts als bindende Bestandteile des deutschen Reichsrechts gelten; ob es vom staatsmännischen Standpunkt aus klug war, sich so festzulegen, steht auf einem anderen Blatt. Dabei darf allerdings folgendes nicht außer acht gelassen werden: ob ein Rechtssatz, eine Rechtsgewohnheit zu den allgemein anerkannten Regeln des Völkerrechts gehören, entscheiden nach pflichtgemäßer Würdigung die innerstaatlichen Behörden, an die sich ja Art. 4 wohl in erster Linie richtet.[21]) Es kann also von einer durch eine fremde überstaatliche Macht verfügten Staatsgewaltsbindung kaum gesprochen werden. Die Anerkennung einer solchen Rechtsnorm im einzelnen Fall ist somit im Endergebnis immer abhängig von der Souveränität der Staaten.

Mit Gebietsabtrennungen und Einverleibungen solcher Trennstücke in andere Staaten (vgl. die nunmehr an Polen gefallenen deutschen Gebiete im Osten!) gehen selbstverständlich alle aus der bisherigen souveränen und nichtsouveränen Staatsgewalt entspringenden Rechtsverhältnisse öffentlich-rechtlicher Art, wie die Gerichtsverfassung des bisherigen Staates auf dem Trennstück unter. So ist das Reichsgericht für die an Polen verlorenen deutschen Gebiete nicht mehr Revisionsgericht. Anhängige, aber noch nicht entschiedene Revisionssachen aus den abgetretenen Gebieten sind vom Zeitpunkt der Rechtskraft der Gebietsabtretung an, also mit dem sog. Austausch der Friedensvertragsratifikationsurkunden nicht mehr der deutschen Justizhoheit als Staatsgewaltsausfluß unterstellt. Eine Urteilsfällung durch ein deutsches Gericht wie überhaupt jede Tätigkeitsentfaltung der Gerichtsbarkeit ist begrifflich nicht mehr denkbar; ist sie doch ein Ausfluß der Staatsgewalt, deren sachliches Merkmal in der ursprünglichen Herrschaft über Menschen[22]) besteht; die einen Rechtsstreit führenden Willensträger unterstehen aber nach der rechtskräftigen Gebietseinverleibung fremder Herrschaft, in deren Namen nunmehr Recht gesprochen wird.

Der Staat als die Zweckeinheit der durch eine Obrigkeit auf gebietlicher Grundlage zusammengefaßten Volksgenossen ist daher immer noch der letzte Grund für den Normenbestand und für dessen Geltung, wie umgekehrt ganz allgemein die zeitliche Grenze der Normengeltung

[20]) Georg Jellinek, a. a. O. S. 11 und S. 394 ff, unter XXI.
[21]) Gerhard Anschütz, Reichsverfassung, 1921, Anm. 2 zu Art. 4 RV.
[22]) Georg Jellinek, System S. 77/8 und Fußnote 3; BlfaPr. Bd. 69 S. 71 ff.

durch den Bestand der einschlägigen Rechtsgemeinschaft bedingt ist. Nur innerhalb der Grenzen des Staatsrechts kann somit begrifflich von einer räumlichen neben der zeitlichen Rechtsgeltung gesprochen werden, im verfassungsmäßigen Gemeinschaftsstaat im Verhältnis von Gliedstaats- und Gemeinschaftsrecht außerdem von einer ranglichen.

Die Erscheinung der Staatenzertrümmerung im Gefolge des Weltkriegs hat die Richtigkeit der Lehre aufgezeigt, daß es keine Herrschaft von Rechtsnormen vor Bestand, keine wahre Fortdauer von Rechtsregeln nach Untergang der Rechtsgemeinschaft gibt, für deren Regelung sie bestimmt sind.[23]) Wenn Bierling daran anschließend hervorhebt, daß, wo ausnahmsweise das Gegenteil in letzterer Hinsicht eintrete, entweder doch noch die alte Rechtsgemeinschaft weiter bestehe, nur mit mehr oder weniger Modifikationen, oder daß die scheinbare Fortdauer des alten Rechts auf der Rezeption seitens einer anderen Rechtsgemeinschaft beruhe, in der die alte Rechtsgemeinschaft aufgegangen sei, so kann dieser Ansicht im allgemeinen beigetreten werden. Der deutsch-österreichische Staat lehnt zwar für die Durchführung des Übernahmeverkehrs grundsätzlich ab, als Rechtsnachfolger der ehemaligen österreich-ungarischen Monarchie zu gelten; er erklärt ausdrücklich, daß die alten für den Auslieferungsverkehr zwischen Deutschland und Österreich bestehenden Vereinbarungen für die deutsch-österreichische Regierung nicht mehr maßgebend sind. Lediglich damit ist sie einverstanden, daß der Vertrag vom 26. Jan. 1854 (RegBl. S. 209) vorläufig bis zum Abschluß eines anderen angewendet werden soll; der Abschluß neuer Vereinbarungen ist aber ausdrücklich vorbehalten.[24]) Durch diese Rechtstatsache ist klargestellt, daß das Recht des zu Grunde gegangenen Staates nicht förmlich „rezipiert" wurde, immerhin aber als „Notbehelf", wenn auch nicht als förmliches Notrecht gelten soll. Die notwendige ausdrückliche Rechtsanerkennung durch die zuständigen staatlichen Organe von Deutsch-Österreich als Urgrund aller Rechtsgeltung fehlt z. Zt. noch. Lediglich im einzelnen Fall will die deutsch-österreichische Regierung der Übernahme keine Schwierigkeiten bereiten, wenn die aufgelösten Vereinbarungen eingehalten werden. Duldung im einzelnen Fall stellt noch keine Rechtsanerkennung dar; sie trägt das Gepräge der Widerruflichkeit, kennzeichnet also den Mangel der erforderlichen „voraussichtlich dauernden" Geltung der Norm an sich.

Nicht minder ist die zeitliche Begrenzung der zwischenstaatsrechtlichen Rechtsnormen zu untersuchen für den Fall, daß ein an der Vereinbarung beteiligter Staat einem anderen Staat einverleibt wird. Auch hier ist mit dem Untergang der Staatspersönlichkeit, verbunden mit dem Aufgehen in eine andere staatliche Gemeinschaft,

---

[23]) Bierling a. a. O. S. 117 ff.

[24]) Bayer. InnME vom 18. Mai 1920 Nr 2077 d/7, betr. den Auslieferungsverkehr mit Deutsch-Österreich; v Liszt, Völkerrecht, S 172 II Ziff. 1 und 2.

mit dem Wegfall von Rechtsgenossen des rechtssetzenden Staates, sonach mit dem Wegfall der Normenanerkennung auch jede von dem verschwundenen Staat vollzogene Rechtssetzung und zwischenstaatsrechtliche Vereinbarung aufgelöst. Mit dem Verlust der Staatsgewalt sind solche zwischenstaatlichen Vereinbarungen und Verträge unvollziehbar und unerfüllbar geworden (vgl. den Fall Sachsen-Koburg, das seine Vereinigung mit Bayern durchgeführt hat, ebenso die bisherigen thüringischen Staaten, die sich zu einem neuen Staatsgebilde, dem Land Thüringen zusammengeschlossen haben). Nur im Benehmen mit dem Einverleibungsstaat oder der durch Verschmelzung mehrerer Staaten entstandenen neuen Staatspersönlichkeit kann eine Neuordnung getroffen werden.

So endigt im zwischenstaatlichen Verkehr die Kraft einer Rechtsnorm anders wie innerstaatsrechtlich, etwa im Vollzug von Einverleibungen von Gemeinden, nur aus dem Grund, weil den Selbstverwaltungs- und anderen Körperschaften des öffentlichen Rechts das Hauptmerkmal des Staates, der ursprüngliche Herrschaftsverbandswille mangelt. Die Willenswerkzeuge (=Organe) der aufgelösten Gemeinden hören zwar zu wirken auf; neue gemeindliche Willensvollzieher treten an ihre Stelle. Der alte Gemeindeverband ist zweifellos untergegangen und damit wären an sich auch die von ihm ausgegangenen Rechtssatzungen der Anerkennung verlustig geworden. Indessen sorgt die den eingegliederten Gebietskörperschaften übergeordnete Staatsmacht in solchen Fällen, daß kein Leerraum innerhalb des normenmäßigen staatlichen Lebens auftritt durch die bei der Einverleibung auferlegten Zusammenschlußbedingungen. So wird in der Regel festgesetzt, daß die in der einverleibten Gemeinde geltenden ortspolizeilichen Vorschriften solange in Kraft bleiben, bis die Aufsaugungsgemeinde in rechtsförmlicher Weise ihre ortspolizeilichen Vorschriften und sonstigen örtlichen Satzungen auf das Zuwachsgebiet ausgedehnt hat. Diese Ausdehnung stellt sich aber nicht etwa dar als Verkündigung herrschenden, sondern als Schaffung neuen Rechts für das Einverleibungsgebiet,[25]) also eine Art „Rezeption früher geltenden Rechts".

Ist aber die Staatsgewalt Herrschaft über Willensträger, über organisierte Rechtsgenossen,[26]) und beruht die Kraft der Rechtsnormen innerhalb des Staates wie der Selbstverwaltungskörperschaften auf der Anerkennung durch die Gemeinschaftsgenossen, so gehört die Lehre von der Geltung der Rechtsnormen in aufgelösten und einverleibten Staats- und sonstigen Gemeinwesen nicht zu den Rechtssätzen von der räumlichen Geltung der Rechtsnormen, sondern zu jenen von ihrer zeitlichen Herrschaft. Die räumliche Geltung ist lediglich die Rechtsfolge der Tatsache der Rechtsgemeinschaft und hat damit diese erst zur Voraussetzung (vgl. die Aufrechterhaltung des preußischen Landrechts in den an Bayern gefallenen ehemals preußischen Gebietsteilen).

[25]) v. Seydel, Bayer. Staatsrecht, 2. Aufl, Bd. I S. 844; S. Bd. 24 S. 561; Bayer. Oberstes Landesgericht in StrS. Bd. 5 S. 207.

[26]) Nachweise in Fußnote 22.

Wann eine Norm in Kraft treten soll, bestimmen zwischenstaatsrechtlich die beteiligten Staaten, innerstaatsrechtlich beim gesetzten Recht die zur Rechtsschaffung berufenen Organe, beim Gewohnheitsrecht der gemeinschaftliche Wille der organisierten Volksgenossen, soweit sie sich als Glieder einer organisierten Gemeinschaft fühlen, nicht als unterordnungslose Masse, sondern als Herrschaftsunterworfene und Staatsglieder (vgl. Art. 120 RV.: „staatliche Gemeinschaft").

Der Ausdruck „Volksrecht" ist daher streng rechtlich genommen ungenau: Recht ist nicht „Volksrecht", vielmehr „staatliches Recht". Denn das Recht gilt nicht nur für das Volk, sondern dient auch den mit der Rechtsanwendung befaßten Behörden als verpflichtende Richtschnur für ihre Amtstätigkeit. Das Recht ist eben für das Volk „Beachtungsrecht", für die Behörden kraft Dienstbefehls „Anwendungsrecht"; schon hieraus wird es klar, daß der Boden, auf dem das Recht wachsen muß, nicht ein Bestandteil der Staatspersönlichkeit, das Volk sein kann. Hienach ist der Satz: lex est, quod ‚populus' iubet atque constituit (Gaius I § 3) richtig zu stellen, wenigstens für die Neuzeit.

Tiefere Einsicht in das Wesen des Gesetzgebers sowie tieferes Eindringen in den Staatsgedanken erst innerhalb der jüngsten Jahrzehnte haben die Erkenntnis vom Wesen des Rechts als staatlichen Rechts reifen lassen. Lediglich durch die Form der Rechtswerdung unterscheidet sich das gesetzte Recht vom Gewohnheitsrecht;[27]) auch in ihm ist der „organisierte Volkswille verkörpert, also der Staatswille; sonst wäre ja auch die Kraftwirkung des Gewohnheitsrechtes, sogar Gesetzesrecht, ja selbst Verfassungsrecht abzuändern,[28]) gar nicht verständlich. Und doch kommen solche Fälle, wie später dargelegt werden soll, nicht gerade selten vor.

II. Die Kraft des Rechtsschaffungsaktes zur Anordnung der Rückwirkung der Rechtsnormen.

Die Staatspersönlichkeit bestimmt demnach kraft ihrer Macht die Rechtsgeltung und ihren Zeitpunkt. Keine dem Staatswillen unterworfene und erreichbare Person kann den Bestand einer bestimmten Rechtsordnung für sich beanspruchen oder sogar gewährleistet verlangen. Dies ginge begrifflich gegen das Wesen des Staates, seine räumlich und zeitlich unbegrenzte Staatsgewalt.[29])

Allein mit dieser einfachen Feststellung wäre das Problem nicht erschöpft; vielmehr muß noch eine kurze Untersuchung folgender Frage,

---

[27]) W. Jellinek a. a. O. S 175, insbesondere Fußnote 53 S. 180 ff. S. 211; vorne Fußnote 16

[28]) W. Jellinek, ebenda S. 27/8. — A. M. nach dem Stand der früheren Rechtslehre für das Gewohnheitsrecht Stier-Somlo, „Einwirkung", S. 102 Fußnote 37 unter Hinweis auf Dernburg, Pandekten, 6. Aufl Bd I S. 92 Anm 2; dagegen befürwortet er zutreffend für den Gerichtsgebrauch (usus fori), insbesondere beim Umschwung der Rechtsprechung den Ausschluß von der Rückwirkung; näheres § 5e, Fußnote 89 S. 43 der Darstellung.

[29]) Siehe Nachweis zu Fußnote 25; sie ist nur freiwillig einschränkbar.

gewidmet werden: Ist es denn mit dem Wesen der staatlichen Selbstverpflichtung, dem staatlichen Ethos, wie ich es nennen möchte, unvereinbar, einer Rechtsnorm die rückwirkende Kraft beizulegen und in abgeschlossene Rechtsverhältnisse, die selbst nicht mehr wachsen und auch keine weiteren Rechtswirkungen erzeugen, schonungslos mit rauher Hand einzugreifen? Namentlich ist die Beantwortung dieser Frage wichtig auf dem Gebiet des öffentlichen Rechts, das hier bei der Betrachtung des Grundsatzes: **lex ad praeterita trahi nequit**, besonders angeschnitten werden muß.

Man nahm früher an,[30]) daß die Staatsgewalt durch ihre Organe Recht nur für die Zukunft zu schaffen berufen sei; mindestens erachtete man dies für einen ungeschriebenen, gewohnheitsrechtlichen Rechtssatz und hielt es demnach mit den Forderungen der Gerechtigkeit nicht im Einklang befindlich, subjektive Rechte überhaupt, auf welche Weise auch immer, mit einem Federstrich des Gesetzgebers aus der Welt zu tilgen, gleichgültig, ob hierbei die dem Rechtsanspruch zugrunde liegende allgemeine Rechtseinrichtung in Trümmer ging oder lediglich weitere Ausflüsse und Fortwirkungen solcher subjektiver Rechte unterbunden werden sollten. Darunter verstand man auch subjektiv-öffentliche Rechte und zwar nicht nur abstrakt-mögliche, sondern auch konkret-gegenwärtige, d. h. beanspruchte und auch zugebilligte und anerkannte.

Teilweise bestanden sogar in den einzelnen europäischen Staaten Verfassungsvorschriften, die eine Rückwirkung der Gesetze untersagten und Organe über die die Gesetzgebungsgewalt ausübenden Zuständigkeitsträger eingesetzt hatten, um die Einhaltung dieser Vorschriften zu überwachen und entsprechend geltend machen zu können. Allein in Deutschland war bis zum Novemberumsturz 1918 und dem Inkrafttreten der neuen Reichsverfassung kein solcher sachlicher Grundsatz irgendwie in den deutschen Verfassungen niedergelegt; auch waren keine Sicherungseinrichtungen getroffen, die vielleicht einem ungeschriebenen Rechtsgrundsatz: **lex ad praeterita trahi nequit** die Durchsetzung ermöglicht hätten.

Nach dem gegenwärtigen Staatsrecht kann kein solcher die Normenrückwirkung verbietender Richtsatz der Gesetzgebung anerkannt werden. Auch ist bei Verletzung dieses vermeintlichen Rechtsgrundsatzes keine Staatsbürgerabstimmnug und kein Staatsbürgerschaftsbegehren vorgesehen, die sonst die gesetzgeberische Allmacht einschränken (Art. 73 u. 76 I Ziff. 4 RV.; § 76 II LV.).

Tatsächlich wird auch seit einigen Jahrzehnten für den Staat in seinem Herrschaftsbereich das Verbot der Rückwirkung, diese im Sinne rechtlicher Vernichtung von Ursache und Wirkung, nicht nur als keine formelle, sondern auch als keine sachliche Rechtsschranke anerkannt. Der Gedanke des Fortschritts in Recht und Wissenschaft, die Ablehnung jeder Erstarrung darin, vielfach drückende staatliche

---

[30]) Gierke, ebenda S. 187 ff., unter II und III.

Sorgen von seiten einzelner Gesellschaftsschichten, die sich oft drohend fordernd gegen den Staat und seine einschlägigen Organe erhoben, Erfüllung sog. „sozialer“ Wünsche erheischend, schwere staatliche Sorgen über die Aufbringung von Staatseinnahmen zur Befriedigung der mächtig angeschwollenen staatlichen Haushalte trugen zur Abschwächung eines etwa vorhandenen Rückwirkungsverbots wesentlich bei und gaben dem staatlichen Ethos infolge der fortgeschrittenen Kulturentwickelung ein ganz anderes Gepräge als früher. Die Nöte der Zeit erwiesen sich als Umwandelungshebel für die staatliche Selbstverpflichtung, die jenen angeblichen Grundsatz als höchste Aufgabe der staatlichen Gemeinschaft opfern ließen zugunsten des staatlichen Daseinrechts, weil dieses unter allen Umständen vor Bedrohung geschützt und sein Bestand gewährleistet werden muß. Das nequid detrimenti capiat respublica gilt in der Neuzeit der staatlichen Entwickelung, des Staats- und Verwaltungsrechts im besonderen, mehr und als wertvoller gegenüber dem sog. Individualeudämonismus.

Das Gesetz der zunehmenden Sozialisierung des Individualismus hat notwendigerweise ein erhebliches Zurücktreten des Individuums und seines Rechtsbewußtseins für das eigene Wohlergehen zur Folge.[31]) Dazu kommt, daß gerade das öffentliche Recht eine auf das „*Gemeinwohl*“ gerichtete Tätigkeit zum Gegenstand hat, die sich in erster Linie nach den *Regeln der „Zweckmäßigkeit“* entwickelt, nicht zugunsten Bevorrechtigter in Fesseln geschlagen werden darf und daher im Grunde genommen für die *sofortige Erfassung auch früher entstandener Rechtsverhältnisse* durch das *neue* Recht spricht. Endlich dürfen sich in die Neuordnung hereinragende Rechtsverhältnisse, vornehmlich auf dem Gebiete des Verwaltungsrechts, die für die Zukunft neu geregelt werden sollen, keinesfalls in einer dem geltenden Recht widersprechenden Bahn bewegen.[32])

Aber dennoch wäre nichts verfehlter, als aus dieser Erscheinung der *regelmäßigen Rückwirkung öffentlich-rechtlicher Normen* schließen zu wollen, es habe nunmehr der Satz von der Nichtrückwirkung auch in der Normen*anwendung* jede Bedeutung verloren. Da nämlich zwischen der Rechts*schaffung* (in der Regel Gesetzgebung) und der Rechts*anwendung* unterschieden werden muß, kann das *gesetzgeberisch*[33]) weder formell noch sachlich haltbare Verbot der Rückwirkung, somit deren Möglichkeit, im *einzelnen* Fall doch die *Nichtanwendung* des *geschaffenen* Rechts rechtfertigen. Hier müssen in jedem einzelnen Fall die Grenzen dieses Grundsatzes untersucht werden.

[31]) Demgegenüber muten die Ausführungen über die Rückwirkung der Gesetze in den Motiven zum BGB, Bd. I S. 21 in ihrem patriarchalisch gediegenen Inhalt mindestens archaisch an. — Für diese Zeit vgl. *Stier-Somlo*, „Einwirkung“, S 106 ff., insbesondere S. 110 ff

[32]) S. Bd. 37 S. 39 ff.; vornehmlich Bd. 40 S. 117.

[33]) *Windscheid*, Lehrbuch des Pandektenrechts, 4. Aufl. § 31, S. 75, namentlich Fußnote 3. Die Anordnung der Rückwirkung ist „kein absolutes Unrecht“, ist „keine privatrechtliche Frage“.

Dabei darf aber der Bestand sog. „wohlerworbener" Rechte für den Gesetzgeber und selbstverständlich auch für den Richter keinen Grenzpfahl bilden, den er im Einzelfall nicht überschreiten dürfte.[34]) Das ergibt sich schon aus den obigen Darlegungen von der schrankenlosen Staatsgewalt. Es bedarf also eigentlich für die Aufzeigung der Problemstellung einer Untersuchung darüber, ob von sog. wohlerworbenen Rechten mit Grund gesprochen werden darf, hier nicht; sie ist vielmehr später anzustellen.

Auch für die Rechtsanwendungsorgane gilt die Bedeutung des Grundsatzes der Nichtrückwirkung zunächst für das Privatrecht unverändert fort. Es kann nicht zugegeben werden, was Gierke[35]) sagt: „Überdies verliert, sobald sie — nämlich die Lehre von den „wohlerworbenen Rechten" — aufgegeben wird, das Prinzip der Nichtrückwirkung alle praktische Brauchbarkeit, da es entweder die Gesetzgebung zum ewigen Stillstand verdammen müßte oder nur dazu da wäre, um unaufhörlich gebrochen zu werden."

Die bisherigen Darstellungen der Schriftsteller mit Ausnahme der erwähnten Aufsätze von Jebens[36]) und Stier-Somlo haben sich bei der Betrachtung der Untersagung der Rückwirkung im wesentlichen von den Rücksichten auf die Bedürfnisse des bürgerlichen Rechts leiten lassen. Allein im Gegensatz hierzu hauptsächlich unter Hinweis auf die oben geschilderten dringlichen Bedürfnisse der staatlichen Gemeinschaft in der Gegenwart sowie im Hinblick auf die neue gesetzgeberische Behandlung der Rückwirkungsfrage wird man annehmen müssen, daß der umgekehrte Grundsatz der „**regelmäßigen** Rückwirkung" neuer Normen im öffentlichen Recht maßgebend ist. Gerade die Verwirklichung öffentlich-rechtlicher individueller Rechte sowie öffentlich-rechtlicher Belange, namentlich auch von Gemeinpflichten und Standespflichten der Untertanen erheischen gebieterisch die tunlichst sofortige und allumfassende, vielfach nur durch Anordnung rückwirkender Normenkraft zu verwirklichende Umwälzung des Staats- und Rechtslebens, soll nicht der Bestand des Staates aufs Spiel gesetzt werden; man denke nur an die neuzeitlichen Steuerpflichten! Lediglich abgeschlossene Rechtsverhältnisse sind de lege lata hievon ausgenommen (vgl. § 5 u. § 10 der Darstellung), aber nicht de lege ferenda. Soweit wirklich unterschiedslos die Volksgesamtheit aus der Durchführung der Zulässigkeit der Rückwirkung solcher Normen einen allgemeinen Nutzen zieht, wird de lege ferenda nicht das leiseste Bedenken dagegen aufkeimen. Soweit jedoch die Rückwirkungsgestattung lediglich zur Befriedigung einzelner Gesellschaftsklassen, vielfach zuungunsten von Gesellschaftsgruppen mit gegensätzlichen Belangen und Rechten führt und dadurch mittelbar

[34]) Vgl. Erkenntnis des RG. unter Fußnote 14 S. 6 u. Fußnote 105 a S. 60: „Der Staat kann auch wohlerworbene Rechte einschränken oder aufheben und zwar mit oder ohne Entschädigung; denn die Wurzel alles Rechts ist die Macht des Staates."

[35]) a. a. O. S. 193.

[36]) a. a. O. S. 282 ff. unter III.

die allein zu fördernde Volksgesamtheit, das allgemeine Wohl schädigt, wird die Ermöglichung der Rückwirkung nicht durchweg gutgeheißen werden können, da ihr die salus publica entgegensteht. Doch werden hier die Empfänger des Rechtssatzes den bei der Rechtsschöpfung die Staatsgewalt verkörpernden Organen, sohin dem Staatswillen weichen müssen und auch die zur Rechtsanwendung berufenen Organe nicht umhin können, ihn anzuwenden; selbst wenn sie ihn als gegen die Schranken des Rechts und der Sitte verstoßend erkennen.[36a]) Dies gilt auch für die innerhalb eines Gemeinschaftsstaats lebenden Einzelstaaten für ihre vorbehaltene, aber wahlweise auch dem Oberstaat zustehende Gesetzgebung (z. B. Art. 12 RV.); jedoch kann hier die gemeinsame höhere Regierungsgewalt nicht unmittelbar in die Rechtsprechung des Gliedstaats kraft ihrer Aufsichtsbefugnis eingreifen (Art. 15 mit 102, 103 RV.), sondern gegebenenfalls nur gesetzgeberisch die rechtssatzmäßige Festlegung der Rückwirkung wieder aufheben oder doch die Aufhebung verlangen, wenn sie glaubt, daß überragende Belange der Allgemeinheit wie des Gemeinschaftsstaats dies dringend erheischen.

Das Gleiche gilt von den Rechtssatzungen der Körperschaften des öffentlichen Rechts, die „unter der Leitung des Staates" (Art. 9 III AG. ZPO. u. KO.) stehen, namentlich von örtlichen Satzungen der Gemeinden und höheren gemeindlichen Gebietskörperschaften, auch von ortskirchlichen Satzungen u. dgl. Hier kann die Staatsaufsicht die Einhaltung des Verbots der Nichtrückwirkung der Rechtsnormen erzwingen (vgl. § 5 II d, Ziff. 2 der Darstellung).

An den Grenzpfählen, gegenüber dem Ausland versagt selbstverständlich die aus der Staatsgewalt entspringende Möglichkeit der Zulassung der Rückwirkung, insofern hiedurch auswärtige Staaten unmittelbar betroffen werden oder Rechte und Belange ihrer Angehörigen, falls deren Wahrung anerkanntermaßen ihrem Heimatstaat zusteht.[37])

Die vorgeschilderte überragende Stellung des Gesetzgebers in dieser Richtung steht in der jüngsten Rechtsentwickelung unbestritten

---

[36a]) Vgl. das Rekursurteil des bayer. Landes(militär)versorgungsgerichts vom 2. März 1922 (Bayer. Staatszeitung 1923 Nr. 34) über die Aufhebung des Offizierspensionsgesetzes von 1906 durch das neue Reichsversorgungsgesetz von 1920, „das ausdrücklich seine Anwendung auf die früher erworbenen, selbst durch rechtskräftigen Rentenbescheid inter partes festgestellten, jedoch in ihrem Vollzug noch nicht erloschenen Rechte vorschreibt. Es vernichtet alte Rechte und setzt an deren Stelle neue. Es hält nur den Grundsatz der Versorgung aufrecht, regelt aber die Leistungen nach neuen Gesichtspunkten. Es ändert einseitig Verpflichtungen des Reichs und bildet die . . . . gesetzlich zugesicherten und von den Vertretern des Fiskus anerkannten Rechte nach seinen neuen Formen um. Die Wirkung der neuen Gesetzgebung . . . . bedeutet namentlich im gegebenen Fall . . . . einen schweren Eingriff gegen das natürliche Rechtsempfinden und gegen die Gebote der Billigkeit. Das Gericht muß leider das neue Gesetz buchstäblich anwenden." — Vgl. auch Fußnote 14 und S. 60 Fußnote 105 a.

[37]) Gierke, ebenda S. 189, Fußnote 18.

fest. Besonders belangreich ist hieher der Art. 3 des bayer. Gesetzes v. 1. Dez. 1920 (GVBl. S. 497 ff.), betr. den Entwurf eines Gesetzes zur Ergänzung des bayer. Einkommensteuergesetzes v. 14. Aug. 1910, 17. Aug. 1918 u. 16. Aug. 1919, worin dem Gesetz auf den Beginn des 1. Jan. 1919 Rückwirkung mit der Kraft beigelegt wurde, daß hienach auch die im Lauf des Jahres 1919 mit Rückwirkung auf den Beginn des Jahres 1919 den Beteiligten verliehenen Teuerungszulagen für steuerpflichtig erklärt wurden. Nicht ohne harten inneren Kampf für den Gesetzgeber wurde dieser Schritt unternommen. Die Begründung zum Entwurf spricht hiezu eine beredte Sprache, wenn darin ausgeführt wird: . . . . „Die Staatsregierung glaubt dabei nicht mit Stillschweigen übergehen zu können, daß gewichtige Bedenken dagegen sprechen, ein ergangenes Erkenntnis einer mit richterlichen Stellung ausgestatteten höchsten Instanz in seinen Folgen durch ein mit rückwirkender Kraft versehenes Gesetz wieder gegenstandslos zu machen; zumal von einem Gesetz auch Fälle betroffen werden, in denen bereits Rechtskraft eingetreten ist, und an sich Nachholung nach Art. 72 EinkStG. nicht mehr zulässig wäre.“[38])

Aber die wirtschaftliche Not des Staates und der Gemeinden zwang den Gesetzgeber, sogar rechtskräftige richterliche Erkenntnisse über Staatssteuer- und Gemeindeumlagenfreiheit der den Festbesoldeten gewährten Teuerungszulagen durch ein späteres Gesetz mit rückwirkender Kraft auf beinahe 2 Jahre zurück zu vernichten.

Umgekehrt kann auch ein späteres Gesetz ein vorher zu Unrecht ergangenes Gesetz, eine solche anfechtbare Verordnung und obrigkeitliche Verfügungen, die sich auf ein solches Gesetz gründeten, als zu recht ergangen anerkennen, also mit rückwirkender Kraft derartige Mängel heilen (vgl. Ziff. III des Reichsgesetzes vom 11. Mai 1920 über Maßnahmen gegen Wohnungsmangel, RGBl. S. 49, im Verhältnis zum § 9 BVO. v. 23. Sept. 1918, RGBl. S. 1143).[39]) Auch ein solches Verfahren entspricht dem Grundsatz von der Allmacht des Staates als Gesetzgeber.

Er kann sogar soweit gehen, daß er den Bestand von zweifellos rechtsgültig abgeschlossenen Rechtsverhältnissen für die Zukunft nicht mehr beachtet wissen will, auch wenn sie nach früherem Recht unabänderlich geworden sind, indem er gegebenenfalls auf Antrag der Beteiligten die Vernichtung solcher Rechtsstellungen durch Ausspruch einer Behörde zuläßt. So bestimmt § 9 des Reichsgesetzes v. 15. Juli 1921 (RGBl. S. 939 ff.), daß Verträge über religiöse Erziehung in Kraft bleiben, soweit sie vor Verkündigung dieses Gesetzes abgeschlossen sind. Auf Antrag der Eltern oder des überlebenden Eheteils wird ein bestehender Vertrag durch Beschluß des Vormundschaftsgerichts aufgehoben. Damit können die nach § 17 II LV. und nach dem früheren bayer. Religionsedikt vorbehaltenen

[38]) Weitere Fälle auf S. 126/7 der Darstellung.

[39]) Erkenntnis des RG. VI. ZS. vom 28. April 1921 in BayGVZ. 1921 Sp. 614/5; Reger's Slg. 42 S. 344 ff.; vgl. Fußnote 116 der Darstellung S. 69 ff.

gerichtlichen oder notariellen Verträge über religiöse Kindererziehung durch obrigkeitliche Verfügung beseitigt werden, wenn sich die Beteiligten nicht vorher gütlich einigen sollten.[40])

Neuestens hat das bayer. Staatsministerium des Innern mit VO. v. 1. Sept. 1921 (Staatsanzeiger Nr. 205) über die Gebühren der Bader mit rückwirkender Kraft ab 1. Jan. 1921 bestimmt, daß die Kassen des Staates, der Gemeinden usw. in der Regel nur Badergebühren zu zahlen haben, die den Durchschnittssatz nicht übersteigen, womit in längst verdiente Gebühren eingegriffen wurde.

Auch in der Rechtslehre wird die Auffassung vertreten, daß sich ein Gesetz rückwirkende Kraft beilegen kann, wenn nur der Gesetzeswille der zuständigen Organe in der vorgeschriebenen Rechtsform geäußert ist. So führt Laband[41]) aus: „.... Die gesetzgebende Gewalt ist identisch mit der Staatsgewalt ..... Die Staatsgewalt in abstracto ist durch das Gesetz niemals gebunden; denn der Staat kann seine Gesetze jederzeit ändern, suspendieren oder aufheben; wohl aber jeder, der die Staatsgewalt nach dem Willen des Staates zu handhaben hat.“ Ebenso Seydel-Piloty.[42])

Überhaupt bietet gerade die Gegenwart nach dem politischen Umsturz mit seiner förmlichen Umwälzung in der Gesetzgebung im Gefolge den denkbar besten und reichsten Stoff zur allseitigen Beleuchtung des Problems; ergießt sich doch über das deutsche Volk wie über die deutschen Behörden seit dem Novemberumsturz 1918 ein wahres Trommelfeuer neuer Vorschriften, meist unter Umgestaltung der früheren Rechtsverhältnisse. Aber gerade diese Gegenwartsbedeutung des Problems fordert gebieterisch, daß die obersten Gesetzgeber, die Staatsbürgerabordnungen, die auf dem ihnen zugewiesenen Zuständigkeitsgebiet im *gewöhnlichen* Verlauf der Dinge keiner höheren Macht unterstehen und niemand als ihrem Gewissen (Art. 21 RV.) verantwortlich sind, den Regelsatz von der staatlichen Allmacht gegenüber den Untertanen und damit die gesetzliche Möglichkeit der Verfügung der Rückwirkung von Gesetzen nicht ohne Not überspannen; denn *ausschließlich das eigene pflichtgemäße Ermessen der Staatsbürgerabordnungen bildet die Grenze für die Festsetzung einer solchen Anordnung.* Hieraus ergibt sich für diese Gesetzgeber die weitere Pflicht, Maßnahmen nachgeordneter Zuständigkeitsträger z. B. Ausnahmeerlassen des Reichspräsidenten oder der Landesregierungen nachdrücklich entgegenzutreten, wenn sie nach dem Ermessen des Reichstags nicht gerechtfertigt sind und ihm eine Eingriffsbefugnis (Art. 48 III Satz 2 und IV Satz 2 RV.) zusteht, damit auch nicht der Anschein eines Klassenrechts aufkommen kann. Dies gilt in erster Linie für staatliche Polizei- und Strafmaßnahmen (z. B. auf dem Gebiet der Presse, der Vereins- und Versammlungspolizei);

[40]) Vgl. über den Grund der Anwendbarkeit des neuen Reichsrechts die Bemerkung in Fußnote 89 zu § 6.
[41]) Reichsstaatsrecht, Bd. II § 57 unter II a. E.
[42]) Verfassungsrecht S. 843, Fußnote 33.

schon deswegen ist hier äußerste Vorsicht geboten, weil Strafbestimmungen meist ein Verschulden voraussetzen, was z. B. bei Nachholung von Steuern und Vernichtung von Steuervergünstigungen nicht der Fall ist.

Für Strafbestimmungen ist nach einem auch von der neuen Reichsverfassung als Grundrecht (Art. 116 RV.) verbrieften Rechtssatz, der für die Gesetzgebung wie für jeden Untertan Pflichten begründet und bei deren Nichterfüllung den Untertanen Strafe androht, die Rechtsregel allgemein anerkannt, daß eine Handlung nur dann mit einer Strafe belegt werden kann, wenn die Strafbarkeit gesetzlich bestimmt war, bevor die Handlung begangen wurde.[43]) Er ist ebenfalls anwendbar für Strafnormen im Rahmen der Ausnahmegesetzgebung, da die hiebei zur Außerkraftsetzung anheimgegebenen „Grundrechte" in Art. 48 II Satz 2 RV. erschöpfend aufgezählt sind, somit einerseits andere Grundrechte nicht geschmälert, andererseits frühere Entfaltungen vorläufig aufgehobener Grundrechte ebenfalls nicht unter Strafandrohung gestellt werden dürfen.[44]) Die gleiche Bedeutung kommt deshalb dem Grundsatz zu für die Anordnung polizeilicher Maßnahmen im Rahmen des Ausnahmezustands, da sie mit der Beschneidung der aufgezählten Grundrechte ursächlich zusammenhängen. Sofern nicht ein strafrechtlicher Dauerzustand oder ein fortgesetztes Delikt vorliegt, die noch durch deutliche Erscheinungen unverkennbar in die Zeit nach der Verkündigung der Ausnahmemaßnahme hineinreichen, darf eine solche Rechtsnorm nach Art. 116 RV. nicht mit rückwirkender Kraft ausgestattet werden; denn bestraft wird in solchen Fällen nicht der früher schuld- und straflose Teil einer Handlung, da sie erst mit dem Inkrafttreten der Strafnorm schuldhaft ist; bestraft wird vielmehr die nachgesetzliche Nichthandlung (= Unterlassung), die den nunmehr verbotenen Zustand beließ. Das stellt sich somit nur als eine scheinbare Rückwirkung dar. Hierüber soll in der nachstehenden Unterabteilung die Rede sein.

III. Die echte und die scheinbare Normenrückwirkung.

Wenn ein schon in der Vorzeit vom privaten oder öffentlichen Recht erfaßtes, jedoch später rechtlich anders geordnetes einheitliches d. h. auf eine und dieselbe Rechtshandlung oder Rechtstatsache zurückzuführendes Rechtsverhältnis in seiner Entwickelung oder nach seiner Vollendung mit Rechtswirkungen noch in die Zeit der Rechtsumgestaltung hereinragt, also wirklich zwei verschiedenen Rechtsregelungen unterworfen ist, spricht man von einer echten (sog. reellen) Rückwirkung, sonst von einer unechten oder scheinbaren (sog. virtuellen) Rückwirkung.

Zwei Fälle scheinbarer Rückwirkung sind denkbar:

a) Entweder sind eine rechtserzeugende Handlung oder eine rechtsbedeutsame Tatsache der Vorzeit und jene nach dem Rechts-

---

[43]) Näheres im III. Abschnitt, § 10 VI.

[44]) Näheres unter § 7 der Darstellung.

wechsel, an den gesetzlichen Tatbestandsmerkmalen des neuen Gesetzes gemessen, dem Wesen nach verschieden im Rechtssinn, also nicht eine und dieselbe Handlung oder Entwickelungsstufe von ihr, weil sie für die Gesetzgebung des privaten und des öffentlichen Rechts als belangreiche Rechtshandluug neu ist. So war z. B. die Beschäftigung Jugendlicher im elterlichen Betrieb vor dem Erlaß des Kinderschutzgesetzes privat- und öffentlich-rechtlich überhaupt nicht geregelt, sicherlich nicht verboten oder nur unter gesetzlichen Einschränkungen erlaubt, die Gewerbeordnung war hierauf in der Regel überhaupt nicht anwendbar. Die Beschäftigung solcher Jugendlichen war demnach von staatlicher Einwirkung frei. In solchen Fällen kann bei einer derartigen Beschäftigung eigener Kinder, wenn sie in die Uebergangszeit fällt, begrifflich nicht von einer Rückwirkung des Verbots im Kinderschutzgesetz auf das schon vorher bestandene Beschäftigungsverhältnis gesprochen werden.

Das Gleiche gilt, wie soeben unter II am Schluß bemerkt, für den Übergang strafloser Handlungen zu strafbaren, weil die vorher rechtlich belanglose, staatsfreie Handlung zu einer gesetzlich geregelten, kriminell schuldhaften gestempelt wurde mit der Wirkung, daß bei Zuwiderhandlung Bestrafung zulässig ist. Auch hier muß die früher und die jetzt vorgenommene, wenn auch nach dem scheinbaren Rechtswechsel fortgesetzte Handlung als etwas rechtlich anderes angesprochen werden. Z. B.: Es würde in einer Reihe von Zeitungsaufsätzen die neue Reichsfahne beschimpft werden. Vor dem vorletzten Aufsatz erschiene mit sofortiger Anwendbarkeit ein Reichsgesetz, das die Schmähung der neuen Reichsfahne bestraft. Hier wären Beschimpfungen der Fahne nach dem Inkrafttreten des Gesetzes rechtlich neue Handlungen, die mit den früheren nur in einem tatsächlichen Zusammenhang stünden.

b) Es kann aber auch der Fall eintreten, daß ein Gesetz durch ein nachfolgendes Gesetz mit bindender Wirkung für Untertanen und Behörden ausgelegt wird (sog. gesetzliche Interpretation). Hier gestaltet sich die Rechtslage so, als ob der auslegende Satz schon z. Zt. des erklärten Satzes bestanden hätte. Auch hier liegt nur ein virtueller Rechtswechsel vor.

Denn solche ein früheres Gesetz auslegenden Rechtssätze „legen ihren Inhalt in den früheren Rechtssatz hinein, wollen sich also so betrachtet wissen, als hätten sie bereits von der Zeit des früheren Rechtssatzes an gegolten; deswegen sind sie maßgebend für alle von dieser Zeit an begründeten Rechtsverhältnisse, aber nicht eigentlich kraft einer ihnen beigelegten rückwirkenden Kraft. Sie sind maßgebend für jene früheren Verhältnisse, nicht obgleich sie einer vor ihnen liegenden Zeit angehören, sondern weil sie im Sinne des Rechtssatzes einer vor ihm liegenden Zeit nicht angehören.“ [45])

[45]) So treffend Windscheid, a. a. O. § 33 S. 79/80; ebenso Becher, Landeszivilrecht, 1896, Bd. I S. 11/2. — Ausführlicheres im § 12 VII der Darstellung.

Einzelheiten zur Lösung von Streitfragen auf diesem Gebiet können indessen erst später behandelt werden, weil sie die Kenntnis von Grundlehren voraussetzen, die bei der Erörterung des Wechsels der sachlichen und verfahrensrechtlichen Rechtsnormen werden entwickelt werden.

II. Abschnitt.

Die Rechtsgrundsätze für die Entscheidung des Normenwiderstreits.

§ 3. Die Arten der Normengegensätze und die für ihre Lösung maßgebenden Rechtsquellen.

Im Anschluß an die Behandlung der Problemstellung drängt sich die Frage auf, welche innerstaatsrechtlichen Rechtsnormen zur Lösung solcher Widerstreite anwendbar sind, ob Reichs- oder Landesrecht oder sonst eine rechtsbedeutsame Quelle hiefür maßgebend ist. Zunächst soll die andere Frage unerörtert bleiben, welche Rechtsregeln der hienach ermittelten zur Entscheidung heranziehbaren Rechtsquelle im einzelnen gelten. Um jene Frage einwandfrei beantworten zu können, müssen die Arten der Normengegensätze hervorgehoben werden, deren Auftreten denkbar ist.

Hiebei ist zu unterscheiden zwischen Normenwiderstreiten auf dem Gebiet des sachlichen, dann des Zuständigkeits- und des Verfahrensrechts.

Es sind daher die Leitsätze zu entwickeln, aus welchem Rechtsgebiet die Normen für die Beurteilung eines Zusammentreffens von Gesetzen in diesen 3 Richtungen geschöpft werden müssen.

Solche Widersprüche können sich erheben in erster Linie auf dem Gebiet der Zuständigkeit im staatsrechtlichen Sinn der Trennung der Gewalten. Diesem gehören die rechtlichen Bestimmungen über die Zuständigkeit der Gerichte und der Verwaltungsbehörden und die damit verknüpfte Frage über die Zulässigkeit oder Unzulässigkeit des Rechtsweges an. Denn die Behördeneinrichtung wie überhaupt die sog. Ressortsverteilung liegt auf rein staatsrechtlichem Gebiet, nicht etwa auf dem Gebiet des Verfahrensrechtes; sie ist in der Neuzeit verfassungsmäßig festgelegt, um ihre rechtliche Natur klar widerzuspiegeln (vgl. §§ 5, 46 der bayer. Landesverfassung). Aber auch soweit Zuständigkeitsvorschriften bisher nicht verfassungsmäßig verbrieft waren, gehören solche Bestimmungen z. B. Art. 10 PStGB. dem Staatsrecht an, nicht dem Verwaltungsrecht, nicht dem Strafrecht.[46]) Seit der Einführung des bürgerlichen Gesetzbuches[47]) sind allgemeine

---

[46]) Vgl. § 72 der bayer. Landesverfassung; W. B. Bd. II S. 217, § 5 Ziffer 2 Abs. 2. — Dyroff, Bayer. Verwaltungsgerichtsgesetz, 5. Auflage Art. 13 Anm. 11 S. 516, 2. Abs. v. oben.

[47]) Für bürgerlich-rechtliche Rechtsänderungsfälle gab vorher das bayer. Landrecht I c, l, § 18 und das preuß. Landrecht, Einleitung § 14 Maß; vergl. Jebens a. a. O. S. 264/5. — Das BGB. nahm laut Entwurf den Satz vom

Rechtsregeln gesetzlicher Natur zur Lösung von Normen-Widerstreiten weder reichsrechtlich noch landesrechtlich vorhanden und zwar weder für Zusammenstöße von mehreren Gesetzen auf dem Gebiet des bürgerlichen noch auf jenem des öffentlichen Rechts; vielmehr entscheiden lediglich gewohnheitsrechtliche Rechtsätze hierüber. Es muß untersucht werden, ob überhaupt nach Gewohnheitsrecht reichsrechtliche oder landesrechtliche Bestimmungen zur Ausgleichung des Normengegensatzes auf dem Gebiet des öffentlichen Rechts als maßgebend zu erachten sind. Denn daß es auch Gewohnheitsrecht auf dem Gebiet des Staatsrechts gibt, ist nach längeren Schwankungen in Rechtslehre und Rechtsprechung im wesentlichen nicht mehr bestreitbar.[48]) Obwohl hienach das Gewohnheitsrecht sogar das Staatsrecht abändern und ergänzen kann, ist immer noch schon wegen der Unmöglichkeit reichsrechtlicher Eingriffe in ausschließlich dem Landesrecht vorbehaltene Rechtsgebiete eine Erörterung der Frage unentbehrlich, ob Reichs- oder Landesgewohnheitsrecht für die Lösung eines Normenwiderstreits entscheidend ist. Allerdings gibt es, wie später gezeigt werden soll, in dieser Richtung im wesentlichen nur einheitliche, aus dem römischen Recht und dem gemeinen Recht herausgewachsene, zur Beurteilung solcher Gegensätzlichkeiten einschlägige Rechtssätze. Abgesehen davon hat die neue Reichsverfassung, soweit sie nicht selbst Behörden (Reichsbehörden) einrichtet, das hierauf bezügliche Staatsrecht der „Länder" unberührt gelassen als sog. „Landesangelegenheit" (Art. 5 der Reichsverfassung, dazu Art. 103 ebenda und § 5 Satz 2 der bayer. Landesverfassung). Hier sind immer noch die Organe der „Länder" zur Regelung der von der Reichsverfassung nicht getroffenen Behördeneinrichtung zuständig. Darnach könnte der Grundsatz in Art. 13 I RV.: „Reichsrecht bricht Landrecht" in der vorliegenden Frage gar nicht eingreifen. Überdies trifft auch das neue Reichsrecht keine Bestimmung darüber, was als bürgerliches Recht (Art. 7 Ziff. 1) und was als öffentliches Recht anzusehen ist, ganz abgesehen davon, daß es sich hier richtiger um sog. Juristenrecht handelt, das sein Entstehen der wissenschaftlichen Forschung verdankt;[49]) vielmehr ist die Entscheidung hierüber, ins-

Verbot der Rückwirkung der Gesetze als selbstverständlich nicht auf: Siehe Gierke a. a. O. S. 187, Fußnote 7.

[48]) Vgl. die Nachweise in den Fußnoten 1, 2, 16, 28, 51 und 189; ferner Laband a. a. O. Bd. II § 27 III, nach ihm allerdings ohne derogatorische Kraft, da nach seiner Auffassung das Gesetz ein Ausfluß der staatlichen Herrschaft ist, der gegenüber die „nicht organisierte Rechtsgemeinschaft" nicht befugt sei, im Weg der Gewohnheit einen entgegengesetzten Willen zur rechtlichen Anerkennung zu bringen. Allein der Kernpunkt der Frage der Geltung und der Stärke der Wirkung des Gewohnheitsrechtes beruht gerade darin, daß sein Schöpfer ebenfalls der Staat, die „organisierte Rechtsgemeinschaft" ist, wie oben dargelegt, die ihrem Willen lediglich in anderer Form als der regelmäßigen im Weg der Gesetzgebung durch die hiezu berufenen Organe äußert — Fleiner, Die Institutionen des deutschen Verwaltungsrechtes, 3. Aufl. 1913 S. 85 ff., insbesondere Fußnote 52, dann S. 56/7.

[49]) Vgl. Nachweise in Fußnote 16. — Der bayer. Kompetenzkonfliktsgerichtshof spricht allerdings auch hier von „Gewohnheitsrecht" in seinem Erkenntnis GVBl. 1909, Beil. III, insbesondere S. 31.

besondere über die Zuständigkeitsfrage, vorbehaltlich ausdrücklicher reichsrechtlicher Vorschriften dem Landesrecht vorbehalten. Überhaupt ist schon im früheren Reichsstaatsrecht — und hierin ist eine grundsätzliche Wandlung auch durch die neue Reichsverfassung nicht eingetreten —, für alle Fälle, in denen eine reichsrechtliche Regelung nicht ausdrücklich getroffen wurde, nicht die Auslegung des Reichsrechtes, sondern die landesrechtliche Begriffsbestimmung als maßgeblich erachtet worden und die landesrechtlichen Entscheidungsgrundlagen schlechthin, auch das dem Reichsrecht nicht widerstreitende Landesgewohnheitsrecht z. B. in der Frage der Abgrenzung von bürgerlichen Rechtssachen und öffentlich-rechtlichen Angelegenheiten.[50]) Hier könnte bei Unzuträglichkeiten lediglich eine gesetzliche Regelung abhelfen, wenn nicht vorgezogen werden will, den Weg des Art. 19 RV., die Anrufung des Staats-Gerichtshofes des Deutschen Reichs, zu beschreiten.

Hieraus ergibt sich, daß landesrechtliche Auslegungsvorschriften für die Frage nach der Rückwirkung der Rechtsnormen auf dem Gebiet des öffentlichen Rechts, hier des Staatsrechts, der Einwirkung durch das Reichsrecht z. Zt. entrückt sind und ohne Verfassungsänderung solch' allgemeine, die Einzelstaaten bindende Rechtsregeln vom Reich nicht aufgestellt werden könnten; es müßte denn sein, daß sich solche Normen nur mit dem z. B. in Art. 7 mit 11 der Reichsverfassung dem Reich ausschließlich oder wahlweise zustehenden Gesetzgebungsstoff befassen. Es könnte sich daher höchstens um reichsrechtliche Auslegungsvorschriften für bestimmte Rechtsgebiete handeln, wovon jedoch das Reich ebenfalls noch keinen Gebrauch gemacht hat mit Ausnahme des Gesetzes über religiöse Kindererziehung (Reichsgesetz vom 15. Juli 1921, RGBl. S. 939, insbesondere §§ 1 ff., 5 ff.) und früher schon im wesentlichen in der Gewerbeordnung und der Arbeiterversicherung, wovon später die Rede sein wird.

Dagegen gehört nach Abschichtung der Gebiete der Justiz und Verwaltung von einander der Rechtsgang innerhalb des einzelnen Ressorts (Verfahren, Rechtsmittelwesen usw. einschließlich der verfahrens rechtlichen, also der örtlichen und sachlichen Zuständigkeit), sei es nun vor den ordentlichen Gerichten (bürgerlichen und Strafgerichten), sei es vor den Gerichten des öffentlichen Rechts dem Verfahrensrecht, und dieses wieder dem Staatsverwaltungsrecht im weiteren Sinne an. Nach Art. 7 Ziff. 3 RV. hat das Reich die Gesetzgebung über „das gerichtliche Verfahren einschließlich des Strafvollzuges", d. h. über das Verfahren, wie es bei den erwähnten ordentlichen Gerichten eingeschlagen werden muß. Da aber das Reich auch für den Rechtsgang keine allgemeinen Vorschriften über die Entscheidung formell-rechtlicher Gegensätzlichkeiten, insbesondere von Verfahrens- und Rechtsmittelnormen aufgestellt hat,

[50]) W. B. Bd. 3 S. 229, § 2 II, III, IV und S. 233 B 71 „Rechtsweg".

behalten gemäß Art. 12 RV. die Länder das Recht der Gesetzgebung hierüber. Hingegen können über das verwaltungs- und das verwaltungsgerichtliche Verfahren in Landessachen, wozu das gesamte öffentliche, noch nicht von der Reichsgesetzgebung ausschließlich oder wahlweise aufgesaugte und von ihr beherrschte Recht angehört, reichsrechtlich überhaupt keine Vorschriften ohne Verfassungsänderung erlassen werden; nur gilt die Einschränkung, daß nach Art. 107 RV. nach Maßgabe der Gesetze Verwaltungsgerichte zum Schutz des Einzelnen gegen Anordnungen und Verfügungen der Verwaltungsbehörden bestehen müssen (vgl. § 71 der bayer. Landesverfassung).

Als Zusammenfassung ergibt sich aus diesen Darlegungen: Selbst wenn für Zuständigkeit und Rechtsgang in den dem Landesrecht ausschließlich vorbehaltenen Angelegenheiten landesrechtliche Abweichungen von dem wenigstens für die Rückwirkungsfrage wesentlich einheitlichen deutschen (nach den Forschungen der Wissenschaft geübten) Rechtes zur Entscheidung von Normen-Widerstreiten festzustellen wären, wären solche Abweichungen hievon in einem einzelnen Land vom Standpunkt des allgemeinen deutschen Juristenrechts aus nicht zu beanstanden. Für den Rechtsgang in Strafsachen und bürgerlichrechtlichen Sachen gilt selbstverständlich jetzt das aus wissenschaftlichen Ergebnissen geschöpfte und durch behördliche Anwendung anerkannte Recht für die Beurteilung von Rückwirkungsfragen.

Nicht anders fällt die Beurteilung der Geltung der sachlich anwendbaren Entscheidungsnormen zur Erledigung von Widersprüchen bei Rechtsänderungen aus; nur muß es sich hiebei um das Zusammentreffen mehrerer öffentlich-rechtlicher Rechtsnormen auf Gebieten handeln, deren sich das Reichsrecht noch nicht bemächtigt hat oder nicht bemächtigen kann. Es müßte also ein öffentlichrechtliches sachliches Rechtsverhältnis selbst und seine verschiedenen Seiten nach den Grundsätzen der Rechtsänderung zu würdigen sein. Für solche Fälle der Beurteilung des reichsfreien öffentlichen sachlichen (= materiellen) Rechts gelten dieselben Grundsätze wie vorentwickelt für die Zuständigkeit und Rechtsgang. Die wissenschaftlichen Auslegungsregeln zum Landesrecht sind hier für die Würdigung des Normenzusammenstoßes ausschließlich anwendbar. Wenn hiegegen ein vom Reichsrecht ergriffenes öffentlich-rechtliches, dann ein bürgerlich-rechtliches Rechtsverhältnis und zwar jedes Rechtsverhältnis mit gleichartigen und gleichwertigen Rechtsnormen zusammenstoßen, wäre in erster Linie Reichsrecht maßgebend, wenn es hiefür Rechtsregeln aufgestellt hätte. Denn nach Art. 7 Ziff. 1 und Ziff. 2 RV. hat das Reich die Gesetzgebung über das bürgerliche Recht und das Strafrecht, und nur, solange und soweit das Reich von seiner Gesetzgebungsbefugnis keinen Gebrauch macht, behalten die Länder die Zuständigkeit hiezu, abgesehen von der ausschließlichen Gesetzgebung des Reiches (Art. 12 RV.).

Wie erwähnt ist auch das allgemeine deutsche Gewohnheitsrecht dem reichsrechtlichen Gesetzesrecht gleichgestellt,[51]) kann es abändern und ergänzen; dies gilt namentlich, soweit die Reichsgesetzgebung selbst, wie zur vorliegenden Frage, allgemein noch keine Stellung genommen hat. Einschlägig ist in dieser Richtung auch noch Art. 55 EG. BGB. Darnach treten die privatrechtlichen — und zwar die sachlichen — Vorschriften der Landesgesetze außer Kraft, soweit nicht im BGB. oder im EG. hiezu etwas anderes bestimmt ist. Für ein reichsrechtlich geregeltes Gebiet ist somit nach der im wesentlichen übereinstimmenden Lehre der Gesetzesbearbeiter das Landesprivatrecht in seiner Gesamtheit aufgehoben, mag es mit dem im Reichsrecht enthaltenen Recht übereinstimmen, ihm widerstreiten oder Lücken seiner Satzungen ergänzen. Dabei darf nicht übersehen werden, daß nach Art. 2 EG. BGB. unter Gesetz, auch im Sinne des Art. 55 ebenda, jede Rechtsnorm zu verstehen ist, namentlich auch die Normen des gemeinen Rechtes sowie des Landesgewohnheitsrechtes. Jede privatrechtliche Norm des Landesrechts, die ausnahmsweise gelten oder fortab in Wirksamkeit treten soll, muß, auch wenn sie in einem Gesetz von überwiegend öffentlich-rechtlichem Inhalt (z. B. Wasserrecht, Fischereirecht) enthalten wäre, durch einen reichsrechtlichen Vorbehalt gedeckt sein. Wenn daher für eine reichsrechtliche geregelte bürgerlich-rechtliche Angelegenheit die rückwirkende Kraft von Rechtsnormen geprüft werden soll, ist hiefür lediglich allgemeines deutsches Gewohnheitsrecht einschlägig. Landesrechtliche Abarten hievon wären ausgeschlossen. Das gilt auch für das Strafrecht. Dagegen für das reichsfreie oder wenigstens noch reichsfreie öffentlich-rechtliche Landesrecht ist die Möglichkeit wohl denkbar, daß eine bisher zugleich öffentlich- und bürgerlich rechtliche Norm (auch Gewohnheitsrecht) als Privatrecht außer Kraft tritt, dagegen als öffentliches Recht in Kraft bleibt.[52])

Ein zu beurteilendes Rechtsverhältnis, das nicht von reichsrechtlichen Zuständigkeitsgrundsätzen erfaßt wird, kann nach der Zeit seiner Entwicklung (z. B. die verwaltungsrechtliche Entscheidung) dem Lande der Entstehung des Rechtsverhältnisses angehören, der Vollzug (etwa die Zwangsvollstreckung) kann aber vielleicht einem anderen Land, oder nach zwischenstaatlichen Regeln mehreren deutschen Ländern unteilbar, also gemeinschaftlich unterstehen[53]) (so Bergwerksbetriebe, die auf 2 Staatsgebieten verlaufen, Wasserkraftanlagen, die ihre Wirkung auf mehrere Staaten erstrecken u. dgl.); alsdann gilt Art. 5 RV., wonach die Staatsgewalt in Landesangelegenheiten durch die

---

[51]) Vgl. die Nachweise zu Fußnote 28, dann W. B, Bd. II, S. 217 § 5 Ziffer 2, 2. Absatz.

[52]) H. Neumann, Handausgabe des BGB, 3. Aufl. Bd. 3 Bemerkung I Ziff. 1 und 2 zu Art. 55 EG. BGB. So für das Gebiet des Wasser- und Fischereirechts.

[53]) Vgl. hierher Art. 109 der bayer. KGO; Dyroff BGG., 5. Aufl. S. 533 Abs. 2 von unten und meine Ausführungen in der BayGBZ. 1920 S. 383 „Selbstverwaltung und Zweckverbände".

Organe der Länder auf Grund der Landesverfassungen ausgeübt wird. Solche Zusammenstöße zwischen den Zuständigkeitsnormen verschiedener Länder[54]) sind zu beurteilen nach dem eigenen Staatsrecht des mit dem einschlägigen Rechtsgegenstand und dessen Beurteilung zunächst befaßten Landes, und zwar sind sie zu lösen nach den Grundsätzen der den Ländern jedenfalls im Verhältnis zueinander verbliebenen Gebietshoheit als Ausfluß der Staatshoheit[55]) und im übrigen nach den Grundsätzen der Staatsangehörigkeit, namentlich bei persönlichen Rechtsstands(= status)fragen. Soweit Gegenstände zum staatlichen Herrschaftsbereich gehören, und das Rechtsverhältnis räumlich mehreren Landesrechten angehört d. h.

[54]) Solche Zusammenstöße können vorkommen auf den nur in sachlicher Hinsicht reichsrechtlich geregelten Gebieten z. B. der Reichsgewerbeordnung und der Arbeiterversicherung (vgl. AM. 1915 S. 347, Schlußabs. zu Nr. 1951), sofern keine reichsrechtlich geregelten Zuständigkeiten vorgeschrieben sind und die verschiedenen beteiligten Länder über den Anspruch, der aus diesen Rechtsverhältnissen hergeleitet werden will, über den Rechtsgang zu seiner Verfolgung, über die Entscheidungsbefugnis der Verwaltungsbehörden oder der ordentlichen Gerichte, verschiedene Anschauungen vertreten, aber sich hierüber nicht einigen können.

[55]) Solche Schwierigkeiten im täglichen Rechtsleben können einfach, wie derartige Fälle mit aller Deutlichkeit zeigen, gar nicht einwandfrei gelöst werden, wenn man sich nicht darüber klar ist, wo die Souveränität, deren Ausfluß die Gebietshoheit nur ist, steckt, ob beim Reich oder den Gliedstaaten. Ich habe hierauf schon in den BlfaPr. Bd. 69 S. 141/2 unter Anführung weiterer Beispiele für die Bismarckische Verfassung hingewiesen In der Darstellung ist die Auffassung vertreten, daß die sogenannten „Länder" noch wirkliche, wenn auch nicht souveränitätsbegabte (vgl. Georg Jellinek, System S. 311) Staaten sind. Diese Ansicht teilen im Kern Stier-Somlo, Reichsverfassung, 2. Aufl, S. 79 ff. unter II („Bundesstaaten") und S. 91 Fußnote 1; Arndt, Reichsverfassung, 2. Aufl. 1921, Anm. 2 zu Art. 1 RV.; v. Blume, Württembergische Verfassung vom 25. September 1919, zu § 1 in Verbindung mit BlfaPr. Bd. 70 S. 57/8 (v. Krazeisen); Philipp Zorn, Aufsatz in der M.-A.-A. 1920 Nr. 191; Gmelin: „Entspricht der zweite Reichsverfassungsentwurf unseren Erwartungen?" Gießen 1919; ferner die bayer. und württemb. Staatsregierung. AM. namentlich Anschütz, Reichsverfassung, 1921 S. 29, Anm. 3 zu Art. 1 RV. und Piloty, Bayer. Verfassungsurkunde, Anm. zu § 1. — Die endgültige wissenschaftliche Entscheidung der Streitfrage wird wohl solange hinausgeschoben bleiben, bis nach eingehender Erörterung des Wesens und Inhalts der Souveränität die Frage klar gestellt ist, ob ein Staat, dem gegen seinen Willen oder wenigstens ohne seine Zustimmung einzelne Staatsgewaltsausflüsse entzogen wurden und der diesen Zustand dulden muß oder doch wenigstens sich ihm unterwirft, noch als Staat mit unabhängiger Staatsgewalt, d. h. als Inhaber von Souveränität angesprochen werden kann. Solange diese objektive Rechtslage nicht unbestritten klargestellt ist, wird es wesentsich darauf ankommen, ob sich die Einzelstaaten („Länder") subjektiv noch für souveränitätsbegabt oder doch mindestens mit bestimmten ursprünglichen Hoheitsrechten ausgestattet erachten (Justiz- und Polizeihoheit), also einen Souveränitätsverlust nach ihrer Auffassung nicht erlitten haben und ob die Staatengemeinschaft, das Reich, diese Rechtslage anerkennt; es müßte denn sein, daß man z. B. mit Anschütz als wesentliches Merkmal des Staates nur dessen ursprüngliche Herrschaftsbefugnis, nicht dessen Unabhängigkeit gegenüber dem Gemeinschaftsstaat und nach außen ansieht. Nach der derzeitigen Übung und dem zähen Festhalten der Länder an ihrer Staatseigenschaft (vgl. die Berliner Vereinbarung vom 24. Sept. 1921 zwischen der Reichsregierung und der bayer. Staatsregierung aus Anlaß der vom Reich verlangten Aufhebung des Ausnahmezustands in Bayern) wird wohl die Souveränitätsfrage sicherlich nicht zuungunsten

unter ihnen erwachsen ist, namentlich bei sog. Ausstrahlungen der Gebietshoheit (Benützung von Flüssen, Wasserkraftausnützung!)[56]) oder in der Entwickelung ihnen später zugehört, entscheidet das Landesrecht, dem die zur Sachwürdigung angerufene zuständige Behörde unterworfen ist; zuweilen wird sie kraft zwischenstaatlicher Vereinbarung durch die beteiligten Staaten bestimmt. Nach dem inneren Staatsrecht des hiernach räumlich zuständigen Staates bestimmen sich dann die Entscheidungsnormen, die für die Beurteilung der Frage maßgebend sind, welches Recht der zeitlichen Reihenfolge nach anwendbar ist. Bei Meinungsverschiedenheiten kann ebenfalls wieder Abhilfe gesucht werden auf dem Weg des Art. 19 RV., soweit es sich nicht um Streitigkeiten privatrechtlicher Natur handelt, z. B. um die Frage der Rückwirkung eines richterlichen Urteils über bürgerlich-rechtliche Angelegenheiten; dieses Verfahren wird wenigstens solange einzuschlagen sein, als noch keine Vorschriften über den Vollzug von Art. 7 Ziff. 3 RV. über die Amtshilfe zwischen Behörden erlassen worden sind. Gegenüber auswärtigen Staaten sind solche Widerstreite nach dem Grundsatz der Souveränität zu entscheiden.[57])

§ 4. Die Voraussetzungen für den Bestand von Normengegensätzlichkeiten und die Regeln für die Ermittelung dieser Voraussetzungen (sog. Normenwiderstreitsverfahrensrecht).

I. Allgemeine Leitsätze.

a) Sollen zwei Gesetze, die miteinander in Widerspruch geraten zu sein scheinen, nach ihrem Wesen und ihrem Inhalt daraufhin geprüft werden, ob dies tatsächlich der Fall ist, so muß als erste und unerläßliche Voraussetzung untersucht werden, ob denn beide Gesetze rechtsbeständig sind.

Hiebei sind zwei Fälle zu unterscheiden:

1. Es kann eine der beiden Gesetze, Verordnungen usw. aus formellen Gründen, namentlich infolge eines fehlerhaften Staatsaktes als rechtsunwirksam ausscheiden. Hieher gehören alle Mängel beim Zustandekommen von Gesetzen, Verordnungen, polizeilichen Vor-

der Länder verschoben sein. M. E. sind die deutschen Länder auch völkerrechtlich noch als Staaten anzusprechen; jedoch gebührt ihnen nicht hemmungsloses Wollenkönnen, also keine Verfügungsmacht über ihre Zuständigkeit, mithin keine Souveränität mehr (arg. Art. 17 RV.). Die bayerische Regierung legt überdies auch das Hauptgewicht auf die Anerkennung Bayerns als Staatspersönlichkeit. — Für das frühere Reichsstaatsrecht vgl. noch hieher Arndt, Reichsverfassung von 1919, 2. Aufl. 1921, Einleitung, insbes. S. 33 ff. u. 36 ff.; Fleischmann im W. B. Bd. 2 S. 705 „Landesgrenze", II, Ziff. 2; insbes. Piloty ebenda Bd. 3 S. 459, IV Ziff. 1 u. 2 „Staat"; v. Liszt, Völkerrecht, S. 91 IV u. S. 50 Ziff. 3; im übrigen Karl Neumeyer, Internationales Verwaltungsrecht, Bd. I z. B. S. 90 ff.

[56]) BlfaPr. Bd. 69 S. 141/2.

[57]) Vgl. meine Ausführungen für gemeindliche Zweckverbände in der BayGemVZ. 1920 Sp. 383, die hierher ebenfalls verwertbar sind, soweit Beziehungen zum Ausland durch zwischenstaatliche Vereinbarungen erforderlich werden sollten.

schriften aller Art usw., soweit die mit der Sacherledigung befaßte Behörde nach den bestehenden Gesetzen solche Fehler überhaupt prüfen darf und muß; ferner Mängel in der Zuständigkeit, in der Ausfertigung und Verkündung.

2. Es müssen sich die widerstreitenden formell rechtsbeständigen Normen auch wirklich auf einen sachlichen Rechtsboden stützen können, also inhaltlich auf eine Rechtsgrundlage einwandfrei gegründet sein. In dieser Richtung ist z. B. zu prüfen, ob eine von mehreren ortspolizeilichen Vorschriften zutreffend auf Grund einer von ihr bezeichneten oder doch irgendeiner sonstigen reichs- oder landesrechtlichen Ausfüllungsvorschrift (sog. Blankettgesetz) erlassen werden kann. Zur Inhaltsprüfung gehört auch die Würdigung der Frage, ob die Rechtsnorm schon wirksam d. h. anwendbar ist; aber nicht, ob sie noch anwendbar ist; denn diese Untersuchung bildet den eigentlichen Gegenstand des sachlichen Normenwiderstreitsrechts.

Wird ermittelt, daß auch nur eine der beiden als gegensätzlich bezeichneten Rechtsnormen der formellen oder sachlichen Rechtsunterlagen entbehrt, so entfällt damit die Begründung zur erfolgreichen Geltendmachung und damit für die zuständige Behörde die Veranlassung zur Entscheidung eines Normenzusammenstoßes. Denn von einem echten Normenwiderstreit kann erst dann gesprochen werden, wenn unverrückbar feststeht, daß beide sich angeblich widerstreitenden Normen rechtlich unanfechtbar und daher gültig sind; sonst kann nur von einem scheinbaren (sog. virtuellen) Normengegensatz die Rede sein.

Wird also eine entscheidende oder sonstwie zur Erledigung einer ihr unterbreiteten Rechtsangelegenheit angerufene Behörde mit der Behandlung eines solchen ihr vorgetragenen Gesetzeswiderstreits befaßt, so muß sie zunächst in die Würdigung der Vorfrage eintreten, ob überhaupt eine Normengegensätzlichkeit vorliegt. Zu diesem Zweck muß sie in eine Untersuchung darüber eintreten, ob nicht vielleicht die eine oder andere der als widerstreitend bezeichneten Rechtsnormen in der vorgeschilderten Weise rechtsungültig ist.

b) Ob ein Normenzusammenstoß zur sachlichen Erörterung steht, darüber ist nicht das Vorbringen der Parteien, des Antragstellers, Gesuchstellers, Angeklagten usw. maßgebend, sondern ausschließlich auf Grund einer Prüfung der Rechtslage von Amts wegen die Ansicht der zur Erledigung berufenen Behörde. Sie ist auch nicht an die Auffassung der Parteien darüber gebunden, ob die angezogenen Gesetze, die einander ausschließend gegenüberstehen sollen, rechtsbeständig sind oder nicht. Hierüber ist ebenfalls von Amts wegen zu entscheiden.

c) Weiterhin ist im Amtsbetrieb festzustellen, ob es sich, wenn wirklich die beiden Rechtsnormen einander widerstreiten, um die Beurteilung der zeitlichen oder räumlichen Geltung von Gesetzen handelt oder ob gar die Gegensätzlichkeit nach den Grundsätzen vom Vorrang der höheren Rechtsquelle oder des höheren Zuständigkeitsträgers oder jenem der regelmäßigen und außergewöhnlichen Zuständigkeit [58]) zu würdigen ist.

d) Der Reihenfolge nach ist im Einheitsstaat und beim Gemeinschaftsstaat im Verhältnis der Gliedstaaten unter einander [59]) in erster Linie zu prüfen, ob nicht ein räumlicher Normenwiderstreit vorliegt; dagegen gehört es zum Gebiet des sachlichen Widerstreitsrechts, wie er zu lösen ist. Diese Prüfung geht begrifflich der Untersuchung eines Normenzusammenstoßes voraus, der nach dem Wert (=Vorrang) der Gesetze oder nach ihrer zeitlichen Geltung beurteilt werden muß. Denn erst dann ist der Rechtsboden für die Entscheidung von Gegensätzlichkeiten der beiden letzteren Arten bereitet, wenn ermittelt ist, welches Recht denn eigentlich auf dem Gebiet, dem das streitige Rechtsverhältnis entstammt, in Kraft ist, ob das Recht dieses oder jenes Staates,[60]) die örtlichen Satzungen dieser oder jener bürgerlichen Gemeinde, oder anderer Gebietskörperschaften usw. Ist hienach das für die Würdigung des Rechtsverhältnisses einschlägige räumliche Rechtsgebiet ermittelt, dann besteht erst die Möglichkeit der Untersuchung, ob auf diesem Rechtsgebiet mehrere widerstreitende Rechtsnormen gesproßt sind. Und hier gebührt wieder der Vorrang der Prüfung der Frage, ob nicht ein Zusammenstoß von höherem Recht mit niederem Recht zu klären ist, d. h. ob die Rechtsquellen einheitlich aus einem der Stärke nach gleichwertigen Rechtsboden entstammen, z. B. wenn altes und neues Verfassungsrecht einander widersprechen, oder nicht, wie dies unter § 1 II der Darstellung näher ausgeführt ist.

Denn darüber dürfte kaum ein Zweifel walten, daß erst der Gegensatz zwischen dem Grade nach ungleichen Rechtsquellen gelöst werden muß, ehe daran gedacht werden kann, in die Entscheidung eines Normenwiderstreits über der Stärke nach gleichartige Gesetze einzutreten. Das gilt nicht nur für die Handhabung des Grundsatzes, daß späteres Recht das frühere außer Wirksamkeit setzt, sondern auch von dem Grundsatz des Vorrangs des Sondergesetzes vor einem allgemeinen Gesetz. Geht nämlich schon eine dem Rang nach höhere Rechtsnorm der niederen Rechtsquelle vor, so kann begrifflich von einem Sondergesetz im eigentlichen Sinn schon um deswillen nicht gesprochen werden, weil hier die zur Rechtsschöpfung berufenen Zuständigkeitsverwalter staatsrechtlich nicht auf gleicher Stufe stehen. Es kann eben gleiche Zuständigkeit nur mit gleicher verglichen werden, aber nicht höhere mit niederer. Lediglich der eine Fall wäre denkbar, daß ausnahmsweise etwa das Reichsrecht einen Rechtsstoff allgemein regelt, jedoch die Sonderregelung für bestimmte Zweige des wirtschaftlichen oder kulturellen Lebens der Landesgesetzgebung überläßt. Dabei darf aber nicht übersehen werden, daß hier

---

[58]) Hierüber näheres unter § 7 der Darstellung.

[59]) Im Verhältnis vom Gliedstaat zum Gemeinschaftsstaat scheidet die räumliche Geltung überhaupt aus; vgl. oben unter § 1 II der Darstellung.

[60]) Z. B. bayerisches oder fränkisches oder preußisches Landrecht.

meist eine förmliche Ermächtigung der Landesbehörden zum Erlaß solcher Sondergesetze erst kraft Reichsrechts geschaffen wird, daß sich somit die Landesgesetzgebung nicht auf ureigenem, vom Reichsrecht noch nicht bearbeiteten Rechtsboden bewegt, sondern die Wurzeln der landesrechtlichen Bestimmungen im Reichsrecht liegen. In solchen Fällen wird zu einer reichsrechtlich allgemeinen Regelung eine dem Wesen nach reichsrechtliche Sonderregelung geschaffen; nur die gewöhnlichen Organe zur Rechtsschöpfung sind zugunsten anderer Organe, die aber ebenfalls Reichsrecht verwirklichen — wie unter § 7 näher ausgeführt werden soll — zurückgetreten. Hier kann dann vom Vorrang des Sondergesetzes gegenüber dem allgemeinen Gesetz nicht entsprochen werden. Dagegen ist der Fall rechtlich nicht denkbar, daß reichsgesetzlich ein Rechtsgebiet allgemein geregelt ist, ohne dem Landesrecht oder bestimmten Landesbehörden eine derartige Ermächtigung zu erteilen, und daß dennoch daneben ein früheres landesrechtliches Sondergesetz weiter bestehen sollte. Hier muß zunächst der Grundsatz anerkannt werden, daß das Reichsrecht, wenn es einen Rechtsstoff regelt, ihn auch erschöpfend regeln wollte mit der Wirkung, daß für bestehendes und künftiges Landesrecht beim Mangel eines reichsgesetzlichen Vorbehalts kein Raum mehr ist. Erst wenn alle diese Vorfragen geklärt sind, und ermittelt ist, daß lediglich ein zeitlicher Normenzusammenstoß zu entscheiden ist, können die Grundsätze zu dessen sachlicher Lösung, das sachliche Normenwiderstreitsrecht angewendet werden.

II. Gemeinsames zwischen formellem und sachlichem Normenwiderstreitsrecht. Grenzbeziehungen zwischen Normenwiderstreitsrecht und allgemeiner Sachwürdigung.

1. Die Frage, welche formellen und sachlichen Rechtsnormen im einzelnen in einem Rechtsstreit aus Anlaß einer Normenänderung anwendbar sind, gehört auch für die sachliche Seite der Streitsache zum formellen Recht, muß demnach gewürdigt werden, ehe in die Beurteilung der weiteren Frage eingetreten wird, ob der Anspruch zulässig und sachlich begründet ist. Denn an sich müßte beim Wechsel des Rechts der Rechtsstreit durch Zurückverweisung aus formell-rechtlichen Grundsätzen (Verhütung des Instanzenverlustes) an die erste Rechtszugsbehörde in die Lage versetzt werden, daß sofort das neue Verfahrensrecht sowie das neue sachliche Recht anwendbar wird. Davon kann aber nach der Rechtsprechung[61]) ausnahmsweise abgesehen werden, wenn zur Verfolgung des Rechtsanspruchs keine erschwerenden Zuständigkeits- und Verfahrensbestimmungen (z. B. Einschiebung eines weiteren Rechtszugs, Amtsbetriebsabschaffung, Anordnung von mündlichen Verhandlungen und

---

[61]) S. Bd. 37 S. 87 u. Bd. 18 S. 142.

Tagfahrten, die früher fehlten) im neuen Recht getroffen sind und außerdem dieses dem Ansprucherhebenden inhaltlich günstiger ist.[62])

2. Gleich nach der Würdigung der sog. Prozeßvoraussetzungen, wenn nicht schon vorher namentlich für die Frage nach der Zulässigkeit des Rechtswegs benötigt, muß geprüft werden, welches Recht einschlägig ist. Die Frage, ob und inwiefern durch einen Rechtswechsel formellrechtliche und sachliche Rechtsnormen und etwaige hieraus entspringende Berechtigungen betroffen werden, steht in keinem Zusammenhang mit der Frage nach der Rechtsgültigkeit rechtsgeschäftlicher Staatsakte.[62a]) Daher kann begrifflich hier von einem Widerruf — z. B. unter Hinweis auf den Wechsel der zur staatlichen Gewährung einer Genehmigung oder Erlaubnis zuständigen Behörde —, dann von einer Anfechtung, einer Ungültigkeitserklärung usw. solcher vor dem Rechtswechsel vollzogener, nach der staatlichen Willensseite hin unzweifelhaft rechtsbeständiger obrigkeitlicher Akte lediglich aus dem Grund der Rechtsnormenänderung keine Rede sein.[63]) Dabei ist allerdings vorausgesetzt, daß auch der gewährte Staatsakt — etwa eine baupolizeiliche Erlaubnis — durch den tatsächlichen Abschluß, den förmlichen Verbrauch der Erlaubnis aufgezehrt, also erworben ist, z. B. durch wesentliche Bauvollendung, bei wasserrechtlichen Erlaubnissen durch hauptsächlichen Abschluß der Ausführung des Unternehmens, wovon im Abschnitt III (§ 10 Ziff. 4) näher die Rede ist. Vielmehr ist nur zu würdigen, ob die vorzeitlichen Rechtsakte und Rechtsstellungen noch Gültigkeit haben oder nicht, soweit nicht der Widerruf aus dem Grund der Rechtsänderung ausdrücklich als Widerrufsgrund schon im Gewährungsbescheid zulässigerweise vorgesehen war; sonst bedarf es zum Rechtsverlust (wozu auch der etwaige Verlust der Stellung als sogen. „Interessent" gehört — siehe § 1 der Darstellung —) usw. nicht eines ausdrücklichen förmlichen Staatsaktes d. h. eines behördlichen Ausspruches. Vielmehr tritt sofort mit dem Rechtswechsel die teilweise oder je nachdem auch gänzliche Ungültigkeit der verliehenen, aber noch nicht erworbenen Rechtsstellung kraft Gesetzes ein.

Die Vernichtung oder Anfechtung ordnungsgemäß erworbener formeller, insbesondere verfahrensrechtlicher und sachlicher Rechtsstellungen aus dem Gesichtspunkt des Normenwechsels setzt nämlich

---

[62]) Dies muß wegen des inneren Zusammenhangs mit dem formellen Widerstreitsrecht schon hier vorweggenommen werden, ebenso wie die beiden folgenden Absätze.

[62a]) K. Kormann a. a. O. S. 364 III. — S. 65 der Darstellung.

[63]) So bleiben nach der Begründung S. 579 II zum bayer. Wassergesetz vom 23. März 1907 nicht nur die lt. Art. 207 dieses Gesetzes bei dessen Inkrafttreten bestehenden, auf privaten Rechtserwerbsgründen beruhenden Eigentums-, Nutzungs- und sonstigen Rechte an den Gewässern ausdrücklich aufrecht erhalten, sondern es wirken auch die auf öffentlich-rechtlichen Erwerbsgründen beruhenden Genehmigungen z. B. zur Benutzung des Wassers für Anlagen (sog. Konzessions- und Wassererlaubnisse) auch unter der Herrschaft des neuen Gesetzes fort, solange die Anlage besteht.

unter allen Umständen den Erwerb durch Rechtshandlungen voraus, die frei von Willensmängeln sind. Beim Zusammentreffen von Willensmängeln und Normenänderung wäre natürlich zuerst die Einwirkung von Willensmängeln auf die unter der Herrschaft des früheren Rechts eingeräumte Rechtsstellung zu prüfen, und dann erst darauf einzugehen, ob und inwieweit das neue Recht Rechtsstellungen, die durch gestattete Handlungen der Untertanen geschaffen sind, sowie obrigkeitliche Akte berührt.

§ 5. Die allgemeinen sachlichen Grundsätze für die Lösung von Normengegensätzlichkeiten. (Sog. sachliches Normenwiderstreitsrecht).

I. Formelle und sachliche Normenkraft.

Der unbestrittene grundlegende Rechtssatz für die Entscheidung von Normenzusammenstößen lautet:

Jedes einzelne Rechtssubjekt, jeder einzelne Rechtsgegenstand, jede einzelne Rechtshandlung wird beherrscht von einem bestimmten gesetzten Recht, das z. Zt. des Daseins von Subjekt und Gegenstand sowie z. Zt. der Vornahme der Rechtshandlung gilt (tempus regit actum); daher untersteht auch jedes einzelne Rechtsverhältnis sachlicher oder verfahrensrechtlicher Natur (sog. Prozeßrechtsverhältnis) in seiner Gesamtheit dem jeweils gebietenden Recht.[64])

Diese Rechtsregel setzt demnach als den Zeitpunkt des Beginns und des Untergangs der Rechtsgeltung die Rechtstatsache fest, daß ein Gesetz schon herrscht und noch herrschen muß; sein Bestand muß daher feststehen, wenn es für die Untertanen Beachtungsrecht, für die Behörden Anwendungsrecht sein soll.

Die zeitlichen Grenzen des Herrschaftsbereichs der Rechtsnormen bestimmen sich somit durch den Zeitpunkt ihrer Entstehung und den Zeitpunkt ihres Untergangs.

Zum Entstehen von Recht ist zunächst erforderlich, daß das von den gesetzgebenden Organen oder sonst ermächtigten Zuständigkeitsträgern geschaffene, also das geschriebene Recht verkündet, Gewohnheitsrecht dagegen ausgeübt werden muß (Grundsatz der formellen Normenkraft).

Die Verkündung bildet aber nur eine und zwar die erste Voraussetzung der Rechtsgeltung für geschriebenes Recht; es kann erst dann wirksam werden d. h. herrschen, gelten, anwendbar sein, wenn der Zeitpunkt seines Inkrafttretens angeordnet ist (Grundsatz der sachlichen Normenkraft). Das kann ausdrücklich geschehen durch Aufnahme einer Bestimmung in der Norm selbst; es kann aber auch, wenn das geschriebene Recht hierüber schweigt, ein allgemeiner Anwendungstermin bestimmt sein (z. B. Art. 71 RV.; § 75 LV.;

---

[64]) Gierke a. a. O. S. 200, vornehmlich Fußnote 16 ff. und die dortigen weiteren Belege.

Art. 84 I und Art. 131 II der bayer. Gemeindeordnung für örtliche Satzungen und ortspolizeiliche Vorschriften; Art. 11 PStGB.).[65]) Dieser Termin liegt in solchen Fällen eine geraume Zeit nach dem Tag der Verkündung. Der Grund hiefür ist darin zu erblicken, daß den Untertanen und den mit dem Vollzug befaßten Behörden eine angemessene Frist gewährt werden soll, um sich mit den neuen Vorschriften vertraut zu machen.

Die Unterscheidung zwischen Verkündung von Gesetzen usw. und deren Rechtswirksamkeit (= Geltung) ist von großer Tragweite für die Rechtsanwendung. Lediglich die Rechtswirksamkeit, das sog. Inkrafttreten einer Rechtsnorm ist nämlich von Bedeutung für die Beurteilung, welches Gesetz älter ist, indessen mit der Einschränkung, daß eine Gesetzesnorm niemals vor der Verkündung in Kraft treten kann.[66]) Erst recht ist daher für die Anwendbarkeit eines Gesetzes keinesfalls der staatsrechtliche Akt des Beschlusses der einschlägigen Staatsbürgerabordnung maßgebend, da es für das zeitliche Verhältnis mehrerer Gesetze nicht auf den Zeitpunkt der Beschlußfassung, sondern darauf ankommt, wann sie formell nach außen wirksam geworden sind. Diese formelle Gesetzeskraft setzt aber nach allgemeinen, auch in Bayern anerkannten staatsrechtlichen Grundsätzen die Verkündung der Gesetze voraus.[67])

II. Das Verhältnis zwischen früherem und neuem Recht.

a) Allgemeine Leitsätze.

1. Grundsatz:

Ein neues Gesetz über einen Rechtsgegenstand tilgt ohne weiteres die über den gleichen Gegenstand bestehenden Gesetze (lex posterior derogat priori). Dieser Satz drückt die eine Seite des Verhältnisses zwischen dem Recht der Vorzeit und der Nachzeit aus, wenn darin gleiches geregelt wird, indem er dem alten Recht die zeitliche Grenze seiner Geltung anweist. Seine Nachwirkung in die Herrschaft des neuen Rechts ist daher nur bei einem besonderen Vorbehalt im neuen Recht möglich, sei es, daß der Gesetzgeber mit bestimmten Worten diese Folge zugelassen hat, oder doch die ratio legis, die aber irgendwie aus der einschlägigen Norm selbst hervorgehen muß, die Fortwirkung des alten Rechts erheischt.[68])

2. Grundsatz:

Neues Recht wirkt regelmäßig nicht auf die vom früheren Recht beherrschten Rechtsverhältnisse zurück[69]) (lex ad praeterita trahi nequit).

---

[65]) S. Bd. 24 S. 119, S. 564; Bd. 34 S. 22.

[66]) Seydel-Piloty, bayer. Verfassungsrecht, S. 843, insbesondere Fußnote 31; dazu die Hinweise in Fußnote 7 dieser Darstellung.

[67]) Entsch. des RG. als Staatsgerichtshof vom 10. Mai 1921 (RGBl. S. 735) laut Begründung in der BayGemVZ. 1921 Sp. 465/6.

[68]) Jebens, a. a. O., S. 266 ff., unter II.

[69]) L 7 C, de legibus, I, 14. — Vgl. ALR., Einleitung § 14, aufrecht erhalten für das öffentliche Recht: Stier-Somlo, Einwirkung, S. 104 ff.;

Dieser Satz deutet die andere Seite der Verhältnisses zwischen dem älteren und dem jüngeren Recht an, indem er den Beginn des Herrschaftsbereichs des neuen Rechtes kennzeichnet und ihm Eingriffe in die unter dem alten Recht gewachsenen Rechtsverhältnisse verwehrt.

Nur unter denselben eben geschilderten Voraussetzungen, wie dem alten Recht ein Hinübergreifen in die Zeit des späteren Rechts gestattet ist, darf sich auch das jüngere Recht früherer Rechtsverhältnisse bemächtigen, frühere Rechtsgeschehnisse und Rechtshandlungen kraft Gesetzes seiner Geltung unterwerfen.

Die zeitliche Abgrenzung des Gebiets der Rechtssätze hat daher, wie Windscheid [70]) zutreffend hervorhebt, nicht die Bedeutung, daß für jede Zeit das in ihr geltende Recht die ausschließliche Quelle der rechtlichen Beurteilung und im besonderen der richterlichen Rechtsanwendung bildet; sondern sie hat die Bedeutung, daß das Recht einer jeden Zeit die in dieser Zeit vorkommenden Tatsachen, auf die es seinem Inhalt nach anwendbar ist, ergreift und ihnen ihre rechtliche Ausprägung gibt, d. h. daß es darüber die Entscheidung trifft, ob und welche rechtlichen Wirkungen durch diese Tatsachen erzeugt sind. Wird dann später das Recht geändert, so wird damit die vom früheren Recht getroffene Entscheidung nicht hinfällig, mag sie positiv lauten oder negativ, d. h. daß keine rechtlichen Wirkungen entstanden sind. Das neue Recht hingegen ergreift nicht die vor ihm liegenden Tatsachen; in diesem Sinn hat es keine rückwirkende Kraft, falls es sie sich nicht beilegt.

Rückwirkung ist nicht nur bei ausdrücklich beigelegter Kraft, sondern auch dem unzweideutigen Inhalt des Gesetzes nach möglich; [71]) es genügt somit, daß sie als gewollt aus ihm selbst erkannt werden kann. Anhaltspunkte für diesen Willen des Gesetzgebers sind in § 2 II dieser Darstellung, S. 15/6 aufgeführt; dabei kommt namentlich die Wichtigkeit und Bedeutung zur Erwägung, die der Urheber des neuen Rechts ihm aus Gründen des Gemeinwohls, der Volkswirtschaft und der Sittlichkeit beilegt. Je größer diese Bedeutung ist, desto eher ist die Annahme gerechtfertigt, daß der Urheber des neuen Rechts ihm auch die früher entstandenen Rechtsverhältnisse habe unterwerfen wollen. [72]) Wenn z. B. der Gesetzgeber die Gründe für die Zurücknahme einer Wirtschaftskonzession, eines Wandergewerbescheins, einer Jagdkarte anders als früher ordnete, ist anzunehmen, daß er diese in den neuen Rechtszustand als bestehend übernommenen Rechtsverhältnisse ihm unterstellen wollte.

Seydel-Piloty S. 843, insbesondere Fußnote 33; S. Bd. 24 S. 566; Bd. 26 S. 18. — Bierling, a. a. O. S. 118; Otto Mayer, Deutsches Verwaltungsrecht, 2. Aufl., Bd. 1 S. 69 Ziff. 2, S. 75 und 81.

[70]) a. a. O. S. 74/5, § 32.

[71]) Becher, Bayer. Landeszivilrecht, 1896, Bd. I S. 12.

[72]) Windscheid, a. a. O. S. 75. — Vgl. auch die Entsch. des bayer. VGH. Nr. 59 III/22 vom 23. Oktober 1922 (BayGemVZ. 1923 Sp. 10 ff.) und Nr. 66 I/21 vom 28. Juni 1922 (BayGemVZ. 1922 Sp. 796).

Diese Grundsätze beherrschten schon das gemeine Recht und unter ihrer Wirkung steht auch gegenwärtig noch das allgemeine deutsche sowie das aufrecht gebliebene Landesgewohnheitsrecht.[78]) Soweit sich demnach im geschriebenen Recht keine Rechtsregeln über Rückwirkung von Gesetz und Gewohnheitsrecht finden, muß man auf die in der Lehre vom gemeinen Recht dargebotenen wissenschaftlichen Hilfsmittel zurückgreifen, die auch für die Zeit seit dem Rechtsumschwung um die Jahrhundertwende gelten; allerdings sind hiebei wesentliche Einschränkungen zu machen, die sich aus der neuzeitlichen Bewertung des Problems der Rückwirkung mit Rücksicht auf die in § 2 geschilderte erhöhte Bedeutung des öffentlichen Rechts gerade in der Gegenwart erklären lassen.

Wenn sich ein Rechtssatz rückwirkende Kraft beilegt, so ist das nicht so zu verstehen, als wenn auch Fälle, die durch gütliche Übereinkunft, soweit sie im öffentlichen Recht zulässig ist, oder rechtskräftiges Urteil vollständig erledigt sind, von der neuen Rechtsnorm ergriffen würden. Sie sind und bleiben erledigt (sog. causae finitae); vgl. Windscheid a. a. O. § 33, S. 79/80. Nur der Gesetzgeber könnte anders verordnen.

b) Einschränkungen der Leitsätze.

I. Der Leitsatz: lex posterior derogat priori erleidet nach mancherlei Richtung hin Einschränkungen. Eingeengt wird er im Verhältnis von Sondergesetz und allgemeinem Gesetz.

Es ist daher zunächst die Auslegung des Begriffes „Sondergesetz" geboten. Es kann dem in einem Gesetz enthaltenen Rechtsstoff nach eine besondere Seite des rechtlich bedeutsamen Zusammenlebens der Menschen unter sich abgegrenzt sein nach vier Richtungen;

1. hinsichtlich eines bestimmten Personenkreises (z. B. das Angestelltenversicherungsgesetz im Verhältnis zum allgemeinen Arbeiterversicherungsrecht der RVO.);

2. bezüglich eines sachlichen Gebiets (z. B. für das sachliche Recht die drei bayerischen Wassergesetze vom 28. Mai 1852, Be- und Entwässerungsunternehmungsgesetz, Uferschutzgesetz, Wasserbenützungsgesetz im Verhältnis zum Wassergesetz von 1908; für das formelle Recht: Die Verfahrensbestimmungen des Wassergesetzes von 1908 im Vergleich zu den Vorschriften des bayer. Verwaltungsgerichtshofsgesetzes vom Jahr 1878);

3. hinsichtlich eines bestimmten Kreises menschlicher Handlungen (z. B. Freiheit der Vereinsbildung, der Versammlung, Bestimmungen über die Vereinigungsfreiheit bestimmter Gesellschaftsgruppen etwa der Beamten gegenüber dem allgemeinen Vereinsrecht nach dem BGB. und dem Reichsvereinsgesetz);

---

[78]) J. A. Seuffert, Handbuch des deutschen Zivilprozesses 1853, Kommentar über die bayer. Gerichtsordnung von 1753, 2. Aufl., Bd. 1 S. 302 ff., namentlich S. 304 Fußnote 6 und S. 29, § 7. — Fleiner, Institutionen S. 89.

4. bezüglich eines sonstigen durch Verbindung solcher Gesichtspunkte ausgeschiedenen Rechtkreises von Lebensverhältnissen (z. B. das Arbeitsrecht der Reichsgewerbeordnung im Verhältnis zum Dienstvertrag des BGB. oder des Hausarbeitsgesetzes gegenüber der Reichsgewerbeordnung).

In all' diesen Fällen spricht man von einem Sondergesetz, einer sog. **lex specialis** im Gegensatz zu einer Normenzusammenfassung, die eine nach keiner dieser Richtungen hin ausgeschiedene, vielmehr eine grundsätzlich allgemein geltende Rechtsquelle darstellt, der sog. **lex generalis**. Beides sind demnach Rechtsquellen von ungleichem Herrschaftsbereich, auf einem Boden zusammentreffend, der für jede von ihnen Rechtsgebiet ist.[74])

Beim Vorliegen eines allgemeinen und eines Sondergesetzes sind zwei Fälle denkbar:

α) Das neue Gesetz tritt als Sondergesetz auf, das nur bestimmte Abänderungen gegenüber dem früher entstandenen allgemeinen Gesetz trifft; es genügt hieher der Hinweis auf die verschiedenen späteren Sondergesetze zur Reichsgewerbeordnung.

In diesem Fall bleiben die mit der Neuerung verträglichen Vorschriften des früheren allgemeinen Gesetzes bestehen.

β) Das neue Gesetz tritt als ein allgemeines Gesetz auf im Verhältnis zu einem oder mehreren früheren Sondergesetzen. Ein Beispiel liefert die Ablösung der erwähnten drei bayerischen wasserwirtschaftlichen Gesetze von 1852 durch das neue Wassergesetz von 1908. Hier behaupten das oder die früheren Sondergesetze gegenüber einem späteren allgemeinen Gesetz ihre Geltungsfortdauer nur dann, wenn sie nicht durch das nachfolgende allgemeine Gesetz aufgehoben sind; das kann ausdrücklich geschehen oder dadurch, daß das allgemeine Gesetz den ganzen Rechtsgegenstand nach dem Gesetzesinhalt allumfassend, d. h. erschöpfend geregelt hat, sodaß in ihm alle früheren Sonderregelungen aufgegangen sind.

Nur mit dieser Einschränkung ist der Satz zu verstehen: **lex posterior generalis non derogat legi priori speciali.**

Wird das allgemeine Gesetz aufgehoben, ohne daß von der Außerwirksamkeitssetzung des noch mit ihm verträglichen und nicht aufgehobenen Sondergesetzes die Rede ist, so bleibt dieses trotzdem weiterbestehen. Wird dagegen das Sondergesetz abgeschafft, so werden die von ihm erfaßten Tatbestände und Rechtsverhältnisse nicht etwa normenfrei; vielmehr unterstehen sie dann dem allgemeinen Gesetz. Die Zwangswirtschaft für Lebensmittel liefert hiezu zahlreiche Beispiele. War etwa infolge der Aufgabe der Zwangswirtschaft in Obst, Kartoffeln usw. der Aufkauf und Handel damit gerade den hierauf bezüglichen Sondervorschriften bestehend in einer besonderen Zulassung nicht mehr unterworfen, so wurde er doch nicht von jeder staatlichen Genehmigung frei; vielmehr gilt auch für Händler mit Obst und

[74]) So Gierke, a. a. O. S. 183.

Kartoffeln die Reichskanzlerverordnung vom 24. Juni 1916 (RGBl. S. 581 ff. und RGBl. 1918 S. 401 über den Handel mit Lebens- und Futtermitteln trotz Aufhebung der Zwangsbewirtschaftung für diese Lebensmittel.

Selbstverständlich ist, daß mit der Aufhebung des späteren Gesetzes, mag es ein allgemeines oder ein Sondergesetz sein, das nach vorstehenden Grundsätzen durch dieses etwa beseitigte frühere Gesetz nicht wieder hergestellt wird, so wenig, wie durch den Wegfall der Gründe ein Gesetz seine Wirksamkeit verliert.[75])

Hier wäre eines Sonderfalls für die Beurteilung eines gesetzlichen Vorbehalts der Ausnahme von der Regel zu gedenken. (Vgl. die Entscheidung des bayer. Verwaltungsgerichtshofes Nr. 113 II/21 vom 10. März 1922, BayGemVZ. 1922 Spalte 693/94): Nach dem bayer. Distriktsratsgesetz von 1852 (Art. 32) bestand die rechtliche Möglichkeit der Erhöhung der individuellen Distriktsumlagenpflicht in Gestalt der sog. Vorausleistungen für den Bezirk einzelner Gemeinden je nach den Vorteilen an den Einrichtungen des Distrikts. Durch das bayer. Umlagengesetz von 1910 wurden die Gemeinden für umlagenpflichtig erklärt und gleichzeitig Art. 32 des Distriktsratsgesetzes und damit die Steigerung der gemeindlichen Umlagenpflicht als sog. gemeindliche Vorausleistung vorbehalten. Durch Art. 48 Abs. II des Vollzugsgesetzes zum Landessteuergesetz von 1921 wurde das ganze Umlagengesetz von 1910 aufgehoben und die individuelle Bezirksumlagenpflicht — der Bezirk trat an die Stelle des früheren Distrikts — wieder eingeführt (Art. 9 ebenda). Damit ist nun jede Vorausleistung, also jede abgestufte Umlagenpflicht auch der einzelnen Bezirksangehörigen aufgehoben, ganz abgesehen davon, daß das Vollzugsgesetz zum Landessteuergesetz nur Bezirksumlagen nach einem gleichmäßigen Maßstab zuläßt. Art. 32 des Distriktsratsgesetzes mit seiner individuellen Umlagenpflicht ist nicht dadurch etwa wieder aufgelebt, daß dieser Art. nicht ausdrücklich aufgehoben wurde; vielmehr hätte der Vorbehalt des Art. 32 des Distriktsratsgesetzes auch im Vollzugsgesetz zum Landessteuergesetz besonders aufrecht erhalten werden müssen.

γ) Als Unterart der lex specialis und lex generalis wäre auch für einzelne Rechtsfragen zu untersuchen, inwiefern durch die Aufhebung einer Regelvorschrift auch die Ausnahmen von der Regel aufgehoben werden.[76]) Diese Frage ist belanglos, falls eine Regelvorschrift überhaupt beseitigt wird. In diesem Fall a werden eben die bisherigen Ausnahmen von selbst zur Regel. Wenn dagegen einer Regelvorschrift ein anderer Inhalt gegen früher gegeben wird, ist es eine Auslegungsfrage, ob die neue Rechtsnorm auch die Ausnahmen der früheren Regelvorschrift aufheben wollte. Im Zweifel wird im Anschluß an die bisherige Rechtslehre diese

[75]) Becher, a. a. O. S. 11, Fußnote 4.
[76]) Vgl. zum Folgenden Windscheid, a. a. O., S. 72 ff. § 31.

Frage b zu verneinen sein. Zur Veranschaulichung mögen für beide Fälle zwei Beispiele dienen:

Zu Fall a):

Angenommen, ein früheres Wassergesetz hätte bestimmt, daß die Befahrung öffentlicher Gewässer mit Schiffen genehmigungspflichtig sei außer für die Ausübung der Gewerbsfischerei; ein späteres Gesetz ordnete den Wegfall der Genehmigung für den Schiffahrtsbetrieb überhaupt an.

Zu Fall b):

Es wäre z. B. rechtens, daß die Fischerei nur auf Grund einer Fischerkarte und eines Erlaubnisscheins des Fischwassereigentümers betrieben werden dürfe; die Gewerbsfischer sollten aber beide Nachweise nicht benötigen. Hinterher wurde bestimmt, daß Liebhaberfischer nur die Fischerkarte benötigten, dagegen der Erlaubnisschein entbehrlich sei. Hier würde die bisherige Ausnahmestellung der Gewerbsfischer unberührt bleiben. Ein weiteres Beispiel! Die regelmäßige Verjährungszeit betrüge 30 Jahre; bestimmte Ansprüche verjährten aber in 3 Jahren; ein neues Gesetz ordnete für die Verjährung von Ansprüchen allgemein eine zehnjährige Frist an. Auch in diesem Fall dauerte die Ausnahme von der früheren Regelvorschrift auch unter der neuen Norm fort; es müßte denn sein, das neue Gesetz wollte nach ausdrücklicher Erklärung in allen Fällen gelten, oder es hätte die zulässigen Ausnahmen erschöpfend aufgezählt, oder es ließe sich aus dem Wesen und Inhalt des Gesetzes selbst schlüssig nachweisen, es habe seine neue Regel als jedermann bindend angesehen wissen wollen.

II. Der 2. Leitsatz: lex ad praeterita trahi nequit erleidet ebenfalls Einschränkungen. Das neue Recht ergreift grundsätzlich nicht rückwärts jene Rechtstatsachen und Rechtshandlungen, die bei seinem Eintritt als konkret-gegenwärtige Vollrechte, auch „perfekte" Rechte genannt, bestanden oder, um mit Windscheid[77]) zu sprechen, denen das frühere Recht im vorbezeichneten Sinn (nämlich der durch Tatsachen erzeugten Rechtswirkungen) ihre „fertige Ausprägung" gegeben hat. Jedoch ergreift es die Rechtsverhältnisse, die noch nicht fertig abgeschlossen, vielmehr in der Entwicklung begriffen sind und daher in das Herrschaftsbereich des neuen Rechts hereinragen. Bei solchen Rechten fallen Beginn und Ende des Erwerbs in zwei durch den Eintritt der Rechtsänderung zeitlich getrennte Räume.

Drei Gruppen solcher hineinragender Rechtsverhältnisse sind zu unterscheiden:

1. Die rechtlichen Anwartschaften, die gesetzlich oder rechtsgeschäftlich schon entstanden, deren Geltendmachung (actio nata) aber etwa durch Bedingung oder Befristung, die nach dem Normenwechsel eintritt, hinausgeschoben ist. Dazu gehören auch die Fälle, bei denen polizeiliche Erlaubnisse, staatsaufsichtliche Genehmigungen, erst nach der Rechtsänderung zu erteilen sind, ehe ein vollkommen ausgereiftes Rechtsverhältnis entsprossen ist.

[77]) Windscheid a. a. O., S. 74/75.

2. Erst recht sind zu den Übergangssachen zu rechnen bloße Erwartungen, Aussichten, Möglichkeiten und Keimrechte nach früherem Recht, z. B. das Gewerbefortbetriebsrecht der Witwe eines Gewerbetreibenden, dem eine staatliche Erlaubnis verliehen wurde (§ 46 GewO.) oder der Anspruch auf Invalidenrente, wenn die vorgeschriebenen Pflichtbeiträge entrichtet sind und die Wartezeit aufrecht erhalten ist (Keimrecht!). Näheres § 12 der Darstellung.

3. Als dritte Gruppe ist die Bewertung der fortdauernden Rechtswirkungen unter der alten Gesetzgebung unbedingt abgeschlossener Rechtsverhältnisse zu erwähnen, deren Folgeerscheinungen entweder in das neue Recht hinüberwechseln oder unter dessen ausschließlicher Herrschaft immer wieder neu entstehen können. Dabei soll bereits jetzt ausdrücklich hervorgehoben werden, daß das Schicksal der zeitlichen Beurteilung der Hauptsache auch alle hieraus abgeleiteten Ansprüche teilen, wie z. B. die Ersatzleistungen (surrogatum sapit naturam eius, cui surrogatur), ferner alle Nebenbestimmungen [78]) des betroffenen Rechtsgeschäftes oder Staatsaktes, wie Bedingungen, Auflagen, Befristungen, endlich bei staatlichen Entscheidungen und Gewährungen auch der Kosten- und Gebührenpunkt. In allen diesen Punkten müssen scharfe Grenzlinien gezogen werden zwischen dem zeitlichen Herrschaftsbereich der alten und der neuen Rechtsquelle, was oft zu den größten Schwierigkeiten führt, da recht verwickelte Fälle vorkommen können. Diese bedürfen daher einer eigenen Betrachtung im besonderen Teil der Darstellung.

Andererseits kann sich auch eine Rechtsnorm rückwirkende Kraft zuschreiben, obwohl sie ihr nach dem Grundsatz der Nichtbeeinflussung erworbener Rechtsstellungen durch ein neues Gesetz nicht gebührt. Und umgekehrt ist es rechtlich nicht ausgeschlossen, daß ein späterer Rechtssatz eine der Vorzeit angehörige rechtlich belangreiche oder auch belanglose oder einen der früheren Zeit angehörigen Rechtszustand nicht ergreifen will, obgleich sie unter die drei vorerwähnten Übergangssachen fallen. Z. B. ein früher Invalidenversicherungspflichtiger hätte 50 Invalidenmarken verwendet; ein neues Gesetz bestimmt dann, daß dieser Personenkreis nicht mehr invalidenversicherungspflichtig sein soll. Hier müßte der jüngere Rechtssatz ausdrücklich bestimmen, daß der vor dem Rechtswechsel Versicherungspflichtige von der Weiterverwendung der Invalidenmarken, also von einer Aussicht auf Erwerb einer Anwartschaft auf eine Invalidenrente ausgeschlossen sein sollte. Ist dies nicht geschehen, so genügt es, wenn der Gesetzeswille durch Auslegung aus den neuen Vorschriften schlüssig ermittelt werden kann.[79])

Ob nun die für die rechtliche Beurteilung solch' zweifelhafter Fälle maßgebende Tatsache oder Rechtshandlung der Vorzeit oder Nachzeit angehört, das zu klären bildet die hervorragendste Schwierigkeit.

---

[78]) Kormann, System der rechtsgeschäftlichen Staatsakte 1910 S. 135 ff.
[79]) Windscheid a. a. O. S. 77/78.

c) **Endigung der Gesetzesgeltung.**

Die Geltung eines Gesetzes endigt nicht etwa durch Nichtanwendung infolge Nichtkenntnis (desuetudo), wohl aber infolge Nichtanwendung trotz Kenntnis (contraria consuetudo), insofern sich gegen das Gesetz oder Gewohnheitsrecht ein anderes Gewohnheitsrecht durchgesetzt hat und auch geübt wird.

Soweit es sich um Gesetzesrecht handelt, endigt es außerdem mit seiner förmlichen Aufhebung (Außerwirksamkeitssetzung); ferner endigt es, wenn sich der vorgesehene Zweck oder die vorgesehene Geltungsdauer erfüllt hat, wenn also ein Gesetz erlassen wurde entweder lediglich für einen bestimmten Fall oder ausschließlich für besondere Verhältnisse; hierher gehört namentlich das Not- und Kriegsrecht, das Recht für die Abwickelung des Krieges, sog. Abrüstungs- oder Demobilmachungsrecht, soweit nicht trotz Beendigung dieser Verhältnisse noch eine besondere Außerwirksamkeitssetzung im Gesetz selbst enthalten ist. Das Gesetz endigt weiter, wenn es für eine genau bestimmte Zeit erlassen ist, deren Ablauf eingetreten ist.[80])

d) **Allgemeine Auslegungsgrundsätze für die Rückwirkung.**

1. Wenn diese unter b erwähnten Fälle nicht vorhanden wären, so entfiele überhaupt so ziemlich jegliche Veranlassung zur Untersuchung der Frage der Rückwirkung von Rechtsregeln; es bedürfte bei Rechtsnormenänderungen hinsichtlich der Bewertung aus dem früheren Rechtszustand hervorgegangener vollendeter Rechtsverhältnisse nur einer Prüfung dahin, ob nach Sinn und Zweck — soweit ein ausdrücklicher Ausspruch des Normengebers fehlt — diese bereits vollkommen entstandenen Rechtsverhältnisse *für die Zukunft* aufgehoben oder umgestaltet oder unverändert beibehalten werden sollen. So aber ist das *Wort* „*praeterita*“ in dem angeführten römischrechtlichen Leitsatz sehr dunkel und dehnbar. Rechtslehre und Rechtsprechung hatten hier bereits ein reiches Feld zur Entfaltung von Scharfsinn. Aber auch in den Fällen, in denen, wie z. B. beim UWG. und der wasserrechtlichen Gesetzgebung, bestimmte Übergangsvorschriften sachlicher und verfahrensrechtlicher Natur aufgestellt wurden, ergeben sich immer noch soviele Zweifel, die eben nicht alle normenmäßig geregelt werden können, daß auch die Auslegungsregeln für solche Übergangsvorschriften in den Bereich dieser Darstellung im einzelnen Fall gezogen werden müssen; dies soll jeweils am Ende eines jeden einschlägigen Abschnittes geschehen.

2. Indessen sind nur der staatliche Gesetzgeber und dessen (Staats-) Behörden, nicht auch alle von ihm mit *abgeleiteter* Gesetzgebungsbefugnis ausgestatteten Körperschaften des öffentlichen Rechtes, also kraft Belehnung mit abgeleiteter Gesetzgebungsgewalt (= sog. Ermächtigung), befähigt, sowohl Rechtsnormen aufzustellen, als auch sie mit rückwirkender Kraft für die Zeit *vor* der Normenaufstellung (z. B. Gebührensatzung für die Benützung einer gemeindlichen Anstalt)

[80]) *Seydel-Piloty*, Verfassungsrecht S. 843.

auszustatten, wofern nicht ohnehin infolge einer etwa notwendigen staatsaufsichtlichen Genehmigung der öffentlich-rechtlichen Satzung die zuständige Oberbehörde die Zustimmung zu einer solchen Rückwirkung ausdrücklich gutgeheißen hat. Dies ist schon in § 2 dieser Darstellung, S. 15/16 hervorgehoben worden und wird auch in der Rechtslehre wie in der Rechtsprechung anerkannt.[81]) Für solche Rechtsnormen gelten im übrigen die gleichen Auslegungsregeln.

Eine Körperschaftssatzung, die einer staatlichen Genehmigung zur Rechtswirksamkeit bedürftig ist, gilt als schwebend gegenüber einer rechtlichen Tatsache oder Rechtshandlung, die sich zwischen der Beschlußfassung des einschlägigen Verwaltungskörpers einerseits, der Erteilung der staatlichen Genehmigung andererseits ereignet, falls die Rückwirkung auf den Tag der Beschlußfassung für zulässig erklärt wird.

Dies ist namentlich von Wichtigkeit für gemeindliche Steuersatzungen wegen der Frage der Nachholung von Abgaben aus Anlaß von rechtlich bedeutsamen Ereignissen seit der Zeit der Beschlußfassung.

3. Allein entscheidend für die Frage der Rückwirkung ist die Entstehungszeit einer rechtsbegründenden Tatsache oder Handlung. Es fehlt daher jeder rechtfertigende Grund, hiefür Rechtssätze über den Erwerb und den Verlust von Rechten oder über den Bestand von Rechten für maßgebend zu erklären, wie dies Savigny lehrte.[82])

Er vertrat nämlich die Anschauung, daß nur dann, wenn eine ganze Rechtseinrichtung durch eine neue Rechtsnorm nach allen Richtungen aufgehoben und damit gegenstandslos geworden sei, auch der vor der Rechtsänderung vollzogene Erwerb und Verlust von Rechten hieraus ebenfalls von der Neuordnung getroffen und außer Geltung gesetzt worden sei (sog. abgestorbene Rechtsverhältnisse). Jedoch die staatliche Gesetzgebungsgewalt ist, wie in § 2 der Darstellung erörtert wurde, wohl in der Lage, auch neue Normen über den Erwerb und Verlust von Rechten mit der Kraft auszustatten, ältere einzelne Rechtsansprüche der gleichen Art ihrem ganzen Inhalt

[81]) Jebens, a. a O. S. 266 II, 1 für das preuß. Verwaltungsrecht und § 1 der Darstellung, insbes. Fußnoten 3 mit 5; dann näheres in § 16 IV; vgl. auch die bayer. Inn. M. E. Nr. 3036 e/4 v. 4. März 1922, betr. Zuwachssteuer: „Erst mit der Erteilung der Genehmigung von Abweichungen von der Mustersatzung durch die Kreisregierung, ferner mit der unveränderten Annahme der Mustersatzung in beiden Fällen in Verbindung mit der Verkündigung der erlassenen Satzung, gegebenenfalls der genehmigten Abweichungen hievon sind Mustersatzung oder Abweichungen in Kraft getreten. Dem Gemeindebeschluß kann keine rückwirkende Kraft beigelegt werden." Vgl. auch die VO. des Reichsfinanzministers vom 21. Juli 1923 (RGBl. I S. 742) über die Genehmigung der Rückwirkung gemeindlicher Getränkesteuerordnungen, gemäß § 444 III der Reichsabgabenordnung, über den Tag der Beschlußfassung oder Erlassung zurück auf 1. Juli 1923 im Hinblick auf § 14 V Fin.-Ausgl.-Ges. vom 23. Juni 1923.

[82]) Savigny, System VIII § 383 ff.; dagegen Jebens unter Anführung der neuerlichen Stellung des preuß. Oberverwaltungsgerichts, a. a. O. S. 286 ff. und Windscheid, a. a. O. S. 75; ebenso die in der vorstehenden Fußnote erwähnte Min.-Entschl.

nach mit und ohne Beseitigung des Rechtsverhältnisses selbst aufzuheben; sie ist auch nicht gehindert, eine ganze Rechtseinrichtung nebst ihren Auswirkungen lediglich für die Zukunft abzuschaffen, bestehende Rechtsverhältnisse aber unberührt zu lassen und zu schonen, z. B. bei Beseitigung früherer Verleihungsmöglichkeit bestimmter Arten von Konzessionen; dabei können erworbene Erlaubnisse oder nur einzelne Seiten davon vernichtet werden, aber auch ihr Fortbestand gewahrt bleiben. Es wird immer Tatfrage sein, in welchem Umfang der Normengeber für die Zukunft schöpferisch auftreten wollte. Die Vermutung wird — soweit nicht das Gegenteil deutlich aus Zweck und Inhalt der neuen Normen erkennbar ist — dafür sprechen, daß lediglich eine Fortpflanzungshinderung der Rechtswirkungen eines Rechtsverhältnisses für die Zukunft beabsichtigt ist im Gegensatz zu einer Unterbindung des Fortbestandes des Rechtsverhältnisses selbst, das selbst nicht beseitigt werden wollte; das ist namentlich für das öffentliche Baurecht von Bedeutung. Nicht minder fehlt jeder Anlaß zu unterschiedlicher Behandlung sog. „absoluter" und „Verbotsgesetze", wie später dargelegt werden soll.[83])

4. Zusammenfassend gilt deshalb als Regel: Grundsätzlich steht, jedoch nur für abgeschlossene Rechtsverhältnisse (vgl. § 5 II, b II der Darstellung) die Nichtrückwirkung fest, also nur negativ insofern, als de lege lata vollendete Rechtsverhältnisse der Regel nach nicht der Herrschaft des neuen Rechtes unterworfen werden sollen, wovon es aber auch, wie erwähnt, Ausnahmen gibt.

Hieher gehört auch noch ein bemerkenswerter Fall als Beleg dafür, daß die Rückwirkung von Gesetzen trotz gesetzlicher Anordnung ausnahmsweise aus tatsächlichen Gründen ausgeschlossen ist, aus der Sammlung der Entscheidungen des Verwaltungsgerichtshofes Bd. 43 S. 50 ff. Für die Abhaltung von Tanzkursen im Frühjahr 1921 also vor dem Inkrafttreten der Reichsratsbestimmungen über die Vergnügungssteuer vom 9. Juni 1921 war eine gemeindliche Lustbarkeitsabgabe zu entrichten, deren Rechtsgrund bestritten wurde. Damals stützte sich die gemeindliche Abgabe noch auf Art. 40 Abs. IV der Gemeindeordnung in früherer Fassung. Durch das bayer. Vollzugsgesetz zum Landessteuergesetz (Art. 48 u. 46) ist diesem Gesetz zwar rückwirkende Kraft ab 1. April 1920 beigelegt und Art. 40 Abs. IV GemO. mit der gleichen rückwirkenden Kraft außer Wirksamkeit gesetzt. Hier wurde trotzdem noch diese aufgehobene Rechtsgrundlage des Art. 40 IV als für den Streitfall fortdauernde Entscheidungsnorm angewandt und etwa folgender Grundsatz geprägt:

Selbst wenn sich ein Gesetz rückwirkende Kraft durch Aufhebung früherer gesetzlicher Vorschriften ausdrücklich beigelegt hat, so werden doch die in der Zwischenzeit bis zur Verkündung des neuen Gesetzes eingetretenen und abgeschlossenen Tatbestände, auf die an sich das

[83]) Jebens, ebenda S. 274, IV. 1.

neue Gesetz anwendbar wäre, nach Maßgabe der früheren Gesetzesgrundlage beurteilt, da der Gesetzgeber solche erledigte Rechtsverhältnisse nicht mit einem Federstrich aus der Welt schaffen wollte, selbst wenn er dies nicht ausdrücklich erklärt hat.

Noch nicht abgeschlossene Rechtsverhältnisse, auch Prozeßrechtsverhältnisse einschließlich der Zuständigkeitsnormen stehen dagegen sofort mit der Rechtsänderung im Bann des späteren Rechts.

5. Da das gemeine deutsche Gewohnheitsrecht (usus fori richtiger genannt) bei der Anwendung dieser Regeln keinen Unterschied macht, ob es sich bei der Beurteilung abgeschlossener Rechtsverhältnisse um die Prüfung der zeitlichen Geltung von einfachen oder Verfassungsgesetzen oder Körperschaftssatzungen oder sonstigen sachlichen Rechtsnormen, von Zuständigkeits- oder Verfahrensvorschriften handelt, ergibt sich hieraus die wichtige Folgerung, daß beim Zusammenstoß gleicher Rechtsarten alle diese Rechtsquellen für die Frage der Rückwirkung als gleichwertig gelten.[84]) Es liegt aber auch im Wesen dieser Rechtseinrichtungen ihre unterschiedslose Behandlung nach dieser Richtung hin begründet. Das formelle und sachliche Staatsrecht wie das formelle und sachliche Verwaltungsrecht verdanken dem gleichen Rechtsschöpfer ihre Entstehung; sie sind der Begründungsform nach nicht verschieden, weil sie jeweils von den gleichen Gesetzgebungskörpern erlassen werden. Und weiter darf nicht übersehen werden, daß die Rechtsnormen über den Rechtsgang im engsten Zusammenhang mit den konkrete sachliche Rechte und Belange begründenden Rechtsnormen stehen, insofern die Verfahrensvorschriften nicht um ihrer selbst willen bestehen, sondern den ureigentlichen Zweck zu erfüllen haben, den sachlichen Bestimmungen der Rechtssatzungen auch im Streitfall Anerkennung zu verschaffen.[85])

Anhang.

Abschließend und anhangsweise will bemerkt werden, daß die Rechtsregeln über die Lösung von Normenwiderstreiten bezüglich Zuständigkeit, Verfahren und sachlichem Recht auch für das kanonische Recht anwendbar sind, für das indessen nachfolgende Besonderheiteu gelten. Die Kirchengesetze treten in Kraft durch die Verkündung und zwar in ordentlicher Weise durch Aufnahme in die Acta Apostolicae Sedis (Can. 8 § 1, Can. 9 C. J. C.). Alle dem Codex widersprechenden allgemeinen Gesetze sind aufgehoben mit Ausnahme der nicht im Gesetz selbst widerrufenen wohlerworbenen Rechte Dritter, der verliehenen Vorrechte (Privilegien) und Indulte (Can. 4) sowie der zwischenstaatsrechtlichen Vereinbarungen, insbesondere der sog. Konkordate (Can. 3). Gänzlich unterdrückt sind alle den Vorschriften des Codex nach dessen ausdrücklicher Bestimmung zuwiderlaufenden Gewohnheiten, auch für

[84]) S. Bd. 34 S. 3; Regers Entsch. Bd. 32, Beil. S. 2; A. R. 1912 S. 674 Nr. 1598.

[85]) Vgl. § 18 Ziff. Ib und c der Darstellung und die dortigen Nachweise, insbesondere Wach.

die Zukunft. Nur die nicht ausdrücklich beseitigten Gewohnheiten können von deu Bischöfen geduldet werden, wenn sie eine hundertjährige und unvordenkliche Dauer haben (sog. consuetudines centennariae et immemorabiles, Can. 5). Die allerdings mehr politische Streitfrage nach dem Vorrang des kirchlichen Rechtes gegenüber dem Reichs- und Landesstaatsrecht gehört nicht in den Rahmen dieser Darstellung.[86])

e) **Umschwung in der Rechtsprechung.**

Endlich ist dem Erscheinen und Inkrafttreten eines neuen Gesetzes nicht gleichzustellen ein Umschwung in der Rechtsprechung z. B. Anerkennung der Mängel behördlicher Beschwerdebelehrung durch den bayerischen Verwaltungsgerichtshof in seinem Plenarerkenntnis vom 3. Dezember 1920, S. Bd. 41 S. 72 ff., ganz abgesehen davon, daß auch ein solcher Umschwung auf abgeschlossene, rechtskräftig entschiedene Sachen nicht zurückwirkt;[87]) lediglich ein Gesetz vermöchte dies.

§ 6. Die allgemeine Behandlung schwebender Rechtsverhältnisse.

I. Wie erwähnt, kann sich jeder neue Rechtssatz (bei Ortssatzungen jedoch mit Einschränkungen) rückwirkende Kraft beilegen und bereits vorhandene abgeschlossene Tatbestände ergreifen. Diese Wirkung tritt nicht nur ein, wo dies ausdrücklich vorgeschrieben ist; es genügt vielmehr, daß sie sich als gewollt aus dem ganzen Zusammenhang des neuen Rechts ergibt.[88]) Umsomehr kann die Normenänderung auch auf schwebende Verfahren, seien es eigentliche Prozeß-Rechtsverhältnisse oder anhängige Anträge auf ein staatliches Gewähren, und auf schwebende sachliche Rechtsverhältnisse bestimmenden Einfluß erlangen; dadurch wird der allgemeine Leitsatz gewonnen, daß auf alle schwebenden, sog. hineinragenden Rechtsverhältnisse jeder Rechtsgattung die gesetzlichen Vorschriften anwendbar sind, die zur Zeit der vollendeten Begründung dieser Rechtsverhältnisse, also zur Zeit der gesetzlichen Entstehung oder des durch Rechtshandlungen hervorgerufenen abgeschlossenen Schöpfungsaktes gegolten haben. Je bedeutsamer ein Rechtssatz für das Gemeinwohl ist, umso eher ist die Annahme gerechtfertigt, wie Fleiner zutreffend sagt, daß seine Urheber ihn auch auf bestehende — also vollendete und in sich abgeschlossene — Verhältnisse anwenden wollen. Daher gilt dies insbesondere für schwebende, noch unfertige Rechts-

[86]) August Hofmann, Das neue kirchliche Gesetzbuch und das bayer. Staatskirchenrecht, 1919 S. 2 ff. — Doch kann die Geltung des jeweiligen Kirchenrechts — ebenso wie jene des Völkerrechts — kraft Verweisung, also mit verordnungsmäßiger Stärke, des innerstaatlichen Rechts auf sie herbeigeführt werden; Walter Jellinek, Gesetz usw. S 93/4. — Vgl. bayer. religionsgesellschaftliches Steuergesetz vom 27. Juli 1921 (GVBl. S. 459 ff.), Art. 3, 12, 17.

[87]) Dyroff in der BayGemVZ. 1921 S. 122/3. — und W. Jellinek a. a. O. S. 24 ff. — Fußnote 28 der Darstellung.

[88]) Fleiner a. a. O. S. 89 ff.

verhältnisse, für sog. Keimrechte und Anwartschaften sowie für Wirkungen aus vollendeten Rechtszuständen, denen durch die Abschaffung der Rechtseinrichtung selbst jede Fortpflanzungsmöglichkeit in der Zukunft versagt ist. Jedenfalls unbestritten ist die Anwendung des neuen Rechts auf schwebende Rechtsverhältnisse des öffentlichen Rechts, die in einer für den Genußberechtigten günstigeren Weise umgestaltet worden sind.

II. Zur näheren Erläuterung dieser Leitsätze möge ausgeführt werden, daß es zum Beispiel geschehen kann, daß neue Gesetze rechtsgültig bestehende Rechtszustände mit sofortiger Wirkung unbedingt beseitigen können, z. B. die Patrimonialgerichtsbarkeit der Standesherrn, die ausschließlichen Gewerbeberechtigungen (Zwangs- und Bannrechte) usw., und damit gleichzeitig alle Wirkungen vernichten, die sonst in die Herrschaft des neuen Rechts hineingestrahlt hätten. So konnten die Patrimonialrichter nicht mehr ihres Amtes walten, die zum Bannkreis eines Gewerbebetriebs gehörigen Personen nicht mehr dem Zwang zur Benützung des Betriebs unterworfen werden.

Gleichmäßig zu beurteilen sind die Folgen der Aufhebung der Rechtsstellungen, die nach den früheren Vorschriften durch einen besonderen Verwaltungsakt ausdrücklich im einzelnen verliehen wurden z. B. Privilegien, Genehmigungen und Erlaubnisse polizeilicher Natur; sie sind gleichgestellt jenen Fällen, in denen auf Grund gesetzlicher oder satzungsmäßiger Bestimmung ohne weiteres Zutun des Berechtigten eine Rechtsstellung erworben und dann aberkannt wurde; wurde z. B. das Wahlalter durch ein späteres Gesetz hinausgeschoben, so kann der nicht mehr Wahlberechtigte an einer künftigen Wahlhandlung nicht teilnehmen, solange er nicht das neu vorgeschriebene Alter erreicht hat.[89]) Namentlich schwebende Unterstützungsfälle in der öffentlichen Arbeiterversicherung, in denen der bisher Berechtigte künftig teils schlechter, teils besser gestellt werden soll, gehören hierher. Das Nähere über alle diese einzelnen Fälle wird im III. Abschnitt dargelegt werden.

Aber irgendwie erkennbar muß doch auch für solche in ihrem Bestand oder in ihren Wirkungen schwebende oder nachträglich kraft Gesetzes schwebend gestaltete Rechtsverhältnisse die rückwirkende Kraft einer Rechtsnorm sein, da dies eine Ausnahme von der Regel bedeutet und daher greifbare, unerschütterliche Unterlagen für diese Annahme zur Verfügung stehen müssen. Eine Verwischung dieser Forderung könnte sonst zu den größten politischen und wirtschaftlichen Unzuträglichkeiten führen, eine Rechtsunsicherheit im Gefolge

[89]) Es kann aber auch umgekehrt z. B. das Alter für die selbständige Verfügungsfähigkeit einer Person über die Wahl ihres religiösen Bekenntnisses, das nach bayer. Verfassungsurkunde (§ 17 II) das vollendete 16. Lebensjahr war, durch ein späteres Gesetz herabgesetzt werden, z. B. nach § 5 des Reichsgesetzes über die religiöse Kindererziehung vom 15. Juli 1921 (RGBl. S. 939 ff.). Hier gilt übrigens für die sofortige Anwendbarkeit des Reichsrechts der Grundsatz des ius eminens und nicht jener des zeitlichen Gesetzesvorrangs.

haben, die einerseits nicht leicht verantwortet werden könnte, andererseits dem Ansehen namentlich des geschriebenen Rechts einen schweren Stoß zufügte, was unter allen Umständen vermieden werden muß. Daß sich hieran im wesentlichen auch die Gesetzgebung gehalten hat, soll in den folgenden Abschnitten dargelegt werden. Andererseits ist vom gesetzespolitischen Standpunkt aus zu fordern, daß tunlichst die Anwendung mehrerer Rechtsnormen auf einen und denselben Tatbestand ausgeschaltet wird, weil auch dies im einzelnen Fall zu den größten Schwierigkeiten führen könnte sowohl beim Vollzug durch die Behörden als auch in den Rechtsfolgen für den Rechtsuchenden. Diesem Bestreben ist z. B. die Vorschrift in Art. 209 des bayer. Wassergesetzes vom 23. März 1907 zu verdanken, wonach für das Verfahren in anhängigen, aber im ersten Rechtszug noch nicht durch einen Bescheid abgeschlossenen Sachen sofort das neue Recht einzutreten hat; jedoch wird der alte Rechtsgang einschließlich der früheren Zuständigkeitsbestimmungen für den Fall beibehalten, daß im Zeitpunkt des Inkrafttretens des Wassergesetzes schon ein Bescheid erlassen war (vgl. §§ 299, 302 der Vollzugsbekanntmachung hiezu vom 1. Dezember 1907, GVBl. S. 873 ff.).

§ 7. Das staatliche Notrecht und sein Verhältnis zur ordentlichen Gesetzgebung.

I. Ordentlicher Rechtszustand und Ausnahmezustand.

Die bisher aufgestellten Grundsätze über die rechtliche Beurteilung des Normenwechsels gelten nicht nur für Rechtssätze, die im regelmäßigen Gang des Rechtslebens, vornehmlich des Verfassungsrechts geschaffen sind, sondern auch für sog. Notgesetze, die meist nur für eine bestimmte Zeit und für besondere Anlässe (Kriegszeit, bei Unruhen der sog. Ausnahmezustand) gelten und dann nach Aufhören dieser besonderen Verhältnisse sowie nach Aufhebung der hiefür getroffenen Maßnahmen von selbst wegfallen; sofort nach der Aufhebung tritt dann der frühere ordentliche Rechtszustand wieder ein, soweit nicht von vornherein für den Wegfall der Rechtsnorm ein fester Termin ohnedies ausdrücklich vorgesehen ist. Hier spricht man von zeitlich beschränkten Gesetzen[90]), die nach ihrem Außerkrafttreten von der früheren regelmäßigen Normensatzung, die unterdessen lediglich ruhte, abgelöst werden. Vielfach haben solche Notgesetze neben sachlicher auch verfahrensrechtliche Bedeutung.

II. Verhältnis von Notrecht unter sich.

Nicht minder gelten die entwickelten Leitsätze für die Ermittelung des Geltungsbereichs von gleichwertigem Notrecht unter sich.

a) Hiebei können sich Schwierigkeiten dann ergeben, wenn auf der Grundlage der gleichen Rechtsnorm verschiedene gesetzlich be-

[90]) Pöll, UWG. 1915 S. 52 Anm. 2 Fußnote 1).

rufene Zuständigkeitsträger, die z. B. für den Vollzug des Art. 48 RV. unter bestimmten Voraussetzungen nebeneinander zuständig sind, Ausnahmeverordnungen erlassen haben.

Die Grundsätze des Normenvorrangs (ius eminens) scheiden daher in einem solchen Fall aus; weder im subjektiven noch im objektiven Sinn ist ius eminens einschlägig.

Es kann nach Art. 48 RV. der Reichspräsident Ausnahmemaßnahmen für das ganze Reich anordnen, die Landesregierung aber nur für ihr Gebiet und nur bei Gefahr auf Verzug einstweilige Maßnahmen treffen. Dennoch kann sogar bei Annahme der ausnahmsweisen Ebenbürtigkeit der zum Erlaß der Anordnungen Berufenen weder von einem zeitlichen noch von einem räumlichen Normenzusammenstoß die Rede sein. Ist nämlich die Gefahr auf Verzug durch Verhängung der Dringlichkeitsmaßnahme seitens der Landesregierung beseitigt, so kann der Reichspräsident wieder seine Zuständigkeit an Stelle jener der Landesregierung setzen mit der Wirkung, daß mit dem Wegfall der Voraussetzungen für die außerordentliche Zuständigkeit der Landesregierung, also mit dem Aufhören der Dringlichkeit, diese außergewöhnliche Zuständigkeit aus dem gleichen Anlaß für die Zukunft erlischt.

b) Nimmt man die Tatsache der etwa geforderten Zurückziehung der Maßnahmen der Landesregierung durch diese selbst nicht als Voraussetzung für die Ausübung der Zuständigkeit des Reichspräsidenten für das ganze Reichsgebiet an, selbst nicht für den Fall, daß die etwa beiderseits erlassenen Rechtsverordnungen sachlich und formell gleichartig sind, so kann man von einem Gegensatz der Ausübung regelmäßiger und außergewöhnlicher ausnahmsweiser Zuständigkeit sprechen. Reichspräsident und Landesregierung sind zwar unter besonderen gesetzlichen Voraussetzungen für den Vollzug des Art. 48 II, IV sachlich gleichwertige Zuständigkeitsträger, sie schöpfen beide auf Grund reichsrechtlicher Normen Reichsrecht; aber der Reichspräsident als regelmäßiger Notrechtsschöpfer kann nach Wegfall der Voraussetzungen für die Ausübung der Ausnahmszuständigkeit durch die Landesregierung doch jederzeit an Stelle der vorläufigen Maßnahmen seine Maßnahmen setzen, weil er eben über das ganze Reichsgebiet[91]) beim Ausnahmezustand zu verfügen in der Lage, somit örtlich als höherer Schöpfer inhaltlich gleichwertiger Rechtsverordnungen anzusehen ist.

Ein solcher Normenzusammenstoß wäre daher nicht nach den Grundsätzen über die räumliche Geltung von Rechtsnormen zu lösen, auch nicht nach jenen der zeitlichen Wirksamkeit von Gesetzen, sondern nach der Regel, daß der für bestimmte Angelegenheiten bestellte ordentliche Zuständigkeitsträger sofort nach Wegfall der Voraussetzungen für die Tätigkeitsentfaltung des außerordent-

[91]) Poetzsch, Reichsverfassung, 2. Aufl., Bem. 3 zu Art. 48.

lichen Zuständigkeitsträgers wieder seine Befugnisse ausüben kann. Tut er dies, dann ist in solchen Fällen der Erlaß der Landesregierung sachlich aufgehoben, soweit der ordentliche Normengeber den gleichen Gegenstand erschöpfend geregelt hat und regeln wollte, aber nicht deswegen, weil Reichsrecht Landrecht bricht, wie unter c näher ausgeführt werden wird. Nur um einer Verwirrung im Vollzug innerhalb des Gebiets der Landesregierung vorzubeugen, wird die Zurückziehung ihrer Maßnahmen zu verlangen sein. Ob die Verordnung des Reichspräsidenten im einzelnen gültig ist, falls er nur hiebei seine Zuständigkeitsgrenzen eingehalten hat, braucht hiebei nicht geprüft zu werden, weil auf Grund inhaltlicher Mängel nicht die ganze Verordnung, sondern höchstens der anfechtbare Teil hievon der Rechtsunwirksamkeit verfiele. Denn es bliebe immer noch ein Zusammentreffen von Normen übrig.

c) Gerade dieser Fall bildet immer unter der Voraussetzung, daß die VO. des Reichspräsidenten infolge Wahrung der Zuständigkeitsgrenzen gültig ist, ein Musterbeispiel, an dem gezeigt werden kann, daß hier weder der Grundsatz „Reichsrecht bricht Landrecht" noch die Rechtsregel von der zeitlichen Normengeltung anwendbar ist.

Es fragt sich nämlich, ob solche von mittelbaren und unmittelbaren Reichsorganen hintereinander erlassenen Maßnahmen unter sich als ius eminens zu erachten sind, soweit der Reichspräsident solche Ausnahmemaßnahmen anordnet, und gleichartige Verfügungen der Landesregierung für ihr Gebiet als niederes Recht angesprochen werden müssen, sodaß beide nicht als gleichwertig angesehen werden könnten. Diese Prüfung ist unumgänglich notwendig, nicht nur, um ermessen zu können, ob in solchen Fällen der Grundsatz des Vorrangs des Reichsrechtes vor dem Landesrecht (Art. 13 I RV.) maßgebend ist. Es ist vielmehr die Lösung dieser Streitfrage auch wichtig zur Gewinnung der Erkenntnis, auf welchem Weg gegebenenfalls der frühere landesrechtliche Erlaß und damit der Schwebezustand beseitigt werden kann.

Nach Art. 48 II RV. kann der Reichspräsident, wenn im Deutschen Reich die öffentliche Sicherheit und Ordnung erheblich gestört oder gefährdet wird, die zur Wiederherstellung der öffentlichen Sicherheit und Ordnung nötigen Maßnahmen treffen; nach Abs. IV ebenda kann aber bei Gefahr im Vollzug auch die Landesregierung für ihr Gebiet einstweilige Maßnahmen anordnen. Dadurch, daß Art. 48 Vorkehrungen zur Erhaltung und Sicherheit im ganzen Reich bezweckt, auch solche für bestimmte Reichsteile für zulässig erklärt und damit nicht etwa die Länder, sondern das höchste Regierungsorgan der Länder, die einschlägige „Landesregierung" betraut, soll die Landesregierung den unmittelbaren Zwecken des Reiches dienstbar gemacht, mittelbares Reichsorgan werden, dem damit neben der Führung der Regierungsgeschäfte des Landes als eigentlichem und ursprünglichem Wirkungskreis noch ein übertragener Wirkungskreis überwiesen wird. Die Landesregierung schafft deshalb im Vollzug des Art. 48 IV nicht Landesrecht, sondern Reichsrecht, der Art und dem Grad nach nicht verschieden nach jenem reichsrechtlichen Notrecht, das der Reichspräsident nach Abs. II schafft; jedoch ist hier außer dem Reichstag noch der Reichspräsident befugt, die Aufhebung der Maßnahmen der Landesregierung zu verlangen und zuständig, für das ganze Reichsgebiet derartige Maßnahmen zu verhängen, somit als ein höherer Zuständigkeitsträger. Die Landesregierung übt dennoch als Organ des Reiches in Reichsangelegenheiten Staatsgewalt auf Grund der Reichsverfassung aus nach Art. 5 RV. Während in regelmäßigen Zeitläuften die Erlassung von Rechtsvorschriften zum Schutz der öffentlichen Ordnung und Sicherheit nach Art. 9 Ziffer 2) ebenda der sog. Bedürfnisgesetzgebung des Reiches obliegt, wird die Anordnung dieser Schutzmaßnahmen — abgesehen von der hieher nicht einschlägigen Frage ihrer Durchführung — bei unmittelbarer Bedrohung und Störung zur ausgesprochenen Reichssache nach Art. 48 II. Der Fall liegt nicht anders, als wenn ein Gemeinderat ortspolizeiliche Vorschriften erläßt, also staatliches Recht schafft kraft Betrauung mit dieser Befugnis durch das Staatsrecht als sog. „übertragenen Wirkungskreis", oder wenn nach früherem Reichsstaatsrecht und auch jetzt noch bei besonderem reichsgesetzlichen Vorbehalt[92]) Rechtsverordnungen, die auf Grund reichsgesetzlicher Ermächtigung ergehen, die staatsrechtliche Bedeutung und Wirkung reichsrechtlicher Vorschriften haben, auch wenn sie nicht von Organen des Reichs, sondern von den Einzelstaaten oder von Behörden der Einzelstaaten erlassen werden. Die Erlassung solcher Rechtsverordnungen, wozu auch als unter den weiteren Begriff „nötige Maßnahmen" fallend die Rechtsverordnungen nach Art. 48 RV. zu rechnen sind, ist Ausübung der Reichsgesetzgebung, nicht der Landesgesetzgebung. Von Landesrecht könnte nur in den Fällen gesprochen werden, in denen ein Reichsgesetz (oder die Verfassung selbst) die Ermächtigung zu Anordnungen den Staaten („Ländern") selbst als eigenem Wirkungskreis überweist oder verfügt, daß bestimmte Regelungen durch Landesverordnungen getroffen werden können oder sollen. Hieraus folgt, daß Notmaßnahmen des Reichspräsidenten wie der Landesregierungen, die als Rechtsverordnungen sich als Reichsrecht darstellen, einander gleichwertig sind und die Landesmaßnahmen nicht dem Grundsatz der Vernichtung im Sinne des Art. 13 I RV. unterliegen: Von einem Verhältnis von Reichsrecht und Landesrecht kann hier überhaupt nicht die Rede sein. Wenn sich die Landesregierung einem, wie gezeigt, im wesentlichen mehr formellen Verlangen des Reichspräsidenten nach Aufhebung ihrer Notmaßnahmen nicht unterwirft, greift somit auch nicht das Verfahren nach Art. 13 II RV. Platz. Es kann in diesem Falle zur Schlichtung des Streites nicht das Reichsgericht von der zuständigen Reichs- oder Landes-

[92]) Vgl. BayGemVZ. 1921 S. 155 ff. und die dort verzeichnete Rechtslehre.

zentralbehörde angerufen werden. Der Weg des Art. 15 III RV., die für die Reichsregierung wie für die Landesregierung bei Streitigkeiten über ihre Verpflichtung, auf Ersuchen der Reichsregierung Mängel bei der Ausführung der Reichsgesetze und selbstverständlich auch der Reichsverfassung selbst zu beseitigen, vorgesehen ist, ist deswegen nicht beschreitbar, weil es sich hier nicht um Mängelbeseitigung handelt, sondern eine ganze Rechtsverordnung außer Wirksamkeit gesetzt werden soll; denn dieser Art. steht im engsten Zusammenhang mit dem vorausgehenden Art. 14, wonach die Landesbehörden die Reichsgesetze auszuführen haben. Abgesehen davon ist für die Handhabung des staatlichen Ausnahmerechts nach Art. 48 Abs. IV Satz 2 eine Sonderregelung getroffen, durch die ohnedies Art. 15 ausgeschaltet wird. Da, wie erwähnt, nicht der einzelne Gliedstaat („das Land") zur vorläufigen Erlassung von Maßnahmen nach Art. 48 IV für zuständig erklärt ist, sondern der Vollzug des Art. 48 IV der „Landesregierung" überwiesen ist, kann bei Weigerung einer Landesregierung zur Aufhebung ihrer einstweiligen Maßnahmen auch nicht Art. 48 I anwendbar sein; denn von der Nichterfüllung einer Pflicht, hier zur Außerkraftsetzung von Notmaßnahmen durch ein Land kann nicht gesprochen werden. Bleibt also nur Art. 19 RV. zur Austragung eines Streites, wobei aber das „Land" dem Reich gegenüber als Schildhalter seiner Staatsregierung und nicht diese selbst auftreten und Entscheidung vom Staatsgerichtshof darüber begehren müßte, daß seine Landesregierung aus den nebenerwähnten sachlichen Gründen (nämlich der Ungesetzlichkeit der Entziehung der Vollzugsgewalt) nicht verpflichtet ist, dem Aufhebungsverlangen zu entsprechen. Tut das „Land" diesen Schritt nicht, so könnte höchstens das Reich ihn unternehmen, aber wiederum nur gegen das einschlägige „Land"; dieses könnte den Einwand der mangelnden Passivlegitimation dem Entscheidungsbegehren kaum entgegen setzen, weil ein Land dem Reiche gegenüber auch dafür verantwortlich ist, daß die Landesregierung ihren verfassungsmäßigen Pflichten gegenüber dem Reich nachkommt, was doch eigentlich keiner Begründung bedarf. Von diesem Verfahren abgesehen wäre die Reichsregierung gegen eine Weigerung der „Landesregierung" tatsächlich ohnmächtig; denn einerseits ist für diesen Fall nicht die Ersatzbefugnis der verlangenden Reichsorgane zur unmittelbaren Aufhebung der Maßnahmen in der Reichsverfassung vorgesehen; andererseits kann die Landesregierung nicht etwa wie eine unmittelbare Reichsbehörde (Reichsministerium) vor dem Staatsgerichtshof gemäß Art. 59 RV. wegen schuldhafter Verletzung der Reichsverfassung angeklagt werden; damit wäre übrigens die beanstandete Maßnahme ebenfalls noch nicht beseitigt. Die einzelstaatliche Regierung untersteht grundsätzlich bezüglich ihrer Verantwortung auch beim Vollzug der Reichsverfassung mit Ausnahme der Art. 13 II und 15 II RV. lediglich der Landesverfassung.

III. Das Landesnotrecht.

Die unter I und II entwickelten Grundsätze gelten auch für das Bereich des Landesstaatsrechts; ausgenommen ist das Polizeirecht; hier muß Art. 9 PStGB. dem § 61 Ziff. 7 Satz 2 LB. noch angeglichen werden.

Auf dem Gebiet des Landesstaatsrechts können, wenn nicht wegen Bedrohung der Sicherheit usw. im Reich Art. 48 II/V RB. einschlägt, immer noch Ausnahmemaßnahmen erforderlich werden z. B. zur Sicherung der Ruhe und Ordnung im Innern, namentlich an bestimmten Orten, oder gegenüber einer Gefahr von außenher (§ 61 Ziff. 7 und § 64 LB.).

Wird nach einer solchen auf Grund des Landesstaatsrechts erlassenen Ausnahmeanordnung etwa eine solche gemäß Art. 48 RB. von irgend einem hiezu befugten Zuständigkeitsträger erlassen, also auf Grund von ius eminens im objektiven Sinn gegenüber dem Landesstaatsrecht, so gelten für die Beurteilung eines solchen Normenzusammenstoßes die Regeln des Gesetzesvorrangs.

§ 8. Der Aufbau des besonderen Teils der Darstellung.

An sich können Bedenken darüber auftauchen, ob es zweckmäßig ist, die Einwirkung des Rechtswechsels zunächst für die Frage des sachlichen (= materiellen) Rechts, dann der Zuständigkeit und am Schluß erst für den Rechtsgang zu untersuchen. Es besteht ein inniger Zusammenhang und eine oft gar nicht auseinander zu reißende Verbindung zwischen sachlichem und formellem Recht, die gerade im öffentlichen Recht mehr als im bürgerlichen voneinander abhängig sind; es müssen sich daher unvermeidbare Wiederholungen ergeben, mag man mit dem einen oder dem anderen Rechtgebiet beginnen.

Es ist zwar nicht zu leugnen, daß oft ohne jede Umgestaltung des sachlichen Rechts reine Zuständigkeitsänderungen nebst Verfahrensänderungen oder gar nur eines von beiden getroffen werden. Es ist auch zuzugeben, daß in der Rechtsanwendung die Behörde zunächst ihre Zuständigkeit prüfen und zur Würdigung dieser Frage gegebenenfalls schon auf das sachliche Recht zurückgreifen muß, wobei ebenfalls Wiederholungen in der Entscheidung unausbleiblich sind. Es ist endlich auch einzuräumen, daß bei vorgezogener Behandlung des sachlichen Rechts ein Ausblick auf das formelle Recht vielfach nicht zu umgehen ist.

Allein die Tatsache, daß das Verfahrensrecht lediglich des sachlichen Rechts wegen geschaffen und nicht um seiner selbst willen besteht, daß das sachliche Recht, geschichtlich-dogmatisch betrachtet, zuerst in die Erscheinung tritt, und sich dann erst gewisse Förmlichkeiten bei seiner Anwendung herausentwickeln, ferner der Umstand, daß die Darstellung nicht nur für die Rechtsanwendung, sondern auch für die Rechtslehre bestimmt ist, lassen es ratsamer erscheinen, mit der Darstellung des Rechtswechsels im Bereich des sachlichen

Rechts zu beginnen und diesem dann den formellen Teil, die Würdigung der Einwirkung der Rechtsänderung auf Zuständigkeit und Verfahren folgen zu lassen. Dazu kommt die weitere gewichtige Erwägung, daß gerade im öffentlichen Recht schon zur Würdigung der Zuständigkeitsfrage das unterliegende sachliche Rechtsverhältnis in hervorragender Weise maßgebend ist und daher einer vorgezogenen Behandlung bedarf.

B. Besonderer Teil.

III. Abschnitt.

Der Wechsel der sachlichen Rechtsnormen.

§ 9. Grundsätzliche Erörterungen.

I. Beschränkte Geltung des Verbots der Rückwirkung im öffentlichen Recht.

Der Leitsatz von der Nichtrückwirkung der Gesetze hat auch für das sachliche Verwaltungsrecht nur eine recht begrenzte Bedeutung. Es zeigt sich gerade auf diesem Gebiet, daß die Regel, ob ein Gesetz mit rückwirkender Kraft ausgestattet werden soll oder nicht, wesentlich für die Gesetzgebungspolitik einschlägig ist. Das öffentliche Recht ist aufgebaut auf Zweckmäßigkeitserwägungen einerseits, auf Wahrung des allgemeinen Wohles andererseits, insofern als bei Schaffung und beim Vollzug öffentlich-rechtlicher Gesetze die staatlichen Belange in erster Linie beteiligt sind, mag nun dem einzelnen Untertanen entweder ein subjektiver Rechtsanspruch auf ein bestimmtes Tun nebenher gewährt werden oder er nur den Widerschein objektiven Rechts empfangen.

a) Demnach entscheidet in erster Linie weniger der Inhalt eines Verwaltungsgesetzes darüber, ob es sofort anwendbar ist, als vielmehr sein Wesen als öffentlich-rechtliches Gesetz. b) Zudem erheischen die besonderen Bedürfnisse sowie die besondere Art der verwaltenden Tätigkeit jene Auslegung des Gesetzes, die die sofortige Herstellung des zweckmäßigsten, der Staatsverwaltung am besten entsprechenden Zustands ermöglicht.[93]) Ist demnach auch die Rückwirkung im einzelnen Verwaltungsgesetz nicht ausdrücklich festgelegt, so wird sie doch aus den Erwägungen unter a und b stillschweigend nach dem Aufbau, dem Zusammenhang

[93]) Stier-Somlo, Einwirkung S. 110ff.; diese Rechtsregel gilt nicht nur für das öffentliche Reichsrecht, sondern auch für das Landesrecht, soweit nicht abweichende rechtsgültige Bestimmungen besondere Normen ausdrücklich aufstellen.

und Zweck des neuen Rechts angenommen werden können und müssen. Denn wenn auch hiefür zunächst nicht die Vermutung spricht, daß der gesetzgeberische Wille eine solche Deutung zuläßt, so muß zu diesem Ergebnis unter allen Umständen der Leitsatz führen, daß „die Rücksicht auf die zweckmäßigste Art der Durchführung staatlicher Verwaltung, das Interesse der praktischen Verwaltung" für die sofortige Anwendung der verwaltungsrechtlichen Normen entscheidend ist. Oeffentliches Interesse und Rücksichtnahme auf die Zweckmäßigkeit der Verwaltung sind, wie Stier-Somlo zutreffend hervorhebt, die maßgebenden Richtlinien für die Beurteilung der Frage der Rückwirkung, auch im sachlichen Verwaltungsrecht. Hierüber befindet das freie behördliche, gegebenenfalls das verwaltungsrichterliche Ermessen.

II. Verwachsung des sachlichen und formellen öffentlichen Rechts, Haupt- und Nebenansprüche, Umgestaltung von Rechtsverhältnissen.

a) Die Lösung der Frage, welchen sachlichen Rechtsnormen bei der Gesetzesänderung ein öffentlich-rechtliches Rechtsverhältnis unterworfen ist, sei es, daß es schon vor der Rechtsnormenänderung anhängig gemacht wurde, sei es, daß es erst unter der Geltung des neuen sachlichen Rechtes rechtshängig wurde, ist vielfach unzertrennlich verbunden mit der Beurteilung einer weiteren Frage; sie betrifft die Zuständigkeit zur Verwirklichung der Ausflüsse des Rechtsverhältnisses sowie den Rechtsgang, insoferne als hier das sachliche Verhältnis, wie in den Abschnitten IV und V nochmals hervorgehoben werden muß, dergestalt das prius ist, daß Zuständigkeit und Verfahren oftmals förmlich damit verwoben und daher vom streitbefangenen sachlichen Rechtsverhältnis untrennbar sind. Nach Bestand und Art des öffentlich-rechtlichen Rechtsanspruches bemißt sich in der Regel die Zuständigkeitsnorm und das Verfahrensrecht.

b) Dazu kommt, daß vom Bestand der Hauptsache auch die Nebensprüche (accessorien) abhängen und das Schicksal des Hauptanspruches teilen, vornehmlich Ersatzleistungen, Zinsen, Kosten, dann Erhöhungen und Erniedrigungen von Staatsgebühren für rein amtspflichtgemäß ohne Rechtsanspruch des Gesuchstellers zu gewährende obrigkeitliche Handlungen (z. B. Apothekenbetriebsgenehmigungen, Tanzmusikbewilligungen) oder auf erhobenen Rechtsanspruch hin (z. B. Wirtschaftserlaubnisse).

c) Ferner sind von Einfluß Verstärkungen des Rechtsverhältnisses auf Grund Gesetzesänderung zugunsten von bisher manchmal nur belangten (sog Interessenten), aber nicht unmittelbar rechtlich beteiligten d. h. mit einem förmlichen Rechtsanspruch ausgestatteten Personen durch Einräumung eines verwaltungsrechtlich verfolgbaren Rechtsanspruches auf ein staatliches Gewähren gegenüber einem früher ausschließlich nach reinem Verwaltungsermessen zu behandelnden Gesuch oder Antrag. Sodann Aberkennung eines Rechtsanspruches durch spätere Rechtsnormen,[94]) Wegfall von Anspruchsvoraussetzungen z. B. (bisher vor dem Notgesetz vom 24. März 1923, RGBl. I S. 147, Art. I § 1) Unterlassung der Würdigung der Bedürfnisfrage nach § 33 III RGewO. infolge Aufhebung einer einschlägigen ortspolizeilichen Vorschrift, endlich weitere inhaltliche Aenderungsmöglichkeiten des Rechtsverhältnisses, etwa durch gesetzliche Zulassung der Aufrechnung, des Erlasses, der Übertragung usw. Aber auch Rechtsnormenänderungen nach der persönlichen Seite des Rechtsverhältnisses hin, bei sog. Personenstands (= status) sachen, gehören hierher, etwa die Entlassung eines bisher Leistungspflichtigen und Einschiebung eines neuen Verpflichteten wie z. B. beim Wegerecht nach Einführung der Gemeindeordnung;[94a]) ferner die Neuregelung der Flußreinigungspflicht nach dem neuen WG., Änderungen in Rechtserwerbs- und Rechtsverlustfristen, soweit sie für das öffentliche Recht bestimmt oder doch aus dem bürgerlichen Recht darauf anwendbar sind, hauptsächlich Verlängerungen und Verkürzungen der Verjährungs- und Ausschlußfristen, sowie deren Einführung oder Wegfall. Eine weitere Erscheinung auf diesem Gebiet bilden Ausdehnungen oder Verkürzungen von Anzeigefristen[95]), beidemale bei schwebenden Rechtsverhältnissen. Eine besondere Gruppe auf diesem Gebiet des Rechtswechsels stellen dar Vorschriften über Hinzutreten oder Wegfall von behördlichen Genehmigungen zu unvollkommenen Willensakten von Selbstverwaltungskörpern, auch von Verwaltungen öffentlicher Stiftungen; hiebei ist in der Regel infolge des neuzeitlichen Strebens der gesetzgebenden Organe nach Erweiterung der Selbstverwaltung und Verminderung des Unterwerfungsverhältnisses (Freiheit vom Staat!) der Gemeinde unter die Staatsgewalt an den Wegfall solcher letzter Reste der alten staatlichen Kuratel zu denken (z. B. Art. 159 der bayer. Gemeindeordnung, der abgeändert wurde durch Art. 14, 15 SVG.), dann aber auch an die Aufhebung des sog. „Zweikammersystems“ in den bürgerlichen Gemeinden (z. B. Wegfall der Art. 108 mit 119 der bayerischen Gemeindeordnung, wodurch z. B. auch Art. 7 des bayer. Jagdgesetzes von 1850 berührt wurde),[96]) usw. durch Art. 6 II SVG. Ebenso schlägt hierher ein der Wegfall der Gemeindeversammlung in Landgemeinden (Art. 146 mit 149 der Gemeindeordnung) infolge der Vorschrift des

[94]) Vgl. Art. 86 KGO. Hienach waren die zu öffentlich-rechtlichen Naturalreichnissen Verpflichteten berechtigt, die Umwandlung in feste jährliche Geldreichnisse zu verlangen. Das Gesetz vom 27. Februar 1923 (GVBl. S. 89) hat diese einseitige Berechtigung der Verpflichteten hiezu aufgehoben und an deren Stelle eine Vereinbarung des Reichnispflichtigen und Reichnisberechtigten gesetzt. Gleichzeitig wurden damit noch nicht rechtskräftig staatsaufsichtlich genehmigte Umwandlungsverfahren zum Stillstand verurteilt; sie waren ohne weiteres erledigt.

[94a]) S. Bd. 4 S. 454, 506.

[95]) Z. B Art. 104 bayer. Armengesetz; diese sachlichen Fristen, die das streitbefangene Rechtsverhältnis berühren, stehen im Gegensatz zu den verfahrensrechtlichen Vorschriften, namentlich den Rechtsmittel- und sonstigen Notfristen des Rechtsgangs. Die Einwirkung des Rechtswechsels auf die Verfahrensfristen wird unter § 22 I erörtert werden.

[96]) Bayer. InnME. vom 4. November 1919 Nr. 2115 a/42 (Staatsanzeiger Nr. 269) über Jagdverpachtungen.

Art. 291 SVG., endlich die gänzliche Aufhebung eines staatlichen Unterwerfungs (gewöhnliche Schutz- und Aufsichts)verhältnis, z. B. im Verhältnis zwischen Staat und Kirche (Art. 137 III RV. und § 18 der bayer. Landesverfassung) gewöhnlich verbunden mit einer Ablösung staatlicher Gesetzgebung z. B. der bayer. Kirchengemeindeordnung durch kirchliche Autonomie; die evangelisch-lutherische Landeskirche Bayerns hat mit der kirchlichen Notverordnung des evang. Landeskirchenrats vom 31. Dezember 1921, Art. 2 und 5 bis zum Erlaß einer eigenen Kirchengemeindeordnung die bisherige staatliche KGO. förmlich rezipiert. Über den umgekehrten Fall der Ablösung gemeindlicher Satzungen (hier über die Volksschullehrerbesoldung nebst Ruhestandsversetzung) durch nachfolgendes Landesgesetz (Volksschullehrergesetz und Schulbedarfsgesetz) vgl. bayer. UME. Nr. 29758 v. 15. Sept. 1922 (BayGemVZ. 1922 Sp. 762).

Man sieht aus diesen Aufführungen, die durchaus nicht Art und Zahl der einschlägigen Rechtsverhältnisse erschöpfen wollen und können, wieviel verschlungen auch auf dem Gebiet des sachlichen Rechts die Einwirkung des Gesetzeswechsels ist.

III. Bürgerlich-rechtliche Vor- und Zwischenfragen und Rechtsverhältnisse.

Die Verwaltungsbehörden und namentlich der Verwaltungsrichter kommen wiederholt in die Lage, neben öffentlichem Recht auch bürgerliches anwenden zu müssen.[97])

a) Dies gilt hauptsächlich von sog. Vor- und Zwischenfragen ausschließlich bürgerlich-rechtlicher Natur im Rahmen der Entscheidung eines öffentlich-rechtlichen und wenn auch manchmal nur durch die Gesetzgebung infolge Zuständigkeitsregelung hiezu gestempelten privaten Rechtsverhältnisses. Solche Zwischenfragen betreffen z. B. öfters die Gültigkeit einer Ehe, die Abstammung, die Entmündigung, die Eigenschaft als Erbe eines öffentlich-rechtlich Verpflichteten oder Berechtigten u. dgl., die als Entscheidungsbestandteile, Zwischenpunkte, auch Inzidentpunkte genannt, zu würdigen sind.

b) Es gilt weiter von den nicht seltenen Fällen, in denen sich die vielfach noch unvollkommen ausgebildeten Rechtsprägungen des öffentlichen Rechts anlehnen müssen an allgemeine Rechtsbegriffe und Rechtsvorschriften, die bisher ausschließlich für die Bedürfnisse des bürgerlichen Rechts in dessen Rechtsquellen behandelt wurden; man denke nur an die Aufrechnung![98]) In diesen Fällen werden die Vorschriften des bürgerlichen Rechts als Ergänzungsnormen herangezogen.

c) In dritter Linie gibt es bürgerlich-rechtliche Angelegenheiten (z. B. das Abmarkungsrecht, das Jagdrecht, das Weiderecht), die alle als Ausfluß des Eigentums an Grund und Boden im bürgerlichen Recht wurzeln, aber durch ausdrückliche Gesetzesvorschrift der Entscheidungsbefugnis der Verwaltungsbehörden und Verwaltungsgerichte

[97]) BlfaPr. Bd. 72 S. 18 ff. (Groß) und die dortigen Belege.
[98]) Gg. Jellinek, System S. 59 ff.

unterstellt sind. Taucht in solchen Streitsachen etwa die Verjährungsfrage auf,[99]) so sind hiefür nicht etwa die öffentlich-rechtlichen Verjährungsvorschriften anwendbar, sondern ausschließlich jene des bürgerlichen Rechts.

d) Wie schon hervorgehoben, ist das Verbot der Rückwirkung der Gesetze für das Gebiet des Privatrechts viel strenger auszulegen als für das öffentliche Recht. Es sind daher solche Normenzusammenstöße innerhalb eines von den Verwaltungsbehörden zu beurteilenden Rechtsverhältnisses nach den Grundsätzen zu klären, die sich in der bürgerlichen Rechtslehre und Rechtsprechung entwickelt haben und hier deshalb ausscheiden müssen. Aber der Verwaltungsrichter muß sie kennen und von Amts wegen anwenden (Art. 20 BGB.).

IV. Die Arten der dem Rechtswechsel unterworfenen öffentlich-rechtlichen Rechtsverhältnisse.

Im übrigen sind dreierlei Fälle beim Wechsel des sachlichen Rechts zu unterscheiden, von denen die beiden ersten nochmals im Eingang zum V. Abschnitt, soweit für dort unbedingt erforderlich, gestreift werden müssen.

Der Rechtswechsel kann einwirken auf:

1. vollendete, abgeschlossene Rechtsverhältnisse und die daraus hergeleiteten Ansprüche, wenn hierüber unter der Geltung einer neuen Gesetzgebung in irgend einem Rechtszug entschieden werden soll; hierunter fallen auch die sogen. „wohlerworbenen" Rechte,[100]) von denen im nächsten Paragraphen die Rede sein wird.

In allen diesen Fällen wird eine rechtsfindende, sogen. deklaratorische Entscheidung der Behörde begehrt.

2. Staatliche Gewährungen, z. B. staatliche Verleihungen von Befähigungen, Genehmigungen, Bewilligungen und Erlaubnissen, gleichgültig, ob auf deren Erwerb ein Rechtsanspruch eingeräumt ist oder nicht; all' das sind Steigerungen des Rechtsstandes (= status) einer Person durch einen besonderen Akt der Staatsgewalt. Hierunter fallen z. B. alle gewerblichen und wasserrechtlichen Genehmigungen und Erlaubnisse, alle Verleihungen von Befähigungen zur Ausübung bestimmter Berufe und Übernahme von staatlichen, gemeindlichen usw. Ämtern, dann Ausstellungen von Jagd- und Fischereikarten, Ansprüche auf Verleihung des Genusses einer Stiftung, erforderlichenfalls nach rechtskräftiger Klarstellung der Stiftungsbewerbungsberechtigung, also nach Erledigung etwaiger Rechtsfragen lauter Verwaltungsermessenssachen, soweit nicht im einzelnen nach der Rechtsordnung dem Gesuchsteller beim Vorliegen bestimmter tatsächlicher Voraussetzungen ein Rechtsanspruch auf einen staatlichen Verleihungsakt eingeräumt ist.

---

[99]) Vgl. die Entscheidung des bay. VGH. Nr. 28 I/21 v. 4. Januar 1922, betr. das Eigenjagdrecht des Staates in BayGemVZ. 1922 Sp. 257/9. — Seydel-Piloty, Verfassungsrecht S. 415.

[100]) Vgl. S. 5 und 32 der Darstellung.

In solchen Fällen sollen subjektiv-öffentliche Rechte einschließlich der persönlichen Befähigungen durch rechtsgestaltende Verfügung der Obrigkeit, sogen. konstitutive Verfügungen verliehen und erworben werden.

3. Anwartschaften, einschließlich der Rechtsaussichten,[101]) dann sonstige schwebende Rechtsverhältnisse, die mangels eines rechtserzeugenden Abschlusses etwa infolge Bedingung oder Befristung sowohl in die Vorzeit wie in die Herrschaft des geltenden Rechtes fallen, aber ihrer Natur nach, wenn sie unbedingt und unbefristet wären, ohne einen förmlichen besonderen Staatsakt, also in der Regel gemäß rechtsgeschäftlicher Handlung oder kraft eines gesetzlichen Tatbestandes erworben werden auf Grund erfüllter rechtlicher Voraussetzungen.

Grundsätzlich muß, wie erwähnt, auch für die Änderung der sachlichen Rechtsnormen gelten, daß Gesetze des öffentlichen Rechtes unmittelbar oder mittelbar die Ordnung der Rechtsverhältnisse des Staates oder die Förderung der öffentlichen Wohlfahrt bezwecken. Demgemäß muß angenommen werden, daß sich deren Bestimmungen nach der Absicht des Gesetzgebers als vorzugsweise zwingendes Recht sofort und unmittelbar aller Verhältnisse bemächtigen, die nicht bereits unter der Herrschaft des früheren Gesetzes ihren Abschluß gefunden haben, und insbesondere auf alle Vorgänge anwendbar sind, die sich gelegentlich der Verfolgung öffentlich-rechtlicher Ansprüche ergeben können. Das ist ein Ausfluß der Rechtslage, daß öffentliches Recht von privater Seite her nicht aufgehalten werden kann (vgl. Gg. Jellinek, System S. 349); S. Bd. 40 S. 118, in der sich der bayer. Verwaltungsgerichtshof auf seine früheren Entscheidungen in S. Bd. 10 S. 143 und Bd. 14 S. 242, dann auf die Übung des preuß. Oberverwaltungsgerichtes in Regers Samml. Bd. 23 S. 7 bezieht, wo ausgesprochen ist: „Es gelte grundsätzlich und also auch soweit, als der Instanzrichter sich mit der Sache infolge eines — nach bayer. Recht nicht vorgesehenen — Revisionsurteils nochmals zu befassen habe, daß die Entscheidung nach dem zu dieser Zeit maßgebenden öffentlichen Recht zu erfolgen habe, auch wenn es erst inzwischen, aber nicht in der Beschränkung auf erst später anhängig werdende Sachen verkündet worden sei.“ Dieser zutreffende Satz kann dahin erweitert werden, daß sogar die oberste verwaltungsgerichtliche Behörde, selbst wenn sie eine Rechtsanschauung auf dem Gebiet des sachlichen Rechtes in verpflichtender Weise für die Untergerichte vertreten und diese Gerichte durch Zurückweisung etwa in einer Zuständigkeitsfrage zur Befolgung dieser Auffassung angewiesen hat, von ihrer eigenen Rechtsanschauung gegebenenfalls abweichen muß, wenn sie infolge sachlichen Rechtswechsels nochmals mit der Angelegenheit beschäftigt werden sollte; ja das Untergericht hat sogar die Pflicht, auf eigenen Antrieb von

[101]) Vgl. § 5 II b II S. 37 ff. der Darstellung; dazu BlfaPr. Bd. 72 S. 19.

dieser oberstrichterlich verfügten Beachtung der Rechtsanschauung bei so veränderter sachlicher Rechtslage abzugehen; denn auch eine höchstrichterliche Auslegungsanweisung kann vernünftigerweise nur gelten unter der clausula legibus sic stantibus (vgl. § 18 I, ferner Fußnoten S. 91 und 254), mögen sich immerhin die positiven verfahrensrechtlichen Normen über solche Fälle ausschweigen; inhaltlich ist dieser Standpunkt nicht anders zu bewerten als der für das rechtskräftige Urteil maßgebende Satz, daß die Rechtskraft nur wirkt rebus sic stantibus. Denn nicht nur von den Lebensverhältnissen, auch von den von jenen abhängigen Rechtsverhältnissen und den daraus hergeleiteten Rechtsansprüchen und Verpflichtungen gilt der Grundsatz des *πάντα ῥεῖ*, dem auch der Organismus „Staat" unterworfen ist.

§ 10. Abgeschlossene Rechtsverhältnisse und Vollrechte („wohlerworbene Rechte").

1. Gebundene und freie staatliche Verleihungen.

Ohne weiteres leuchtet ein, daß Fälle nach § 9 IV Ziff. 1, bei denen es sich „um schon angefallene Rechte" (actio nata) handelt, wesentlich verschieden sind von jenen, in denen teils rechtlich begründete Anwartschaften, sogen. „Keimrechte" infolge der Einräumung eines Rechtsanspruches auf Grund eines bestimmten Tatbestandes (z. B. Eintritt der Invalidität nach Erfüllung der Wartezeit und Aufrechterhaltung der Anwartschaft!) in Vollrechte verwandelt werden, teils bloße Aussichten auf den Erwerb einer Rechtsstellung infolge künftigen Eintritts eines Tatbestands (z. B. des Witwenstandes im Fall des § 46 GewO.) oder infolge ausschließlicher — nicht durch Rechtsanspruch des Individuums gebundener oder eingeschränkter — Verfügungsbefugnis der zur Verleihung zuständigen angerufenen Behörde erst verwirklicht werden sollen. Denn beidemale kann von dem vollendeten Rechtsanfall bis zum Eintritt gesetzlich festgelegter Voraussetzungen oder bis zur Erlassung des erbetenen obrigkeitlichen Aktes keine Rede sein. Sie können daher auch nicht, was keiner weiteren Erörterung bedarf, in der rechtlichen Beurteilung, vornehmlich bei einem Wechsel der Gesetzgebung mit den nach allen Seiten ausgereiften Rechten auf gleiche Stufe gestellt werden (vgl. § 21 der Darstellung).

In Fällen des § 9 IV Ziff. 1) der Darstellung spricht man vielfach noch von sogen. „wohlerworbenen Rechten". Zu diesen sind auch die durch einen besonderen Verleihungsakt dem Untertanen gewährten Befähigungen und subjektiven Rechte nach Rechtskraft und gegebenenfalls tatsächlichem Verbrauch der verleihenden Verfügung zu rechnen; ferner die öffentlich-rechtlichen Vermögensrechte und die öffentlich-rechtlichen Zustandsrechte, deren abstrakt möglicher Rechtsinhalt oft erst durch Geltendmachung der aus dem Zustandsrecht erfließenden konkreten Ansprüche rechtlich in die Erscheinung tritt; im Fall des § 9 IV Ziff. 2 bewegt sich der Gesuchsteller zunächst solange ausschließlich in der Rolle eines Belangten (= sogen. Interessenten, Anwärters, Reflektanten oder vielleicht sogar „Spekulanten") und nicht eines rechtlich Beteiligten, als er noch nicht den Antrag auf ein bestimmt begrenztes Begehren, etwa nach § 16 der Reichsgewerbeordnung gestellt hat, wogegen im Fall des § 9 IV Ziff. 3 höchstens von einem Keimrecht gesprochen werden kann, falls ein Rechtsanspruch auf den Erwerb einer Rechtsstellung dem Gesuchsteller eingeräumt ist z. B. in § 33 I/II RGewO. vor der Fassung im Notgesetz (s. S. 53).

2. Feststellungs- und Rechtsgestaltungsbescheide.

Die staatliche Rechtsordnung geht, wie bereits oben hervorgehoben,[102]) nicht einmal an den sog. „wohlerworbenen" Rechten zunächst im Sinne absoluter Unversehrtheit vorbei; sie kann sie austilgen und damit auch ihrer Verwirklichung einen Riegel vorschieben: ferner gewährleistet ganz allgemein die staatliche Allmacht jedermann nur die Rechtsstellungen, sachliche und verfahrensrechtliche, die sie jeweils, ohne sich selbst auf einen bestimmten Rechtsschutz nach Art und Umfang festzulegen, zur Verfügung stellt; hieraus darf ohne weiteres der Schluß gezogen werden, daß auch der Normenwechsel „wohlerworbene Rechte" anders beeinflußt nach Zuständigkeit, Geltendmachung und Inhalt wie sog. Keimrechte, gesetzliche Anwartschaften und rechtliche Aussichten, mögen sie dem einzelnen gesetzlich gewährleistet sein oder nicht. Diesen Unterschied will anscheinend auch Fleiner[103]) hervorheben, wenn er ausführt: „Eine Sache für sich bildet die Frage, ob und inwieweit eine Verwaltungsstreitsache, die unter der Herrschaft des alten Rechts entstanden ist, aber nach Einführung des neuen Gesetzes zur Aburteilung kommt, nach dem neuen Recht zu entscheiden ist. Alles hängt hier davon ab, ob das Verwaltungsgericht im einzelnen Fall berufen ist, festzustellen, was zur Zeit des Erlasses der Verfügung rechtens gewesen ist, oder ob das Verwaltungsgericht eine selbständige materielle Entscheidung an Stelle der Verwaltungsbehörde zu treffen hat. Nur in den letzten Fällen kann von einer Rückwirkung des neuen Rechtes die Rede sein". Damit sollen wohl die „rechtsfindenden" verwaltungsrichterlichen Verfügungen abgeschichtet werden von den sog. „rechtsbegründenden" Verwaltungsakten; sicherlich will aber damit die Überprüfung staatsaufsichtlicher Verfügungen oder durch Vorentscheidungsklage an den VGH. (Art. 7 II/IV VGG.) gebrachter obrigkeitlicher Handlungen lediglich auf Grund des zur Zeit ihrer Vornahme geltenden Rechts angedeutet werden.

---

[102]) § 1 Fußnote 4, § 2 II; dazu § 16 und § 17 b (für den Fall der Aufhebung wohlerworbener Rechte durch den Gesetzgeber!) § 17 b und § 18 VIII (Belanglosigkeit dieses Begriffes für die Zuständigkeitsfrage, weil der Zuständigkeitsträger auch objektives Recht zu verwirklichen hat) und § 20 Ziffer 2/3 (Einfluß auf Rechtsgangsnormen).

[103]) Institutionen S. 90 Fußnote 62 und die dortigen Nachweise.

3. Begriff und Inhalt der „wohlerworbenen Rechte".

Der Streit um den Begriff und den Inhalt der sog. „wohlerworbenen Rechte" (= iura quaesita) ist noch nicht ausgekämpft, aber undankbar, weil fruchtlos. Während noch um die Jahrhundertwende zähe an diesem Begriff festgehalten,[104]) ja sogar behauptet wurde, ihr Bestand allein gäbe für eine sachliche Rechtsänderung die einzige Grundlage ab, der Normenwechsel stehe und falle mit der Anerkennung des Bestands „wohlerworbener Rechte", kommt man jetzt mehr und mehr zur Überzeugung, daß mit diesem Kautschukbegriff nicht viel anzufangen ist. Teilweise wird ihr Dasein sogar ohne weiteres geleugnet.[105]) Gemeinhin versteht man darunter auf Grund Gesetzes oder eines eigenen staatlichen Aktes einem Individuum zuerkannte subjektive „Sonderrechte" nicht nur auf dem Gebiet des Privatrechtes (z. B. als Ergebnis von Privilegien), sondern auch auf dem des öffentlichen Rechts (z. B. Enteignungsberechtigungen), mögen sie aus dem sachlichen oder dem Verfahrensrecht erwachsen sein, wenn sie innerhalb der Gemeinschaft, der der Berechtigte angehört, unabänderlich und lediglich mit seiner Zustimmung entziehbar sind. Auch noch die neuen Verfassungen (Art. 129 I Satz 3 RV. und § 67 II der bayer. Landesverfassung) sprechen von „wohlerworbenen Rechten", ohne jedoch nähere Andeutungen zu geben, was darunter verstanden sein soll. Tatsächlich sind diese sog. wohlerworbenen Rechte inhaltlich nicht von den übrigen dem Einzelnen durch vertragsmäßigen oder gesetzlichen Rechtszuwachs oder Verbrauch der rechtlichen Verleihung angefallenen Berechtigungen, durch die er sich vor den übrigen Rechtsgenossen auszeichnet (sog. Sonderrechte), verschieden, wie ja auch das BGB. den Ausdruck „wohlerworbener Rechte" meidet und dafür in § 35 von „Sonderrechten" handelt, die einem Vereinsmitglied nicht ohne dessen Zustimmung durch Beschluß der Mitgliederversammlung entzogen werden können. So sprach man früher und spricht auch noch heutzutage von sog. „wohlerworbenen Rechten" der Beamten im Sinne der Unentziehbarkeit durch den Staat oder eine andere mit imperium ausgestattete Körperschaft des öffentlichen Rechtes z. B. durch eine Gemeinde ohne Einverständnis des Berechtigten. Das sind aber keine anderen Rechtsstellungen als wie sie jeder andere auch auf Grund einer bestimmten rechtlichen Tatsache z. B. durch Erfüllung der in § 11 der bayer. Landesverfassung zum Besitz des Gemeindebürgerrechtes erforderlichen Voraussetzungen erwerben, wie auch jedermann Genehmigungen, Erlaubnisse usw. durch obrigkeitlichen Akt zuerkannt erhalten kann. Wenn sich nun auch die Staatsgewalt selbst verfassungsmäßig gebunden hat,

---

[104]) Gierke, a. a. O. 191 ff., unter IV; Jebens, a. a. O. S. 270, 277, 272 ff. B und S. 284 ff.

[105]) O. Bühler, Die subjektiven öffentlichen Rechte und ihr Schutz in der deutschen Verwaltungsrechtsprechung S. 232; Kormann, System S. 120 ff.; Gg. Jellinek, System S. 334 ff. unter b; Fleiner, Institutionen S. 282 ff.; Stier-Somlo, Einwirkung S. 109, 113 ff.

z. B. die wohlerworbenen Rechtsstellungen der Beamten[105a]) einseitig nicht zu schmälern, so folgt daraus nach früheren Erörterungen (insbesondere § 2 der Darstellung) doch keineswegs, daß sich der Staat als Gesetzgeber ewig an seine verfassungsmäßige Zusage bindet. Ja eine solche Zusage könnte möglicherweise gegen das staatliche Ethos verstoßen. Damit entfällt schon de lege ferenda für die sog. „wohlerworbenen Rechte“ jede Ausnahmestellung von den übrigen erworbenen Rechten, wobei allerdings die Hauptfrage auftaucht, wann im einzelnen Fall ein Recht als „vollerworben“ gilt. Auf welch' schwachen Füssen die Theorie von den „wohlerworbenen Rechten“ steht, ergibt sich daraus, daß manche diesen Begriff überhaupt nur für das Privatrecht und im öffentlichen Recht höchstens für fiskalische Bevorrechtigungen anwenden wollen z. B. auf die früheren bayer. Sonder (= Reservat)rechte, die der bayerische Staat auf Grund völkerrechtlicher Vereinbarung, nicht in Unterordnung unter die Reichsverfassung und Reichsgewalt eingeräumt bekam, Sonderrechte, die ihm einseitig vom Reich nicht entzogen werden konnten, da sie nicht dem innern Reichsstaatsrecht angehörten.[106]) Andererseits aber sprachen die bayer. Gemeindeaufsichtsbehörden vor dem Inkrafttreten des SVG. bei der Genehmigung von örtlichen Satzungen z. B. über Beamtenpensionskassen aus, daß wohlerworbene Rechte durch die neue Satzung nicht beeinträchtigt werden dürften und weiter vertrat der bayer. Verwaltungsgerichtshof[107]) bei der rechtlichen Würdigung sonstiger gemeindlicher Satzungen z. B. über Benützung gemeindlicher Anstalten und Unternehmungen die Auffassung, daß solchen Satzungen keine rückwirkende Kraft beigelegt werden darf und „wohlerworbene Rechte“ geschont werden müßten. Damit ist aber für diese Begriffe nichts besonderes gewonnen; im Gegenteil könnte daraus gefolgert werden, daß voll entwickelte Rechtsstellungen jeder Art durch den Rechtswechsel nicht berührt werden dürfen, wenn die staatliche Gesetzgebung es nicht ausdrücklich gestattet. Solche Berechtigungen werden dann zu „Sonderrechten“, wenn eben die neue Gesetzgebung diese

---

[105a]) Vgl. die Entsch. des RGZ. vom 14. März 1922 (BayGemVZ. 1922 Sp. 603 ff. u. 626 ff.) zur Auslegung des preuß. Altersgrenzengesetzes, wonach das Vorliegen eines „Sonderrechts“ i. S. eines „wohlerworbenen Rechts“ Tatfrage ist; ebenso die Entsch. des bay. VGH. in S. Bd. 43 S. 30/31 in einer Ruhegehaltsstreitigkeit eines Lehrers gegen eine gemeindliche Pensionsanstalt: hier war inzwischen nach Art 168 des Volksschullehrergesetzes und Art. 69 IV des Schulbedarfsgesetzes ein neuer Leistungspflichtiger, der Staat, an die Stelle der Gemeinde getreten (vgl. auch die UME. Nr. 29758 vom 15. Sept. 1922) (BayGemVZ. 1922 Sp. 762 ff). In beiden Gerichtserkenntnissen ist die Souveränität der staatlichen Gesetzgebung, richtiger die Freiheit der Staatsgewalt in der gesetzgeberischen Eingriffsmöglichkeit in sog. wohlerworbene Rechte hervorgehoben.

[106]) Vgl. § 12 VI der Darstellung.

[107]) Z. B. S. Bd. 24 S. 566 und Bd. 26 S. 18 und manche anderen Erkenntnisse in ständiger Rechtsprechung. — Vgl. hierher näheres unter Ziff. 8 dieses Paragraphen; dann Fußnote 7; S. 13/14, S. 15/16, S. 39/40.

Rechtsstellungen für künftig nicht mehr kennt. Der Staat kann wohl die Beachtung dieses Grundsatzes der Nichtrückwirkung der gemeindlichen usw. Normen, die von ihm unterstehenden Körperschaften des öffentlichen Rechtes ausgehen, fordern; er selbst aber bleibt auch nach dieser Richtung völlig frei.

Ein klassisches Beispiel hiefür gibt das Verfahren der Männer der bayerischen Zwischenregierung nach dem Novemberumsturz 1918 ab: Sie beseitigten in einem neuen Gemeindewahlgesetz kurzerhand die erworbenen subjektiven öffentlichen Rechte der bayerischen Gemeindebeamten auf Unwiderruflichkeit der Anstellung, die damals verfassungsrechtlich noch nicht geschützt waren; den Gemeinden selbst aber wird dies nicht erlaubt: Sie müssen sich an die Rechtsordnung und an das Verbot der Rückwirkung örtlicher Satzungen auf erworbene subjektive Rechte halten, widrigenfalls im verwaltungsrechtlichen Verfahren solche Beschlüsse als rechtsungültig behandelt werden. Freilich ist die Rechtsordnung, namentlich die ungeschriebene, gewohnheitsrechtlich geheiligte älter als Staatenbildung und Machthaber. Freilich besteht für die jeweiligen Machthaber die Verpflichtung, Recht aus den einmal frei geschöpften Rechtssätzen bis zu ihrer rechtsgültigen Abschaffung zu erzeugen, nicht aus individuellem Willen, nicht aus Willkür, also auch ihrerseits die Rechtsordnung zu beachten. Allein fast in den meisten, namentlich in allen deutschen Staaten gilt der Grundsatz: „Wo kein Kläger, ist kein Richter.“ Die jeweiligen obersten staatlichen Zuständigkeitsträger konnten sich daher an die bestehende Rechtsordnung halten oder nicht. Sie waren tatsächlich Verkörperer staatlichen Gemeinschaftswillens, sie waren damit bei Erlassung ihrer Anordnungen förmlich Gesetzgeber geworden, dem gegenüber auch kein staatlicher Gerichtshof mit Aussicht auf Erfolg angerufen werden könnte, da er nur aus der geltenden Rechtsordnung, die sie eben kraft eigener Machtvollkommenheit änderten, seine Erkenntnisse schöpfen kann. Man vergleiche auch hierher die Ausführungen der § 21I der Darstellung. Dem gesetzgeberischen Eingriff ist kein Recht entzogen, mag es noch so „wohlerworben“ sein wie es will.

Demgemäß muß als Grundsatz de lege lata aufgestellt werden:

Für alle erworbenen sachlichen und verfahrensrechtlichen Rechtsstellungen, nicht nur für subjektive Rechte, soweit sie nicht vollständig auch in ihren Wirkungen durch den Normenwechsel abgeschafft wurden, gilt bei der Beurteilung des ganzen Rechtsstreites nach allen im Eingang zu § 9 erwähnten sachlichen Richtungen das alte Recht, falls das neue Recht das zwar nicht aufgehobene, aber doch für die Zukunft nicht mehr zu begründende Rechtsverhältnis nicht mehr kennt. Wird dagegen das Rechtsverhältnis dem Kern nach beibehalten und nur inhaltlich nach Aufbau und Verwirklichung oder nur nach einer von beiden Richtungen entsprechend umgestaltet, dann gilt, soweit die Begründung solcher umgestalteter Rechtsverhältnisse z. B. neugearteter gemeindlicher Zweckverbände angestrebt werden will, sofort das neue Recht nach Inhalt, also organischem Aufbau, Verfahren und Zuständigkeit. Im übrigen aber, wenn lediglich auf Grund der bereits vor dem Rechtswechsel begründeten und abgeschlossenen Rechtsstellungen Rechtsansprüche geltend gemacht werden wollen, die nicht auf eine Neugestaltung des früheren Rechtsverhältnisses selbst abzielen, gilt das alte Recht sachlich und damit gewissermaßen als accessorium auch die Bestimmung der früheren Gesetzgebung über Zuständigkeit und Verfahren, falls sie nicht ausdrücklich gesetzmäßig aufgehoben ist.

Aber auch der hier entwickelte Begriff der in der Vorzeit erworbenen Rechtsstellungen ist recht relativ und flüssig. Auch in solchen scheinbar vollendeten Rechtsverhältnissen kann der Gesetzgeber eine Umwälzung herbeiführen, indem er sie mit rückwirkender Kraft in unvollendete, schwebende verwandelt und erklärt, daß das gesamte Rechtsverhältnis vom Standpunkt der Gegenwart aus noch nicht abgeschlossen sei und daher zur Befriedigung dringlicher öffentlicher Bedürfnisse gewissermaßen angeschuht werden müsse, damit es wieder für die neuen Zeitläufte passe. Hatte z. B. jemand kurz vor dem Inkrafttreten der Bekanntmachung zum Schutz der Mieter vom 23. September 1918 in der Fassung des Gesetzes über Maßnahmen gegen Wohnungsmangel vom 11. Mai 1920 (RGBl. S. 949) und der darauf gegründeten bayerischen MinBek. vom 13. August 1920 (Staatsanzeiger Nr. 189), §§ 3 und 16, ein rechtskräftiges Räumungsurteil erwirkt, aber zur Zeit des Inkrafttretens dieser Bekanntmachung noch nicht vollstrecken lassen, so bedarf er unter deren Herrschaft zur Durchführung der Zwangsvollstreckung der Zustimmung des Mieteinigungsamtes. Sein formell und materiell erworbener, sogar durch Rechtskraft gedeckter Rechtserwerb nach der sachlichen und verfahrensrechtlichen Seite hin schützt ihn nicht davor, daß er seinen urteilsmäßigen Anspruch nicht verwirklichen kann, ohne zuvor einen obrigkeitlichen Genehmigungsausspruch über dessen Ausübung einzuholen. Erst dadurch wird — vom Standpunkt der Gegenwart aus betrachtet — seine früher als nur Vollrecht angesehene Anwartschaft wirklich zum Vollrecht.

Nicht minder können sich Schwierigkeiten ergeben, wenn bisher eine staatliche Genehmigung zum Abschluß von Verträgen über Liegenschaftsänderungen nur für das Grundgeschäft, das sog. Kausalgeschäft vorgesehen war, später aber durch neue Rechtsnormen auch für das dingliche (abstrakte) Übereignungsgeschäft eine weitere obrigkeitliche Genehmigung angeordnet wurde, ohne daß bis zum Inkrafttreten dieser neuen Bestimmungen das Grundgeschäft grundbuchamtlich vollzogen war. In solchen Fällen, in denen man ebenfalls nicht von erworbenen Rechten der zur Einholung der staatlichen Genehmigung verpflichteten Körperschaft, Privaten usw., sondern wiederum von einer weiteren Ausgestaltung des Rechtsverhältnisses bis zur endgültigen Vollendung sprechen muß, ist erst die neuvorgeschriebene Genehmigung zu erholen, ehe das Rechtsgeschäft „perfekt“ und damit eintragungs=

fähig geworden ist, selbst wenn unter dem früheren Rechtszustand zum Buchungsvollzug eine einzige Genehmigung genügte und zwar jene für das unterliegende Kausalgeschäft.[108]) Andererseits ist z. B. vor rechtskräftiger Festsetzung der Grenzen des Überschwemmungsgebietes (Art. 76 II WG.) oder vor Einführung einer Genehmigungspflicht zur Errichtung von Brücken, Stegen usw. über gefährliche Bäche und Flüsse (Art. 78 II ebenda) eine vorher größtenteils vollendete Anlage als nicht mehr unter die neuen Vorschriften fallend zu erachten, somit das Recht darauf dem Staat gegenüber erworben; anders, wenn lediglich die Baustoffe zu solchen Unternehmungen herbeigeschafft sind, wenn der erste Spatenstich getan, ja, wenn die Baugruben ausgehoben sind oder vielleicht gar schon sich der Bau in seinem Anfangsbauzustand befindet. In Fällen dieser Art kann selbstverständlich von einem schon erworbenen Recht auf staatsfreie Erstellung der Anlage nicht gesprochen werden.

4. Der Zeitpunkt der Vollendung eines Rechtserwerbs.

Es erhebt sich damit die schwierige Frage, in welchem Zeitpunkt denn ein Rechtserwerb vollendet ist, eine Frage, die nur nach Lage eines jeden einzelnen Falles beurteilt werden kann. Bei Erteilung von persönlichen Befähigungen (Statuszuwachs) in der Regel sofort mit der Aushändigung der Urkunde, die den Befähigungsnachweis enthält z. B. des Approbationsscheines, bei Beamten sofort mit der Ernennung, ohne daß in beiden Fällen der für befähigt Erklärte weitere Erwerbshandlungen, insbesondere Ausübungstätigkeiten vorzunehmen hätte. Schwieriger gestaltet sich schon die Beantwortung bei Betrachtung der Erteilung baupolizeilicher und gewerbepolizeilicher Anlagegenehmigungen, also bei Einräumung subjektiver Willensmacht in bezug auf Herstellung, Benützung und Genuß bestimmter körperlicher Gegenstände von wirtschaftlichem Wert. Hier genügt keineswegs zum Erwerb die Rechtskraft des Verleihungsbeschlusses; vielmehr gilt das verliehene Recht insolange noch nicht für verbraucht und zum abgeschlossenen Rechtszustand erwachsen, als nicht der Genehmigungsinhaber vollständig von der Überwachung der staatlichen Durchführung der Genehmigung frei ist. So dauert z. B. nach bayerischem Recht das durch den baupolizeilichen Genehmigungsbescheid (§ 72 I bay. BO.) hervorgerufene öffentlichrechtliche Verhältnis zwischen dem Bauherrn und dem Staat nicht nur solange

[108]) Autographierte Entschl. des bayer. Staatsministeriums für Landwirtschaft vom 15. April 1920 Nr. 14 909, betr. den Verkehr mit landwirtschaftlichen Grundstücken; ebenso beim Vollzug des Art. 78 KGO.: Für die dort erwähnten Veräußerungs- und Verfügungsfälle der die Kirchenstiftung verkörpernden Kirchenverwaltung, war früher nur eine einzige Genehmigung vorgeschrieben, während seit dem Inkrafttreten der KGO. der Rechtsakt der Eingehung und jener der Erfüllung der Verbindlichkeit getrennt staatsaufsichtlich genehmigt werden muß.

weiter, als der Bau vollendet ist, als die fortlaufende Bauüberwachung (§ 73 I und § 75 ebenda) vorgenommen wird, ja als die Bauabnahme nach Einreichung der sog. Bauvollendungsanzeige vollzogen ist, vielmehr sogar noch länger, bis nämlich die Baubeanstandungen, die anläßlich der Schlußbesichtigung wahrgenommen wurden, vollständig beseitigt sind (§ 73 II ebenda). Die Baupolizei-Verordnungen (§ 76 I der bayer. BauO.) sowie die Reichsgewerbeordnung (§ 49 I/II und § 50) sehen tatsächlich solche Genehmigungen[109]) inbezug auf bestimmte Gegenstände, meist Liegenschaften, Fabrikanlagen, Wasserkraftanlagen, Wirtschaften als schwebend an, insofern für ihre Ausführung Verfallfristen vorgesehen sind, nach deren unbenütztem Ablauf die erteilte Genehmigung usw. kraft Gesetzes ohne weiteres unwirksam geworden ist.[110]) Hierher gehört auch der Sonderfall, daß kurz vor dem Inkrafttreten eines für eine früher staatsfreie Handlung eine staatliche Erlaubnis, Genehmigung, Zustimmung usw. festsetzenden Gesetzes der nunmehr der Genehmigung usw. unterstellte tatsächliche Zustand wenn auch noch nicht ganz, so doch im wesentlichen vollendet war, sodaß die Anwendung des neuen Rechtes nicht mehr gerechtfertigt ist. So war die Sach- und Rechtslage bei verschiedenen unmittelbar vor dem Inkraftreten des bayer. Wassergesetzes in der Hauptsache fertiggestellten Wasserableitungen zur Wasserversorgung von größeren Städten. Hier hat der Verwaltungsgerichtshof den Art. 19 WG. als nicht mehr einschlägig erachtet.[111]) Wann im übrigen eine solche oder ähnliche Unternehmung im großen ganzen vollendet ist, ist allerdings eine Tatfrage. Liegen diese Voraussetzungen für die Vollendung nicht vor, so muß natürlich das Verfahren nach neuem Recht durchgeführt werden.

Etwas einfacher gestaltet sich die Rechtslage bei Rechtserwerb kraft Gesetzes oder kraft einer Rechtshandlung des Berechtigten. Hier vollendet sich der Rechtserwerb mit der Erfüllung der gesamten Voraussetzungen des gesetzlichen oder satzungsmäßigen Tatbestandes in der Person des Erwerbers z. B. bei Volljährigkeit, Wahlberechtigung und Wählbarkeit, Gemeindebürgereigenschaft, Staatsangehörigkeit, soweit nicht Aufnahme oder Einbürgerung vorliegt; ebenso eine Jagd- und Fischerkartenausstellung, weil deren Verleihung mehr eine negative Bedeutung hat, daß der Ausübung der Jagd durch eine bestimmte Person, deren Statuseinschränkung damit aufgehoben wird, nichts im Wege steht. In allen diesen Fällen wird nicht gefordert, daß der Berechtigte von seiner erworbenen Rechts-

[109]) Vgl. Kormann, System, unter „Widerruf"; ferner § 4 II der Darstellung.

[110]) Jebens, a. a. O. Ausführungen für das baupolizeiliche Recht S. 272 ff. und Stier-Somlo, Einwirkung S. 117/9.

[111]) Vgl. die Entscheidungen des bayer. Verwaltungsgerichtshofes in Sachen der Münchener Wasserleitung vom 29. Dezember 1910 und in Sachen der Nürnberger Wasserleitung vom 30. Juni 1910: „Wann ist eine Wasserleitung vollendet?" Der Verwaltungsgerichtshof hat angenommen, daß Art. 19 WG. keine rückwirkende Kraft habe auf wesentlich abgeschlossene Unternehmungen.

stellung auch Gebrauch macht. Sofort mit dem Eintritt der erwähnten Bedingungen oder der obrigkeitlichen Verfügung ist der Rechtserwerb vollendet.

Somit hängt unter diesem Gesichtspunkt das Problem des Rechtswechsels auch mit dem weiteren der Rechtsbeständigkeit der Staatsakte[112]) zusammen, ferner, wie bei der Verfahrensdarstellung gezeigt werden wird, mit dem der sachlichen und formellen Rechtskraft.

In allen Fällen des nach dieser Ziffer 4 nicht vollendeten Rechtserwerbs gilt grundsätzlich die Regel, daß das Verbot der Rückwirkung nicht besteht; vielmehr ist auf solche schwebenden Rechtsverhältnisse sofort das neue Recht anwendbar. Wenn z. B. eine baupolizeiliche Genehmigung für die Errichtung eines Neubaus erteilt war, und danach einschränkende Vorschriften für die Gewährung der Bauerlaubnis gesetzlich aufgestellt werden, z. B. größere Straßenbreite und daher geräumigere Abtretung von Grund und Boden; oder wenn ein Bauplatzumlegungsgesetz inzwischen erscheint, wonach die baupolizeiliche Genehmigung überhaupt erst erteilt werden darf, wenn in einem Baublock die Umlegung der Liegenschaften rechtskräftig vollzogen ist, dann kann sich der Bauherr der Genehmigungsbehörde gegenüber nicht auf ein „erworbenes Baurecht" berufen; die Baupolizeibehörde kann und muß vielmehr nach pflichtgemäßem Ermessen — je nachdem öffentliche Belange erheblich berührt werden oder nicht — die erteilte Genehmigung zurückziehen, solange dies noch einigermaßen möglich ist und sonst nicht größerer Schaden durch die Bauverhinderung erwächst. Es wird in der Regel noch möglich sein, die Baugewährung zurückzunehmen, wenn lediglich die Baugruben ausgehoben und die Fundamentausmauerung erst begonnen hat; in einer weiteren Entwicklung des Baues werden erhebliche tatsächliche Schranken für die Ausübung des Widerrufes oder doch für die Untersagung der Fortführung des Baues bestehen; sie legen eine Unterlassung der Zurücknahme nahe, die aber rechtlich genommen bis zur Erfüllung der Bauauflagen nach der Bauvollendung zulässig ist. Ebenso sind die Verhältnisse bei Zurücknahme gewerbepolizeilicher Anlage-Genehmigungen zu beurteilen, wenn nicht die Gesetzgebung (z. B. § 51 der Reichsgewerbeordnung) anders bestimmt. Dabei ist für unsere Frage belanglos, daß gewisse gewerbliche Genehmigungen nach § 40 RGewO. nicht widerruflich oder auf Zeit erteilt werden dürfen. Damit soll nur gesagt werden, daß die Genehmigung selbst von vornherein nicht befristet usw. erteilt werden darf, wovon aber, wie sich aus den §§ 49 und 50 ergibt, die Frage verschieden ist, ob sie auch durch Verbrauch dem Genehmigungsinhaber zugewachsen ist.

Andererseits kommt z. B. einem Bauherrn auch der Umschwung in der Gesetzgebung, aber nicht in

[112]) § 4, II, S. 30 ff. der Darstellung.

der Rechtsprechung zu statten: War ihm z. B. aus öffentlichrechtlichen Gründen in dem der Vorzeit angehörigen Baugenehmigungsbescheid die Einfügung jeglicher Öffnung in eine Brandmauer verboten und wird später zugelassen, daß brandsichere undurchsichtige (dicke drahtvergitterte) Gläser in eine Brandmauer unbeweglich eingefügt werden, dann ist damit die Rechtskraft der Untersagung im rechtskräftigen Baupolizeibescheid relativ hinfällig geworden, wenn der Bauherr von der neuen Möglichkeit der Mauerdurchbrechung Gebrauch macht. Z. B. gilt auch dann das neue Recht, wenn eine Azetylenanlage gebäuden errichtet werden durfte, diese Entfernung aber gesetzlich oder verordnungsmäßig auf 15 m verringert und außerdem bestimmt wird, daß bis auf weitere 5 m Zonenannäherung die Polizeibehörde Befreiung von der Vorschrift erteilen kann (vgl. § 9 IV am Ende).

Bei Untersagungen bisher genehmigungsfreier Handlungen z. B. bestimmter Gewerbebetriebe gilt, wenn nicht die Gesetzgebung etwas anderes vorsieht, sofort das neue Recht, sofern nur die Voraussetzungen für die Untersagung durch Vollendung des gesamten gesetzlichen Tatbestandes noch in die Zeit nach dem Rechtswechsel hineinragen. Es liegt hier die Sache im wesentlichen nicht verschieden wie bei Anordnung von Strafen für kriminelle Handlungen.

Jedenfalls ist jeweils unbestritten das neue Recht anwendbar, wenn es für die Beteiligten günstiger ist.[113])

Indessen gilt auch hier die Regel, daß der Begünstigte gewisse damit verknüpfte neue Belastungen ebenfalls tragen muß: Qui sentit commoda, onera sentire debet. Z. B. gilt § 62 Angestellten-VG. in der neuen Fassung des Ges. vom 10. November 1922 (RGBl. I S. 849) für Ansprüche, die beim Inkrafttreten dieses Gesetzes schwebten, grundsätzlich auch insoweit, als er gegenüber dem früheren § 62 AVG. im einzelnen Fall ungünstiger als das alte Recht wirkt, somit nur die Beiträge erstattet werden, die bis zur Verheiratung entrichtet wurden, sogar wenn die Angestellte erst geraume Zeit nach der Heirat aus der Beschäftigung ausgeschieden ist oder überhaupt nicht, während früher die bis zum Ausscheiden aus der versicherungspflichtigen Beschäftigung „infolge" Heirats geleisteten Beiträge schlechthin zur Hälfte vergütet wurden (AN. 1923 S. 203 Nr. 2751). Dagegen beim Inhaltswechsel von Steuer-Mustersatzungen besteht z. B. ein Rechtsanspruch des Zuwachssteuerpflichtigen auf Anwendung der Ermäßigungsbestimmungen nach Ziff. 3 der MinBek. vom 26. Juli 1922 (GVBl. S. 370) im schwebenden Verfahren nicht, wenn die Rechtsände-

[113]) Jebens, a. a. O. S. 272.

rung vor dem 1. Juni 1922 eingetreten ist. Es müssen also vor diesem Zeitpunkt die die Zuwachssteuer auslösenden Rechtsvorgänge, nämlich der Rechtsübergang durch Auflassung und Eintragung im Grundbuch schon abgeschlossen sein. Zum Ausgleich hiedurch entstehender Härten sind die verwaltungsrechtlichen Behörden nicht zuständig (S. Bd. 44 S. 1, 4ff., 27/8).

Wie sehr der Gesetzgeber nicht nur auf rechtskräftige rechtsgestaltende obrigkeitliche Verfügungen, sondern auch auf rechtskräftige rechtsfindende Erkenntnisse einwirken kann, ergibt sich z. B. aus den in § 2 II Fußnote 38 am Ende aufgeführten gesetzgeberischen Handlungen wie auch aus einem Sonderfall auf dem Gebiet der RVO. Art. II des Reichsgesetzes vom 23. Juli 1921 (RGBl. S. 984ff.) über anderweite Festsetzung der Leistungen und der Beiträge in der Invalidenversicherung: „Ansprüche und Leistungen, über die das Feststellungsverfahren am Tag der Verkündung dieses Gesetzes schwebt, unterliegen dessen Vorschriften“, d. h. das sachliche Recht wird in einem anhängigen Verfahren sofort angewandt; ja es wird dies sogar gesetzlich festgelegt für die Fälle, in denen das Oberversicherungsamt endgültig, also ohne Möglichkeit der Revisionseinlegung gesprochen hat:

„Ihre Nichtanwendung —. nämlich dieser neuen Vorschriften — gilt auch dann als Revisionsgrund, wenn das Oberversicherungsamt sie noch nicht anwenden konnte“, d. h. mit Rückwirkung auf ein rechtskräftig abgeschlossenes Verfahren, dessen Schweben auf dieser gesetzlichen Grundlage als fortbestehend fingiert wird, soll das neue für den Berechtigten günstigere Recht anwendbar sein. Das Gesetz läßt daher solche abschlägig verbeschiedenen Rechtsansprüche mit rückwirkender Kraft wieder aufleben oder vielleicht richtiger — rückblickend betrachtet — vermeintliche Rechtsansprüche rechtlich erst entstehen.

Einen ähnlichen Fall weist die VO. vom 30. August 1921 zur Überleitung des Verfahrens in Doppelsteuersachen (RGBl. S. 1259) auf. Darnach sind nicht nur auf anhängige Beschwerden, die vor Reichs- oder Landesbehörden schweben, sowie auf die nach dem Inkrafttreten des Landessteuergesetzes bei den obersten Landesbehörden eingelegten Beschwerden, über die noch nicht entschieden ist, die Verfahrensvorschriften des § 11 des Landessteuergesetzes vom 30. März 1920 (RGBl. S. 402ff.) anwendbar. Ja für noch nicht abgelaufene Beschwerdefristen ist die Beschwerdeeinlegung innerhalb dreier Monate, gerechnet vom Tage der Verkündung dieser VO. an für zulässig erklärt und zudem ausdrücklich noch bestimmt worden, daß auch rechtskräftig erledigte Fälle nach Maßgabe des § 11 des LStG. wieder aufleben können unter Vernichtung früherer Erkenntnisse. Denn in § 11 Satz 7 heißt es wörtlich: „Durch die Entscheidungen des Landesfinanzamtes und des Reichsfinanzhofes können auch die bereits rechtskräftig gewordenen Veranlagungen und früheren Verteilungspläne aufgehoben werden"; nach § 2 II der VO. vom 30. Aug. 1921 kann nämlich nachträglich Beschwerde innerhalb dreier Monate von der Verkündung dieser VO. an (= 17. Sept. 1921) selbst dann eingelegt werden, wenn die zweite oder eine weitere Veranlagung innerhalb des letzten Jahres vor dem Inkrafttreten des LStG. rechtskräftig und Beschwerde bei der Obersten Landesbehörde noch nicht eingelegt war. Das bedeutet eine förmliche in integrum restitutio nach der formellen und sachlichen Seite hin, die früher niemals üblich war. Vgl. auch § 2 II und Fußnote 277. Ferner VO. über die Durchführung der Steuerverfahren während der Übergangszeit vom 11. Okt. 1921 (RGBl. S. 1305 ff.), insbesondere Ziff. 3 u. 5 zu § 26 der Reichsabgabenordnung: „Soweit die hienach zur Entscheidung berufenen Rechtsmittelbehörden nicht mehr bestehen (z. B. in Bayern die bei den aufgehobenen Finanzkammern gebildeten Berufungskommissionen), tritt an ihre Stelle das Landesfinanzamt."

Nicht wenigen Steuergesetzen[114]) und gemeindlichen Steuersatzungen mit gesetzlicher Billigung ist übrigens rückwirkende Kraft beigelegt, nicht nur im Rahmen des laufenden Steuerjahres, was ja verständlich wäre[115]) (sogen. verspätete Veranlagung, aber immerhin noch während des Steuerjahres!), vielmehr über das Steuerjahr der Verkündung des Gesetzes usw. hinausgreifend; so können z. B. vermögens- und sonstige gleichwertige Anfälle mit rückwirkender Kraft durch ein nachfolgendes Gesetz überhaupt erst besteuert oder doch höher besteuert werden. Unbestritten ist, daß Steuersatzungen, wenn Gesetze oder Satzungen nichts anders festlegen, auf den Beginn des Steuerjahres zurückwirken, selbst wenn die Satzung erst während dieses Jahres in Kraft getreten ist und die Steuer erst veranlagt wird; dabei ist gleichgültig, ob und welche staatlichen oder gemeindlichen Bedürfnisse und aus welchem Zeitraum herrührend damit zu decken sind. Auch ist belanglos, daß die Entstehungszeit für die Steuerforderung und die Heranziehungszeit unter verschiedenen Rechten liegen. Diese beiden für die Anwendbarkeit des neuen Rechts einflußlosen Tatsachen wird man aber, soll nicht der Grundsatz der Nichtrückwirkung gemeindlicher Satzungen umgangen werden, lediglich auf die sogen. Zeitsteuern (Jahressteuern!) anwenden dürfen, im Gegensatz etwa zu sogen. Gelegenheitssteuern, es müßte denn sein, daß auch hier das Gesetz etwas anderes bestimmt. So wäre z. B. nur in einem Vergnügungssteuergesetz die Möglichkeit der Nachholung dieser

---

[114]) So ist z. B. die Erhebung von etwaigen mit reichsgesetzlicher Ermächtigung gestatteten Zuschlägen zu den Reichssteuern durch Länder, Gemeinden, Religionsgemeinden usw. mit rückwirkender Kraft vom 1. Oktober 1919 gemäß § 62 III LStG. zugelassen; aber nach dem 1. Oktober 1920 durfte der Erhebung der Zuschläge keine rückwirkende Kraft mehr beigelegt werden.

[115]) Jebens, ebenda S. 280/1 unter B Ziffer 3 unter Bezugnahme auf die Rechtsprechung des Preuß. Oberverwaltungsgerichtes.

Steuer für Vergnügungen gegeben, die vor dessen Geltung veranstaltet wurden.

Allerdings muß in diesem Zusammenhang auch die Kehrseite dieses Grundsatzes betrachtet werden, die darin besteht, daß einem Rechtssubjekt mit Rückbeziehung auf einen früheren Zeitpunkt als den der Anwendungsmöglichkeit des Gesetzes Rechte verliehen werden, die ihm früher nicht zustanden, daß also zu seinen Gunsten ein Gesetz einen minder günstigen Rechtszustand in einen für den Empfänger vorteilhafteren mit rückwirkender Kraft verwandelt hat; hierher gehören die mit besonderem Wohlwollen für die tätige und die im Ruhestand befindliche Beamtenschaft ausgestatteten neuen Besoldungsordnungen und Ruhegehaltsordnungen, insbesondere die Pensionsergänzungsgesetze des Reiches und der Länder (auch Bayerns), in denen die Besserstellung der gegenwärtigen und der im Ruhestand befindlichen Beamten meist auf den 1. April 1920 zurückbezogen wurde. Dies gilt namentlich z. B. von dem bayerischen Gesetz zur Abänderung des Beamtenbesoldungsgesetzes vom 2. Juni 1921 (bayer. Staatsanzeiger 1921 Nr. 229) laut Ministerialbekanntmachung vom 30. Sept. 1921, hier Art. 4, der lautet: „Das Gesetz tritt . . . . sofort mit Wirkung vom 1. April 1920 in Kraft . . . .“ Bei diesem Gesetzgebungsstoff taucht übrigens die Frage auf, inwieweit es infolge des § 10 des Reichsgesetzes zur Sicherung einer einheitlichen Regelung der Beamtenbesoldung vom 21. Dez. 1920 (RGBl. S. 2117) (sogen. „Sperrgesetz“) in Kraft gesetzt werden darf. Jedenfalls ist, wie dies auch die bayer. Staatsregierung getan, das Gesetz nicht verkündigungs- und endgültig anwendungsreif, bevor nicht ein Ausgleich mit den einschlägigen Reichsstellen erzielt wurde. Wohl aber können vorläufige Maßnahmen zum Vollzug angeordnet werden.

5. Unabhängigkeit der zeitlichen „Geltendmachung“ eines Rechtsverhältnisses (Vollrechts) vom anwendbaren sachlichen Recht.

Der Grundsatz tempus regit actum (§ 5 I S. 31/2 der Darstellung) hat bei Schrifttum und Rechtsprechung Anerkennung gefunden. Nach dieser Richtung hat der bayer. Verwaltungsgerichtshof[116]) in einer nach Pfälzer Recht zu beurteilenden Streitigkeit über kirchliche Baulast die Frage zu prüfen gehabt, welches sachliche Recht der Entscheidung des anhängigen Streites zugrunde zu legen sei, ob die zufolge der VO. vom 26. Okt. 1913 (GVBl. S. 753) für die protestantische Kirche der Pfalz am 1. Nov. 1913 in Kraft getretene KGO. vom 24. Sept. 1912 oder das bis dahin in Geltung gewesene pfälzisch-französische Baulastrecht. Der Ver-

[116]) S. Bd. 37 S. 87 unter Bezugnahme auf Hellwig, System des Zivilprozeßrechtes, Bd. 1 § 11, 1); Art. 170 EGBG.; Pöll, UVG. S. 53; S. Bd. 1 S. 357.

waltungsgerichtshof hat sich zutreffend für die Anwendbarkeit des älteren Rechts entschieden und zur Begründung seiner Auffassung ausgeführt:

„Wenn auch das Bezirksamt erst am 15. April 1914 seinen Beschluß gefaßt hat, gehört doch der seiner Entscheidung zugrunde liegende Tatbestand der Zeit vor dem Inkrafttreten der RGO. in der Pfalz an, die sich eine rückwirkende Kraft nicht beigelegt hat.

Zufolge der allgemeinen Rechtsregel, daß der Bestand und Inhalt des zu beurteilenden Rechtsverhältnisses nach dem Recht der Zeit zu beurteilen ist, in der der fragliche Tatbestand eintrat, muß daher der Streit über den vor dem Inkrafttreten der RGO. in der Pfalz erhobenen und auch entstandenen Anspruch nach dem alten Recht entschieden werden..."

Der gleiche Grundsatz gilt für das sachliche öffentliche Versicherungsrecht (vgl. A. N. 1915 S. 346 Nr. 1951: „Die alten Gesetze wirken insofern weiter, als der nach ihnen erworbene Anspruch oder Anwartschaften erhalten bleiben, so heißt es in der Begründung zum Art. 5 EG. RVO. S. 23." Denselben Standpunkt nimmt ein das bayer. Landesversicherungsamt in Mitt. 1916 S. 110 a. E.; ausweislich dieser Entscheidung war ein Anspruch aus § 27 des früheren LUVG. — jetzt § 942 RVO. — schon vor dem 1. Jan. 1913, dem Inkrafttreten der einschlägigen Vorschriften der RVO. entstanden. Vgl. im übrigen hierher die Ausführungen in § 12 Ziff. 2a) der Darstellung und Fußnote 277.

Eymann, bayer. Wassergesetz, Bd. II S. 653, Anm. 1 zu Art. 209 erklärt zutreffend für dieses Gesetz, daß die Anwendung der materiell-rechtlichen Bestimmungen sich nach dem Zeitpunkt richte, in dem das behauptete subjektive Recht zur Entstehung gelangt sein soll. Dagegen wird man nicht zustimmen können, wenn er fortfährt: „Handelt es sich jedoch um Rechte und Verpflichtungen, die sich unmittelbar aus dem Gesetz selbst ergeben, so muß das Recht zur Anwendung kommen, das zur Zeit der Erlassung des erstinstanziellen Beschlusses in Geltung war." Vielmehr ist nach der Rechtsentwicklung mindestens des letzten Jahrzehnts das zur Zeit der Urteilsfällung in dem jeweiligen Rechtszug, aber nicht ausschließlich in der ersten Rechtsstufe geltende Recht maßgebend; so auch BlAdmPr. Bd. 72 S. 18/9, insb. Bd. 40 S. 117 betr. religiöse Kindererziehung, aufgeführt in § 11 I der Darstellung. Ebenso hat das Reichsgericht zur Auslegung des Reichsgesetzes vom 11. Mai 1920, III über Maßnahmen gegen Wohnungsmangel, insbes. zur Anwendung auf die nach früherem Recht (BRVO. vom 23. Sept. 1918, § 9) ungültigen, aber nunmehr rückwirkend auf den Zeitpunkt der Erlassung als rechtswirksam erklärten getroffenen obrigkeitlichen Maßnahmen ausgeführt (RGZ. 102 S. 161; Regers Slg. 42 S. 344ff.):

„Das Gesetz ist noch während des Berufungsverfahrens und vor Erlaß des Berufungsurteils in Kraft getreten. Das Gesetz hätte also vom Berufungsgericht noch beachtet werden können und ist vom Revisionsgericht anzuwenden . . . .“

Indessen muß zur Klarstellung betont werden, daß allerdings die actio nata (= Geltendmachungsmöglichkeit) vor dem Rechtswechsel für die kraft Gesetzes oder Satzung usw. erworbenen Rechte und für die durch staatliche Verleihung in der Vorzeit schon zum Vollrecht erwachsenen Anwartschaften ausschlaggebend ist, somit das alte Recht als anwendbar bezeichnet werden muß. Dagegen hat die Tatsache der „Erhebung“ des Anspruchs (i. S. von Anhängigmachung durch Erhebung der verwaltungsrechtlichen Klage), nämlich ob er vor oder nach dem Rechtsnormenwechsel bei der zuständigen Behörde geltend gemacht wurde, auszuscheiden und ist hieher belanglos, wenn das Rechtsverhältnis, wie z. B. im obigen Fall die kirchliche Baulast, längst entstanden und durch die neue Gesetzgebung auch für die Vergangenheit nicht beseitigt ist;[116a]) selbst dann bildet das frühere sachliche Recht die Entscheidungsgrundlage, wenn dem neuen Recht solche Rechtsverhältnisse fremd wären und erst unter der Wirksamkeit des neuen Rechts anhängig gemacht würden.

6. Der Nichtrückwirkungsgrundsatz im Strafrecht.

Im Strafrecht ist der Leitsatz: lex ad praeterita trahi nequit streng auszulegen; das gebietet schon die Rechtssicherheit. Handlungen, die vor dem Rechtswechsel begangen wurden, dürfen als strafbar unter der Geltung des neuen Rechts nur abgeurteilt werden, wenn sie es schon unter dem alten Recht waren und auch nur in dem Umfang, wie sie im früheren Gesetz als strafbar gekennzeichnet waren; jedoch entspricht es den im öffentlichen Recht herrschenden Anschauungen, daß bei der Verschiedenheit der Gesetze von der Zeit der verübten Tat bis zu deren Aburteilung das mildeste Gesetz anzuwenden ist[117]) (§ 2 II StGB.). Dies gilt gleichförmig für das Dienststrafverfahren und für Strafnormen im Vollzug des Ausnahmezustands nach Art. 48 II/IV RV.

[116a]) So auch die ungedruckte Entscheidung des bayer. VGH. Nr. 66 III/16 v. 27. Nov. 1916 betr. Ersatzanspruch für Armen-Unterstützung: „Für die sachliche Würdigung von Ersatzstreitigkeiten sind, auch wenn sie noch vor dem Inkrafttreten des UWG. anhängig wurden, und das neue Verfahrensrecht für deren Beurteilung einschlägt, trotzdem die Bestimmungen des bisherigen (bayer.) Armengesetzes vom 29. April 1869 / 30. Juli 1899 maßgebend; unter dessen Herrschaft sich der Unterstützungsfall ereignet hat“.

[117]) H. Lukas, Anleitung zur strafrechtlichen Praxis, 2. Aufl., 2. Teil, S. 25 ff. III folgert dies zutreffend aus dem Wesen des Strafrechts, daß es nicht auf Taten zurückbezogen werden darf, die vor seiner Geltung begangen sind, und daß es weiter auch nicht auf Handlungen zu beziehen ist, die verübt sind,

Auch im Rechtszug wird das mildeste Gesetz sofort anwendbar. Und zwar ist der „Zeitpunkt der Aburteilung" i. S. des § 2 II StGB. noch nicht eingetreten, solange noch über die Tat und Schuldfrage zu erkennen ist; es muß demnach ein Gesetzeswechsel auch noch im Berufungsurteil berücksichtigt werden, jedoch nicht mehr im Revisionsverfahren; wohl aber dann wieder, wenn die Revision Erfolg hatte und daraufhin das Urteil aufgehoben und an ein Untergericht zurückverwiesen wurde.[118])

Wenn z. B. eine Beleidigung vor dem 1. Januar 1922 begangen ist, so ist, da die Gesetze von der Zeit der begangenen Handlung bis zu deren Aburteilung verschieden sind, das mildeste Gesetz — § 2 II StrGB. —, d. h. falls das Gericht nach den besonderen Umständen des Falles keine Freiheitsstrafe für geboten hält, der § 185 StrGB. alter Fassung mit einer höchsten Geldstrafe von 600 M anzuwenden. Soweit die Geldstrafe nicht beigetrieben werden kann, und deshalb die verwirkte Freiheitsstrafe an ihre Stelle tritt, ist für den Maßstab der Umwandlung der Geldstrafe in eine Freiheitsstrafe nur die alte Fassung des § 29 StrGB., nicht seine Fassung nach § 2 Geldstrafengesetz, maßgebend; denn § 2 Geldstrafengesetz kann nur da angewendet werden, wo auch der § 1 dieses Gesetzes gilt. (RG. I 723/22. 6. Jan. 1923.)

Ragt ein später durch Gesetz oder Ausnahmeverordnung zum ersten Male mit Strafe bedrohter Zustand (fortgesetztes Vergehen, Kollektivvergehen, Dauervergehen, Zustandsvergehen) deutlich erkennbar durch gewollte Handlungen oder gewollte Unterlassungen des Untertans nach der Verkündigung der neuen Strafnorm in deren Zeit herein, dann kann hiewegen nach der neuen Strafvorschrift eingeschritten werden. Es muß aber in jedem einzelnen Fall genau untersucht werden.[119])

Was jetzt in Art. 166 RV. als Leitsatz für die künftige Gesetzgebung verbrieft ist, daß nämlich eine strafbare Handlung nur dann mit Strafe belegt werden kann, wenn die Strafbarkeit gesetzlich bestimmt war, bevor die Handlung begangen wurde, war schon von jeher reichsrechtlicher Grundsatz (§ 2 StGB.). Nur an der verfassungsmäßigen Festlegung dieser Richtschnur fehlte es bisher. So lange § 2 StGB. besteht, der nunmehr verfassungsmäßig geschützt ist, kann kein anderes strafrechtliches Reichsgesetz, auch kein

---

nachdem es zu gelten aufgehört hat (vgl. z. B. die in Aussicht stehende Abschaffung der Bestrafung der gewerbsmäßigen Unzucht!). — Vgl. Otto Mayer, Deutsches Verwaltungsrecht, Bd. I S. 83 ff. und S. 108 Anm. 12. — S. Bd. 38 S. 114 (das Dienststrafverfahren betr.). — Mitteilungen des Bayer. Landesversicherungsamts (= Mitt.) 1915 S. 47/8.

118) Lukas, a. a. O. S. 31.

119) So das Reichsgericht in E. 5 S. 369; a. M. Olshausen, Anm. 10 Abs. 2 a. E. zu § 2 StGB., doch zustimmend für erstmalige Straffestsetzungen bei Dauervergehen und fortgesetzten strafbaren Handlungen: ebenda, Anm. 8a und c.

strafrechtliches Landesgesetz, namentlich kein Polizeistrafgesetz etwa Gegenteiliges verordnen, so daß auch das einzelstaatliche Verwaltungsstrafrecht an der Schranke des § 2 sein Ende findet.[120])

Einzelne besondere Erscheinungen auf dem Gebiet des Strafrechtes sollen noch besprochen werden.

Zunächst die sogen. Blankettgesetzgebung. Den Blankettstrafgesetzen kommt formelle Gesetzeskraft sofort mit der Veröffentlichung zu, dagegen Anwendbarkeit erst mit den später erlassenen Ergänzungs- und Ausführungsvorschriften.[121]) Auf denselben Standpunkt stellt sich ein Revisionserkenntnis des Oberlandesgerichtes München.[122]) Darin ist mit Bezug auf eine baupolizeiliche Übertretung gesagt, daß die bayer. Bauordnung kein Strafgesetz sei; sie gäbe nur Vorschriften darüber, was im öffentlichen Interesse bei Vornahme von Bauten oder Änderungen an ihnen beobachtet werden soll; nachdem nicht das Strafgesetz, nicht § 367 Nr. 15 StGB. verändert worden, sondern nur die Bauordnung, also eine außerhalb des Strafgesetzes stehende, die Anwendung der strafgesetzlichen Bestimmung lediglich bedingende Norm zwischen der Begehung der Tat und der Aburteilung eine Veränderung erfahren habe, fehle die Voraussetzung des zweiten Absatzes des § 2 StGB. Damit wollte der Gerichtshof sagen, daß von einem Normenwechsel im Strafrecht dann nicht die Rede sein könne, wenn sich die die Anwendung der unveränderten strafgesetzlichen Blankettbestimmung ermöglichende Norm geändert habe. Dem ist nur beschränkt beizupflichten,[123]) da auch die sog. Ausfüllungsnorm den Regeln über die zeitliche Herrschaft der Gesetze untersteht und die Blankettstrafnorm gerade ihrer Natur nach durch einen der Möglichkeit des Wechsels unterworfenen Ausfüllungsinhalt während ihrer Wirksamkeit ausgezeichnet ist, der aber immerhin Bestandteil einer Strafnorm ist. Lediglich die Strafandrohung ist das Beständige. Hierin liegt das Wesen des Blankettstrafgesetzes.

Die Nachkriegsgesetzgebung hat ebenfalls einige Besonderheiten in der Abwandlung gewisser strafbarer Handlungen gegen die wirtschaftsgesetzlichen reichsrechtlichen Vorschriften gezeitigt. So

---

[120]) Stier-Somlo, Einwirkung S. 105/6 und S. 112; Fußnote 16 der Darstellung und für das Ausnahmerecht S. 18, sofern man nicht annehmen will, daß der Verfassungsgrundsatz durch Gewohnheitsrecht (gegenteilige Übung von Reichstag und Reichspräsident) als solcher abgeschafft gilt.

[121]) Dyroff in den Annalen, 1889 S. 876 ff.; Laband, Reichsstaatsrecht, Bd. 2 S. 71 Fußnote 2.

[122]) Regers Sammlung Bd. 11 S. 188/9.

[123]) Vgl. Lukas, a. a. O. S. 30. Entscheidend ist nach ihm nur eine Änderung des StGB. selbst, nicht auch außerhalb seiner liegender tatbestandlicher Voraussetzungen für die Anwendbarkeit des § 2 II StGB.; denn der Kern der Strafvorschrift stecke bei Blankettgesetzen nicht in der Strafandrohung, sondern in der anderweitigen Vorschrift, die aber kein Strafgesetz ist.

sieht § 14 der VO. gegen Preistreiberei vom 8. Mai 1918 (RGBl. S. 395 ff.) Strafbarkeit von Zuwiderhandlungen nach alten Gesetzen, aber die Verurteilung (= Strafart und Strafmaß) nach der neuen VO. vor. Indessen die Vorschriften über Einziehung des wucherischen Gewinnes (RGBl. 1923 I S. 740; § 22 der VO. vom 13. Juli 1923) sind bei der Aburteilung von Preistreibereien auch dann anwendbar, wenn die Tat vor dem Inkrafttreten dieser VO. begangen ist.

Andererseits ist ein Fall einer Art gesetzlicher Niederschlagung, nachträglicher völliger Beseitigung der Folgen der Strafbarkeit einer rechtswidrigen Handlung gegen Schutzgesetze der Zwangswirtschaft zu verzeichnen, sofern und soweit die einschlägige Bestimmung über Verkehrsregelung nach Begehung der strafbaren Zuwiderhandlung aufgehoben wurde, was an sich im Widerspruch zu § 2 Abs. 2 StGB. steht.[124]) Diese Aufhebung soll mit Wirkung ex tunc geradezu eine strafbare Handlung auslöschen und mit dieser Kraft solange ausgestattet sein, als die Zuwiderhandlung noch nicht rechtskräftig abgeurteilt worden ist (§ 7 des Gesetzes vom 18. Dez. 1920, RGBl. S. 2107); gegen solche Angeklagte ist daher entweder durch Beschluß oder je nachdem (nach Eröffnung des Hauptverfahrens) durch Urteil auf Unzulässigkeit der Strafverfolgung zu erkennen, gegebenenfalls unter Aufhebung der Vorerkenntnisse; denn es liegt hier kein Schuld-, sondern ein Strafausschließungsgrund vor; der Staatsanwalt stellt das Verfahren ein.

Alle diese mehr als eigenartig zu bezeichnenden Erscheinungen auf dem Gebiet des Strafrechtes hat die Nachkriegszeit erzeugt. Dadurch werden alte, bisher hochgehaltene Rechtsgrundsätze ohne weiteres sang- und klanglos zu Grabe getragen: crimen sine poena!

Über die Entstehung fertiger Rechtsverhältnisse auch auf dem Gebiet des Strafrechts trotz nachfolgenden allgemeinen gesetzlichen Straferlasses (VO. des Rats der Volksbeauftragten vom 3. Dez. 1918, § 2 I Satz 2), insbes. über den Fortbestand des Verlusts der Fähigkeit zur Bekleidung öffentlicher Ämter, wenn nicht auch solche Nebenstrafen durch besonderen Gesetzesausspruch erlassen werden wollten: siehe RGZ. Bd. 101 S. 255 und Regers Slg. Bd. 41 S. 104.

Eine strafrechtliche Besonderheit aus der neuesten Verfassungsgesetzgebung und zwar nach dem Ausnahmerecht des Art. 48 RV. verdient ebenfalls nicht unerwähnt gelassen zu werden. Es wurden durch eine VO. des Reichspräsidenten vom 30. Aug. 1921

---

[124]) Gegen die Anschauung des Reichsgerichts hielten schon früher Lukas, a. a. O. S. 31 und anscheinend auch Schiedermaier, strafrechtliche Nebengesetze in Bayern, 1912, Bem. 12 eine Bestrafung von Zuwiderhandlungen nach Aufhebung des Strafgesetzes, unter dessen Herrschaft sie verübt waren, für nicht mehr zulässig, wohl aber dieser für Polizeivorschriften und Polizeiverordnungen.

(Staatsanzeiger Nr. 202) das erworbene Recht zum Tragen der militärischen Uniform zeitweise der Ausübung nach beschränkt und Zuwiderhandlungen einer Geldstrafe unterstellt, die kraft Gesetzes sogar den Verlust der Berechtigung zum Tragen der Uniform zur Folge hat. Solche dauernden Eingriffe in erworbene Rechte könnten im regelmäßigen Gang nur im Weg der zuständigen ordentlichen Gesetzgebung vorgenommen werden; im Ausnahmezustand wird daher eine solche dauernde Entrechtung bestimmter Volksgruppen kaum durch die Worte: „die zur Wiederherstellung der öffentlichen Sicherheit und Ordnung nötigen Maßnahmen treffen" gedeckt werden können (verbo: „vorübergehend"); dürfen doch sogar die sogen. „Grundrechte" nur vorübergehend außer Kraft gesetzt, aber nicht dauernd vernichtet werden. Nach dem Wesen des Ausnahmezustandes kann es sich eben nur um zeitlich begrenzte Maßnahmen handeln, wobei dem Recht selbst nicht vorgegriffen werden darf, auch nicht dem Eigentum (Art. 153 RV.). Es genügt für diesen Zweck, daß die Ausübung erworbener Rechte vorübergehend vollständig unterbunden oder doch wesentlich beschnitten wird, womit jedoch nicht gesagt sein soll, daß der Ausnahmezustand nicht zu Eingriffen tatsächlicher Natur, sogen. Substanz-Eingriffen ermächtigte, aber nur in Sachgüter, weil hier so etwas wie „Außerhebungssetzung von Rechten" begrifflich nicht möglich ist. Die Gestattung von sachlichen Einwirkungen ergibt sich schon aus der Gestattung der Verwendung der bewaffneten Macht, die wohl dem nach außen in die Erscheinung tretenden Rechtsgüterkreis z. B. dem Eigentum an beweglichen und unbeweglichen Sachen beikommen, aber das Recht darauf selbst dauernd nicht beeinträchtigen darf. Sie geht überhaupt aus dem Grundsatz hervor, daß trotz der verfassungsmäßig gewährleisteten Freiheit und Unantastbarkeit des Eigentums rein polizeiliche — ganz vorübergehende — Eingriffe zulässig sind, weil sie ja nicht dauernd das Eigentum dem Rechte nach unverwendbar machen, insbesondere nicht zerstören.[124a]) Eine Enteignung wäre also, da sie die Verfassung nicht gestattet, nicht zulässig im Gegensatz zu vorübergehenden polizeilichen Maßnahmen (Art. 153 RV.), so wenig, wie einem früheren Staatsbeamten unter dem Ausnahmezustand die Führung der Amtsbezeichnung „k. Staatsminister a. D." endgültig genommen, sondern nur zeitweise untersagt werden könnte. Ebensowenig könnte — außer durch Gesetz — der Verlust von Orden, Ehrenzeichen usw., dann von Amtsbezeichnungen, Titeln, gemäß Art. 48 RV. ausgesprochen,

---

[124a]) Vgl. Reger-Dames PStGB. Schlußbemerkung zu Art. 15 und die dortigen Nachweise und richterlichen Erkenntnisse; v. Seydel, Staatsrecht Bd. III S. 527 ff. — Neuestens das Erkenntnis des bayer. KKG. vom 18. Mai 1921 in der BayGemVZ. 1921, insbesondere Sp. 564/5; Anschütz, RV., Ziff. 4 zu Art. 153 und Arndt, RV. Ziff. 5 zu Art. 153 erachten den Art. 153 RV., sogar nur für das förmliche Enteignungsverfahren für anwendbar; ebenso anscheinend das RG. VI ZS., Urteil vom 28. April 1921 (BayGemVZ. 1921 Sp. 614).

wohl aber vorübergehend ihr Tragen oder ihre Führung verboten werden (Art. 129 I Satz 3 RV. für die „wohlerworbenen Beamtenrechte")

7. Die Rechtsregel der Anwendung des neuen günstigeren Gesetzes im Rechtszug.

Der Rechtsregel, daß beim Gesetzeswechsel die mildeste und für die Beteiligten günstigste Norm selbst im höheren Rechtszug der Entscheidung zugrunde zu legen ist, kommt auch die Übung der Verwaltungsbehörden sowie der Verwaltungsgerichte entgegen; danach steht der Anwendung des neuen Rechtes durch die höhere Instanz jedenfalls dann kein prozessuales Hindernis im Wege, wenn der Anspruch z. B. ein früherer Heimatverleihungsanspruch, der nach dem älteren Recht zurückzuweisen wäre, nachher sofort in einem neuen Verfahren zur Anerkennung gebracht werden könnte; eine Zurückverweisung der Sache an die erste Instanz sei sicherlich nicht nötig, wenn das Sach- und Rechtsverhältnis in jeder Hinsicht klargelegt und eine materielle Benachteiligung der Parteien durch die sofortige Entscheidung nicht herbeigeführt werde.[125]) Es bedeutete einen leeren Formalismus, einen Anspruch auf Grund des alten Rechts zurückzuweisen, um ihn dann sofort in einem neuen Verfahren anzuerkennen, in dem er sich auf das neue sachliche Recht stützte

8. Das Inkrafttreten örtlicher Satzungen und der Grundsatz ihrer Nichtrückwirkung.

a) In Ergänzung des § 10 Ziffer 3 wird bemerkt, daß beim sachlichen Widerstreitsrecht die Lehre von den erworbenen oder sogen. „wohlerworbenen" Rechten nur insoferne einschlägig ist, als geprüft werden muß, ob gerade durch den Normenwechsel auch erworbene Rechtsstellungen (Rechtsansprüche, Befähigungen, dann aber auch Begünstigungen, die aus einem Freiheitskreis des Einzelnen gegen die Staatsgewalt hergeleitet werden z. B. Steuerbefreiungen, Umlagenfreiheit u. dgl.) tatsächlich beseitigt oder eingeschränkt worden sind, sei es gegen Entschädigung, sei es ohne eine solche; dagegen ist hier die — vorher als Voraussetzung zu prüfende — Frage der Rechtsbeständigkeit dieser gesetzlich ausgesprochenen Vernichtung und Einschränkung nicht zu würdigen (vgl. § 4 I der Darstellung), z. B. wenn ein solches Gesetz gegen ius eminens verstieße.

Derartige Zusammenstöße zwischen alten und neuen Rechtsnormen u. deren Einwirkung auf erworbene Rechtsstellungen bilden die Regel bei der Schaffung von sogen. örtlichen (gemeindlichen) Satzungen, dann ortspolizeilichen Vorschriften (Einführung der Bedürfnisfrage im Wirtschaftsgewerbe! Jetzt Reichsnotgesetz v. 24. Febr. 1922 Art. I!), namentlich aber bei Ortssatzungen auf dem

[125]) S. Bd. 18 S. 142; Dyroff, VGG. S. 415/6; BlfaPr. Bd. 72 S. 20/1; vgl. auch die Bemerkungen in den Fußnoten 61 und 254 dieser Darstellung.

Gebiet des gemeindlichen Vermögensrechtes, der Benützung gemeindlicher Einrichtungen und Unternehmungen (z. B. Kanäle) im besonderen (früher auch bei Gehaltsfestsetzungen für die Gemeindebeamten und Lehrerschaft). Grundsätzlich hat auch die Ortssatzung als allgemeine örtliche Rechtsnorm keine rückwirkende Kraft, wie in Rechtslehre und Rechtsprechung anerkannt ist.[126])

A. M. Stier-Somlo, Einwirkung, S. 115/6, der hervorhebt, daß sie sich ganz allgemein, weil — und natürlich insofern — sie alle Merkmale des Gesetzes an sich tragen, rückwirkende Kraft beilegen können. Eine solche Satzung gelte, wenn sie die höhere Genehmigung erhalten habe, von dem Zeitpunkt an als genehmigt, den sie sich selbst als Anfangstermin bestimmt habe, und beruft sich hiewegen auf die Rechtsprechung des preußischen Oberverwaltungsgerichts. Mißbräuche der Rückwirkung könnten ja durch Versagung der höheren Genehmigung abgestellt werden. Wie aber können solche Mißbräuche behoben werden, wenn die Satzung keiner höheren Genehmigung bedarf? Dies zwingt dazu, den gemeindlichen Satzungsgeber den allgemeinen Normen über zeitliche Geltung der Gesetze zu unterwerfen, wie dies in der bayer. Verwaltungsrechtspflege von jeher üblich ist; ein Verstoß hiegegen wird im verwaltungsrechtlichen Verfahren von Amts wegen jederzeit nachgeprüft. Zuzustimmen ist Stier-Somlo, wenn er das freie Ermessen der Selbstverwaltungskörper in der Richtung der Rückwirkung der Satzung nicht anerkennen will bezüglich Steuerordnungen.

Widerstreite zwischen dem Recht der Vorzeit und dem der Gegenwart können im einzelnen auftreten, wenn Gemeindeeinwohner, die früher eine gemeindliche Einrichtung ohne jede Regelung anstandslos in der üblichen Weise benützt haben, nunmehr allgemein bestimmten Benützungsrechtsnormen unterworfen werden; sie können aber auch dann entstehen, wenn die Benützungsliebhaber vorher lediglich einen bürgerlich-rechtlichen Vertrag, dessen Abschluß in das Belieben der Gemeinde gestellt war, über Benützung gemeindlicher Einrichtungen usw. eingehen mußten; später wird ihnen durch satzungsmäßige allgemeine Regelung unter bestimmten, für alle Benützungsliebhaber oder je nachdem Benützungspflichtigen gleich geltenden Voraussetzungen ein öffentlich-rechtlicher und zwar verwaltungsrechtlich verfolgbarer Rechtsanspruch eingeräumt z. B. auf Anschluß an eine gemeindliche Wasserleitung, an einen gemeindlichen Kanal — wofern hier nicht gar durch ortspolizeiliche Vorschrift die Entwässerungspflicht usw. festgelegt wurde — u. dgl. Veranstaltungen. Soweit diese Fälle gleichzeitig auch eine Zuständigkeitsveränderung für einen schwebenden Rechtsstreit bedingen, müssen sie noch in § 17 a) besprochen werden.

---

[126]) Nachweise siehe bei Fußnote 107. Indessen können in der Satzung Vorbehalte für Nachforderungen insbes. von Gebühren getroffen werden, was namentlich bei freiwilliger Benützung von Gemeindeanstalten für den Benützungsliebhaber bedeutsam ist.

Soweit aber solche örtlichen Satzungen die darin aufgenommenen subjektiven öffentlichen Rechtsansprüche der einzelnen Benützer, also unter Beibehaltung des öffentlich-rechtlichen Benützungsanspruchs inhaltlich durch erschwerende oder erleichternde Bedingungen umgestalten, können bei bestehenden Rechtsansprüchen ebenso Schwierigkeiten eintreten wie bei der Abschaffung solcher allgemeiner Rechtsnormen überhaupt. Immer unter der Voraussetzung, daß diese Umgestaltungen des Rechtsverhältnisses rechtlich zulässig sind, gilt für die von der Rechtsänderung Betroffenen jeweils für die Zukunft die neue Satzung; und zwar schafft sie bis zu ihrer neuerlichen Abänderung auch der rechtssetzenden Körperschaft gegenüber Recht, so daß z. B. die Gemeinde die von ihren Willensorganen beschlossene allgemeine Satzung auch gegen sich gelten lassen muß und ihr unterworfen ist,[127]) solange sie nicht rechtsgültig abgeändert oder aufgehoben ist.

b) Besonders wichtig für die Begründung von Rechten und Verpflichtungen, die manchmal erheblich in den Rechtskreis der Untertanen, vornehmlich in ihren vermögensrechtlichen eingreifen können, ist die Beantwortung der Frage, wann — abgesehen von der Verkündigung — einer höheren Genehmigung bedürftige gemeindliche Satzungen, sei es über Steuererhebung oder Einführung sonstiger Abgaben, die sich nicht als Gebühren für die Benützung einer gemeindlichen Veranstaltung darstellen, in Wirksamkeit treten. Diese Frage mußte schon in dieser Darstellung[128]) an anderer Stelle und in anderem Zusammenhang gestreift werden. Eine Untersuchung nach dieser Richtung erscheint um so weniger entbehrlich, als jetzt nach Einführung des Landessteuergesetzes (§§ 1, 2, 3 und 5 ebenda) alle gemeindlichen Steuersatzungen, sofern es sich darin nicht um Gegenleistungen für eine gemeindliche Leistung handelt, vor dem Vollzug der zuständigen Reichsfinanzbehörde (Landesfinanzamt)[128a]) zur Erinnerung vorzulegen sind darüber, ob von Reichs wegen Bedenken zu erheben sind. Soweit darin regelmäßig wiederkehrende Jahresabgaben festgelegt sind, werden allerdings größere Schwierigkeiten seltener erwachsen, weil in der Regel noch im laufenden Jahr, in dem die Genehmigung erteilt wird, eine Veranlagung für das laufende Steuerjahr, also scheinbar mit rückwirkender Kraft vorgenommen wird.

---

[127]) Vgl. z. B. S. Bd. 10 S. 385 und Bd. 22 S. 39; Fußnoten 4 und 5 der Darstellung.

[128]) Vgl. § 41 Abs. 5 und 6 dann Fußnote 81 (Rückwirkung gemeindlicher Satzungen); § 17, b, Abs. 3; § 10 Ziffer 3 und 8 (Schonung wohl erworbener Rechte bei Aufstellung neuer Ortssatzungen); § 10 Ziffer 4 a. E. (Rückwirkung von Steuersatzungen). Vgl. noch Jebens S. 279 ff. Ziff. 3 und die dort aufgeführte Rechtsprechung des preuß. Oberverwaltungsgerichtes.

[128a]) Innere MB. vom 23. April 1921 Nr. 20836 (Staatsanzeiger Nr. 95) zum Vollzug des § 5 des Landessteuergesetzes vom 30. März 1920 (RGBl. S. 402). Durch das Fin.-Ausgl.-G. vom 23. Juni 1923 (RGBl. I S. 483 ff) blieben §§ 1, 2 u. 3 unberührt, während § 5 zwar geändert wurde, dem Kern nach aber sein Wesen behielt.

Verwickelter sieht schon der Fall aus, wenn in der Ortssatzung die Besteuerung von einmaligen rechtlichen Vorgängen (z. B. bei Grunderwerbsteuerzuschlägen, bei der Vergnügungssteuer usw.) vorgesehen ist. Da sind als mögliche Stichtage für die Anwendung — die Verkündigung vorausgesetzt — denkbar: 1. Der Beschluß des oder der gemeindlichen Verwaltungsorgane; 2. das Eintreffen der staatsaufsichtlichen Genehmigung und, wenn auch noch dem Landesfinanzamt die Steuerordnung zur Erinnerungsabgabe vorgelegt werden muß, 3. der Tag des Eintreffens der Entschließung dieser Behörde, daß keine Einwendungen geltend gemacht werden wollen, wobei wieder zwei Fälle zu unterscheiden sind, a) ob die Steuerordnung selbst den Geltungsbeginn enthält oder b) ob eine solche ausdrückliche Vorschrift fehlt. Weiter ist noch der besondere Fall zu behandeln, daß entweder beim beschließenden gemeindlichen Organ oder bei der zur Genehmigung oder Erinnerungsabgabe zuständigen Stelle ein Irrtum über die Notwendigkeit der Erteilung die Genehmigung usw. herrschte, etwa deshalb, weil bei den einschlägigen Behörden angenommen wurde, es handle sich bei der Steuerordnung um eine Gebühr und nicht um eine Steuer im fachlichen (= technischen) Sinn.

Nach der Rechtsprechung des preuß. Oberverwaltungsgerichtes wie auch nach der Übung des bayer. Verwaltungsgerichtshofes und des Staatsministeriums des Innern dürfen sich die gemeindlichen örtlichen[129]) Satzungen grundsätzlich keine rückwirkende Kraft beilegen. Vgl. auch hierher den Beschluß des großen Senats des Reichsfinanzhofes vom 2. Juli 1921 im RGBl. 1268, wonach ein Gemeindebeschluß vom August/Oktober 1920 über die Erhebung eines Zuschlags zur Grunderwerbsteuer, soweit er bestimmt, daß die Erhebung des Zuschlages mit Rückwirkung auf den 1. Okt. 1919 erfolgen soll, mit dem Reichsrecht unvereinbar sei.

Genehmigungsbedürftige Satzungen sind erst dann ausgereift und zur Durchführung fähig, wenn sie die erforderliche obrigkeitliche Genehmigung erhalten haben und dann verkündet worden sind, es sei denn, daß die Genehmigung mit Rückwirkung auf den Tag der Beschlußfassung der Gemeinde erteilt wurde.[130])

Es durfte daher nach dem früheren bayer. Malzaufschlaggesetz von dem Bier, das vor der Genehmigungserteilung gebraut und danach verschänkt wurde, Lokalmalzaufschlag nicht erhoben werden. Die Ministerial- oder Regierungsgenehmigung usw. entscheidet, von welchem Termin ab die von der Gemeindeverwaltung beschlossene Erhebung von Abgaben zulässig ist; jedenfalls dürfte auch die zur Genehmigungserteilung zuständige höhere Behörde der Satzung keine rückwirkende Kraft über den Zeitpunkt der gemeindlichen Beschlußfassung hinaus verleihen (vgl. die Entscheidung des Verwaltungsgerichtshofes in Soergels Jahrbuch Bd. 1 S. 444, vgl. ferner Inn. MB. vom 12. Juni 1908, Nr. 3036 c 2, betreffend die gemeindlichen

[129]) Vgl. S. Bd. 11 S. 436; Bd. 16 S. 22 und Bd. 22 S. 39.
[130]) S. Bd. 7 S. 81, Bd. 12 S. 161.

Zuschläge zur Zuwachssteuer, worin hervorgehoben ist, daß den gemeindlichen Zuschlagsbeschlüssen keine rückwirkende Kraft beigelegt werden kann; ebenso gemeinsame MB. vom 17. Sept. 1921 Nr. 3036 e 18, betr. Zuwachssteuer und Grundwertabgabe, worin der gleiche Grundsatz für die gemeindlichen Einführungsbeschlüsse ausgesprochen ist). Dies kann lediglich die staatliche Gesetzgebung, wie Art. 48 Abs. I Satz 2 des bayer. Vollzugsgesetzes vom 30. Juni 1921 zum Landessteuergesetz (GVBl. S. 361 ff.) als Beispiel aus der jüngsten Zeit beweist. Hier ist diesem Vollzugsgesetz rückwirkende Kraft auf den 1. April 1920 verliehen und gleichzeitig nach Abs. II das frühere bayer. Umlagengesetz in der Fassung vom 17. August 1918 ebenfalls mit rückwirkender Kraft beseitigt worden. Eine lehrreiche Beleuchtung erfahren diese Grundsätze in der autograph. Inn. ME. vom 10. Sept. 1921 Nr. 3027 d 7, betr. Lustbarkeitsabgabe und Vergnügungssteuer. Früher war danach zur Einführung oder Erhöhung von Lustbarkeitsabgaben nach Art. 40 Abs. IV der Gemeindeordnung als örtliche Abgaben die ministerielle Genehmigung erforderlich; durch Art. 46 des erwähnten Vollzugsgesetzes ist diese gesetzliche Grundlage für die gemeindlichen Lustbarkeitsabgaben beseitigt worden. An ihre Stelle ist nunmehr Art. 4 ebenda getreten, wonach der Beschluß über die Erhebung örtlicher Abgaben (auch Lustbarkeitsabgaben) in allen Fällen der Genehmigung der Kreisregierung bedarf. Dadurch wurde die früher maßgebende MB. vom 20. April 1920 (Staatsanz. Nr. 92), die in einem bestimmten Umfang eine allgemeine widerrufliche Genehmigung des Staatsministeriums des Innern zur Einführung und Erhöhung von gemeindlichen Lustbarkeitsabgaben vorsah, gegenstandslos und zwar von dem Zeitpunkt an, in dem der Art. 4 des genannten Vollzugsgesetzes in Wirksamkeit getreten ist, also mit dem 5. Juli 1921 als dem Tag des Erscheinens dieses Gesetzes. Die Genehmigung einer Lustbarkeitsabgabe, die nach dem 5. Juli 1921 beschlossen wurde, steht daher den Kreisregierungen zu, während alle vor diesem Tag beschlossenen Lustbarkeitsabgaben noch durch die Genehmigung der MB. vom 20. März 1920 in ihrer Rechtsgültigkeit gedeckt sind. Die einschlägigen Gemeinden mußten daher im ersteren Fall (= Beschluß nach dem 5. Juli 1920) die erforderliche Genehmigung der Kreisregierung nachträglich erholen, wobei die Kreisregierungen angewiesen wurden, die Genehmigung gegebenenfalls mit rückwirkender Kraft zu erteilen, da sonst mangels der erforderlichen Genehmigung die Rechtmäßigkeit der Abgabe bestritten werden könnte. Nun treten vom 15. September 1921 an die Bestimmungen über Vergnügungssteuer vom 9. Juni 1921 (RGBl. S. 856 ff.) in Kraft (Ziffer I Abs. 1 der MB. vom 7. Sept. 1921, Staatsanz. Nr. 209). Die nachträgliche Einholung der Regierungsgenehmigung für die nach dem Erscheinen des erwähnten Vollzugsgesetzes (= 5. Juli 1921) beschlossenen gemeindlichen Lustbarkeitsabgaben wurde aber hiedurch nicht überflüssig, da einerseits in der Zwischenzeit bereits Lustbarkeitsabgaben in der Regel angefallen waren und auch erhoben wurden, andererseits die Satzung betr. die Lustbarkeitsabgaben gemäß § 13 des Landessteuergesetzes bis 15. Dez. 1921, verlängert bis 15. März 1922 fortbesteht, falls sie nicht durch ausdrücklichen Gemeindebeschluß vorher aufgehoben wurde.

Demnach fallen Rechtshandlungen, die sich vor der nach Erteilung der Genehmigung vollzogenen Verkündigung ereignet haben, nicht unter die Herrschaft der Ortssatzung. Das Staatsministerium könnte freilich gegen die in der Satzung ausgesprochene rückwirkende Kraft keine Erinnerung erheben und sie ausnahmsweise genehmigen, tut es aber nur selten; denn auch örtliche Satzungen unterliegen den Bestimmungen über zeitliche und räumliche Geltung von Gesetzen; der Verwaltungsgerichtshof, der sich auf diese Rechtsgrundsätze festgelegt hat, erachtet durchweg in Streitfällen nur gemäß besonders erteilter höherer Genehmigung, die in einem Gesetz vorgesehen sein muß, eine solche Vorschrift über Rückwirkung nicht als rechtsungültig. Dieser Auffassung wird beizutreten sein, weil im Regelfall nur der Staat selbst bei Gesetzen von einschneidender Bedeutung für das allgemeine Wohl und beim Vorliegen dringlicher Verhältnisse auch deren Anwendung auf die Vergangenheit anordnen kann. Bei mangelnder Genehmigung ist der Gemeindebeschluß noch als unfertiger Rechtsakt (eine sog. Rechtsaussicht) zu erachten; fehlt ihm ja doch eine Art vormundschaftliche Zustimmung, als die solche Genehmigungen, letzte Reste des früheren Staatskuratel (vgl. Nachweise in BlfaPr. Bd. 65 S. 43) über die Gemeinden allgemein angesprochen werden. Vorher sind alle Besteuerungshandlungen der Gemeinde, auch wenn sie sich irrtümlich gar nicht zur Einholung der Genehmigung verpflichtet glaubte, ohne weiteres nichtig, nicht einmal die nachträglich erteilte Genehmigung kann einen solchen Besteuerungsvorgang mit rückwirkender Kraft gültig machen, da bei den noch der Verkündigung bedürftigen genehmigungspflichtigen örtlichen Satzungen nach Vorstehendem Schwebezustände begrifflich überhaupt nicht eintreten können wie auch bei Genehmigung von einzelnen Rechtshandlungen der Gemeinden z. B. Veräußerung von Gegenständen von geschichtlichem oder künstlerischem Wert, da auch seit Geltung des Selbstverwaltungsgesetzes (Art. 14, 15) die Erteilung der Genehmigung die Bedingung für die Gültigkeit der zu genehmigenden gemeindlichen Rechtshandlung ist.[131]) Hier bestehen für den Geschädigten Rückforderungsansprüche, die aber bürgerlichrechtlicher Natur sind, weil hier mangels obrigkeitlicher Genehmigung die Gemeinde einen Vermögensvorteil erlangt hat nicht in Ausübung der ihr rechtsförmlich durch staatliche Genehmigung verliehenen Steuerhoheit, sondern vorher in ihrer Tätigkeit als Körperschaft, die sich auf dem Gebiete des Privatrechts bewegt hatte. Art. 8 Ziff. 31) VGG. wäre daher in solchen Fällen nicht anwendbar. Diese Ausführungen gelten selbst dann, wenn die zur Genehmigungserteilung berufene Behörde, der die örtlichen Satzungen zu diesem

[131]) Vgl. Rösch, a. a. O. Anmerkung 2 zu Artikel 14 SVG.

Zwecke unterbreitet waren, die Ansicht vertrat, es liege hier keine genehmigungspflichtige Abgabenordnung vor. Auch ein solches Vorgehen kann keine heilende (= konvaleszierende) Wirkung auf etwaige sine causa vorgenommene Besteuerungshandlungen ausüben. Die Gemeinde ist hier ebenfalls ungerechtfertigt bereichert und zwar wiederum auf dem Boden des bürgerlichen Rechts. Denn maßgebend ist sowohl für die Zuständigkeit zur Sachentscheidung wie für die Frage nach der Gültigkeit des Besteuerungsaktes die Tatsache der objektiv nach dem Gesetz erforderlichen **und** erteilten behördlichen Genehmigung.

Wie gestaltet sich nun die Rechtslage, wenn der steuerpflichtige Vorgang teils in die steuerfreie Zeit (also vor staatlicher Genehmigung mit anschließender Verkündung) fiel, teils in die Zeit der rechtsgültigen örtlichen Satzung? Man denke nur daran, daß z. B. bei der Grunderwerbsteuer, Zuwachssteuer u. dgl. der notarielle Kaufvertrag in die Vorzeit fällt, die Auflassung dagegen unter der Herrschaft des neuen Rechtes vollzogen wird. Wenn die Satzung selbst nichts anderes bestimmt, gilt auch hier der allgemeine Grundsatz von der sofortigen Anwendbarkeit der späteren Rechtsnormen.

Ist diese Rechtslage anders zu beurteilen, wenn die genehmigte örtliche Satzung noch einer Reichsbehörde zur Erinnerungsabgabe vorgelegt wird? Hierüber gibt § 5 des Landessteuergesetzes (jetzt § 5 Fin.-Ausgl.-Ges. vom 23. Juni 1913, RGBl. I S. 494, mit einer Sperrfrist zur Einspruchseinlegung von 2 Wochen — gegen 1 Monat früher — mit nachfolgender Einigungsverhandlungsfrist von 1 Monat als letzter Sperrfrist) eine erschöpfende Auskunft. Hienach darf eine solche Rechtsnorm erst dann, selbst wenn sie schon vorher verkündet wurde, also vollkommen fertig ist, **vollzogen werden**, wenn die einschlägige Mitteilung des Landesfinanzamtes über Bedenkenfreiheit bezüglich des Inhaltes der Satzung bei der Gemeinde eingetroffen oder 1 Monat — jetzt 2 Wochen — seit Vorlage der Satzung an das Landesfinanzamt verstrichen ist, ohne daß eine Rückäußerung erging. Da solche Mitteilungen empfangsbedürftige Rechtsgeschäfte sind, gilt als erster möglicher Vollzugstag der Tag des Eintreffens dieser Mitteilung bei der Gemeinde (§ 130 BGB.). Von diesem Termin an oder mit Beginn des ersten Tages nach Ablauf der ersten oder gegebenenfalls der letzten Sperrfrist sind alle in der Steuersatzung für steuerpflichtig erklärten Rechtsvorgänge dem neuen Ortsgesetz unterworfen, wenn sie sich nur nach der Verkündigung ereignet haben oder teilweise in die Verkündigungszeit hineinragen sollten. Denn da in § 5 LStG. der zuständigen Reichsfinanzbehörde keine **förmliche Genehmigungs- oder Bestätigungsbefugnis** eingeräumt ist, gelten etwaige während der Sperrfrist von 1 Monat angefallene steuerpflichtigen Rechtsvorgänge nur aus dem Gesichtspunkt der **Durchführung** der an sich **rechtsvollkommenen** Satzung als **schwebend**; dabei ist immer vorausgesetzt, daß die Satzung schon verkündet wurde (eine Art dies cedens); erst nach Fristablauf oder mit Eintreffen der Mitteilung des Landesfinanzamts, daß kein Einspruch erhoben wird (dies veniens), wird die Satzung mit Rückbeziehung auf den Verkündigungstag anwendbar, erfaßt also alle inzwischen vorgekommenen steuerlichen Vorfälle mit rückwirkender Kraft. Dieser dies veniens ist demnach lediglich von Bedeutung für den Vollzug der Satzung, d. h. für die Veranlagung und Einhebung des geschuldeten Steuerbetrages.

Nicht genehmigungsbedürftige örtliche Satzungen treten sofort mit der Verkündigung in Kraft; selbstverständlich können sie sich keine rückwirkende Kraft beilegen, weil dies gewohnheitsrechtlich nur durch Gesetz oder durch eine kraft Gesetzesvorbehalts ermöglichte Genehmigung der höheren Behörde geschehen kann. Hier ist der Stichtag für schwebende Rechtsverhältnisse der Beginn des Tages, an dem die Verkündigung vorgenommen wurde, wobei Teile des Tages weder für den Verkündigungstermin noch für den Zeitpunkt des Eintritts des steuerpflichtigen Vorfalles zur Anwendung der Satzung belangreich sind.

Wird eine Satzung aufgehoben (durch Beschluß des zuständigen gemeindlichen Verwaltungskörpers), so gilt hier dasselbe wie bei der Aufhebung der Gesetze. Sowohl nach der Aufhebung eintretende wie auch schwebende ehemals steuerpflichtige Akte, die sich erst unter dem neuen Recht vollenden, sind nicht mehr der Besteuerung unterworfen.

Hiebei sind noch 2 Fälle zu besprechen. Es kann vorkommen, daß durch ein späteres Gesetz für die Errichtung einer örtlichen Satzung eine Genehmigungspflicht eingeführt wird, aber auch das Gegenstück eintreten, daß die bisher erforderliche aufsichtliche Genehmigung durch ein neues Gesetz abgeschafft wird. Im ersteren Fall wirkt die Genehmigungseinführung nicht zurück auf die Rechtsgültigkeit einer schon verkündeten örtlichen Rechtsnorm, wohl aber wird das Genehmigungserfordernis anwendbar, solange die beschlossene Ortssatzung infolge unterbliebener Verkündigung noch nicht in Kraft getreten ist. Fällt in diesen Zwischenraum der Rechtswechsel, so muß die Verkündigung einstweilen ausgesetzt und kann erst dann mit rechtlicher Wirksamkeit vollzogen werden, wenn die Genehmigung erteilt wurde. Vorher darauf gegründete Rechtshandlungen sind ungültig. Umgekehrt wird eine örtliche Satzung, die vor einem die Genehmigung aufhebenden Gesetz beschlossen und vielleicht schon der zuständigen Aufsichtsstelle zur Genehmigungserteilung unterbreitet wurde, nach dem Rechtswechsel ohne weiteres gültig und kann verkündet werden, da nach diesem Termin der Aufsichtsstelle keine Zuständigkeit zur Genehmigung von Satzungen solcher Art mehr zukommt. Sie müssen ohne weiteres der Gemeinde zurückgegeben werden. Das war der Fall, als nach der Aufhebung des Art. 159 der Gemeindeordnung durch Art. 15 SVG. z. B. die staatsaufsichtliche Genehmigung gemeindlicher Satzungen, die die Zwangsbenützung einer gemeindlichen Anstalt vorsehen, beseitigt wurde.

Ebensowenig besteht auch ein Rechtsanspruch auf Beibehaltung eines Gebührentarifs für die Benützung öffentlicher Krankenhäuser, Irrenanstalten, Fürsorgeerziehungsanstalten usw., gleichgültig, ob die Kurkosten für einen Krankheitsfall, die Fürsorgekosten für eine Fürsorgeerziehung usw. bereits gezahlt oder noch rückständig sind, ob der Pflegefall abgeschlossen ist oder noch schwebt. So kann z. B. in Bayern die Kreisregierung gemäß § 30 IV UWG., Art. 13 des bayer. Armengesetzes und §§ 15 ff. der Vollzugsanweisung hiezu vom 4. August 1915 (GVBl. S. 613) den Verpflegssatz mit rückwirkender Kraft genehmigen, so daß möglicherweise der Unterschied zwischen dem neuen und dem früheren Verpflegssatz selbst für abgeschlossene Kurfälle nachgezahlt werden muß. Dies hat auch der bayer. VGH. in seiner Entsch. Nr. 59 III/22 v. 23. Dez. 1922 (vgl. Fußn. 72 der Darstellung) ausdrücklich anerkannt. Die Tarife seien Bestandteile des landesrechtlichen Armenrechts und hätten wie dieses Gesetzeskraft; zudem hätte die Tariffestsetzung nur deklaratorische Eigenschaft, da sie sich inhaltlich nur als eine Feststellung auf Grund der einschlägigen Durchschnittsaufwendungen darstelle.

§ 11. Staatliche Gewährungen (Genehmigungen, Erlaubnisse, Verleihungen).

I. Sachliches.

Ein Gesuchsteller, der lediglich eine rechtserzeugende obrigkeitliche Verfügung begehrt oder wenigstens eine rechtsbestätigende (z. B. Ausstellung von Jagd- und Fischerkarten), hat keinesfalls einen Rechtsanspruch darauf, daß im Fall eines Rechtswechsels in den 3 im § 10 Ziff. 3 Abs. 2 erwähnten Richtungen im Gegensatz zu den erworbenen Rechtsstellungen das alte, ihm möglicherweise vorteilhaftere Recht angewendet wird; es ist vielmehr in jeder Hinsicht den neuen Rechtsnormen unterworfen, wenn nicht diese selbst zu seinen Gunsten eine Ausnahme machen.

Teilt man diese Auffassung, dann muß man zunächst für den Fall der Erstrebung eines rechtsgestaltenden Verwaltungsaktes das neue Recht mit sofortiger Wirksamkeit als anwendbar bezeichnen, gleichgültig, ob der Streit über den Antrag oder das Gesuch anhängig ist oder nicht, ob schon einmal in den unteren Rechtszügen ein Bescheid erlassen wurde oder nicht. Dem neuen sachlichen Recht ist das Begehren in allen verfahrensrechtlichen Entwicklungsstufen bis zur Rechtskraft unterstellt. Insoweit liegt Unabhängigkeit des sachlichen Rechts vom Rechtsgang vor. Diese Anschauung hat sich in Rechtslehre und Rechtsprechung durchgesetzt. Der innere Grund hiefür ist darin zu erblicken, daß unfertige Rechtsverhältnisse begriffsgemäß nach den Gesetzen des klaren Denkens nur nach Maßgabe der Gesetzgebung behandelt werden können, unter der sie sich vollenden, zu sogen. „perfekten" Rechtsverhältnissen werden, und jedermann, der noch keine erworbene Rechtsstellung inne hat, eben dem jeweils geltenden Recht untertan ist.

So muß z. B. bei einem bereits im 2. Rechtszug befindlichen Wirtschaftsgenehmigungsgesuch, dem im ersten Rechtszug wegen mangelnder persönlicher Verlässigkeit des Bewerbers nicht entsprochen wurde, die Oberbehörde auch die etwa inzwischen wieder eingeführte Bedürfnisfrage (vgl. Notgesetz vom 24. Februar 1923, RGBl. I S. 147 ff., Art. I § 1 Abs. 2) würdigen, selbst wenn sie die persönliche Eignung des Gesuchstellers im Gegensatz zur Unterbehörde bejaht.

Die sofortige Anwendung des sachlichen Rechts in den höheren Stufen ist jedoch nur dann zulässig, wenn dem Antragsteller infolge Wegfalls der Prüfung der Bedürfnisfrage durch die auszuschaltende erste Instanz kein Schaden zugehen kann: sonst müßte unter Aufhebung des Vorbescheides auf die Beschwerde des Gesuchstellers die Sache zur neuerlichen Würdigung und Entscheidung an die erste Rechtszugsbehörde zurückverwiesen werden.[132])

Die bei Dyroff verzeichnete Rechtsprechung des Verwaltungsgerichtshofes ist teilweise unter Berücksichtigung der Fortentwicklung seiner eigenen Rechtsprechung dahin zu ergänzen, daß jede Rechtszugsbehörde das jeweils herrschende Recht anzuwenden hat (so jetzt Bd. 26 S. 18 ff.). Diese Frage ist nicht nur für den Streitgegenstand selbst, sondern auch für die Beurteilung der Streitsbeteiligung und damit für die Rechtskraft von besonderer Bedeutung. Die bei Fleiner, Institutionen S. 255 Fußnote 76 vertretene Anschauung erscheint nach obigen Ausführungen mindestens anfechtbar. Dort ist erörtert, daß bei der Anwendung des Rechtes auf den Tatbestand einer Verwaltungsstreitsache Schwierigkeiten dann entstehen können, wenn nach dem Erlaß der Verfügung der Verwaltungsbehörde, aber vor der Fällung des verwaltungsgerichtlichen Urteils neues Recht in Kraft getreten ist. Ob das Verwaltungsgericht dieses neue Recht oder aber das Recht, wie es zur Zeit der Erlassung der Verfügung gegolten hat, anwenden müsse, hinge von der Natur der einzelnen Streitsache ab. Soweit kann man zustimmen. Wenn aber weiter gefahren wird: „Bezweckt z. B. eine Klage eine Feststellung darüber, ob der Kläger die persönlichen Erfordernisse für eine bestimmte Gewerbeausübung besessen, so hat das Verwaltungsgericht die die Polizeierlaubnis versagende Verfügung an Hand des Rechtes zu prüfen wie es damals gegolten hat, nicht, wie es seither neu gestaltet worden ist, und demgemäß hat das Gericht sein Urteil auf Grund des alten Rechtes zu fällen." Hiegegen wäre — wenigstens nach bayerischer verwaltungsgerichtlicher Übung — zunächst hervorzuheben, daß die Verwaltung, wenn sie einem solchen mit einem Rechtsanspruch ausgestatteten Gesuch nicht entsprechen zu dürfen glaubt, sich sofort im verwaltungsrechtlichen Verfahren im ersten Rechtszug über Anerkennung oder Ab-

---

[132]) Vgl. Dyroff, VGG, Anm. 1 III a zu Art. 120 S. 558.

weisung des Gesuchs schlüssig machen muß; eine Trennung des Verfahrens in einfaches Polizeiverfahren und verwaltungsgerichtliches Verfahren ist in Bayern nicht üblich und auch nach den Eingangsworten des Art. 8 VGG.: „Bestrittene Rechtsansprüche“ nicht zulässig. Davon ganz abgesehen erscheint eine solche Auffassung auch unhaltbar aus dem Gesichtspunkt der § 53 ff. RGewO., wonach selbst ein verliehenes subjektives öffentliches Recht auf die Ausübung des Gewerbebetriebes wieder entzogen werden muß, wenn die dort aufgeführten einzelnen gesetzlichen Tatbestände vorliegen. Falls demnach unter Zugrundelegung der Fleinerschen Ansicht dem Gesuch eines Bewerbers um eine Wirtschaftserlaubnis vielleicht im zweiten verwaltungsrechtlichen Rechtszug etwa aus Versehen entsprochen worden ist, ohne das neue Recht zu berücksichtigen, wonach ihm die Erlaubnis hätte versagt werden müssen, so wird doch niemand bestreiten wollen, daß sogar trotz rechtskräftigen verwaltungsgerichtlichen Erkenntnisses auf Grund der früheren Gesetzgebung die Verwaltungsbehörde in der Lage ist, dem Gesuchsteller die Wirtschaftserlaubnis vorzuenthalten, gegebenenfalls eine erteilte Erlaubnis zurückzunehmen, wenn die neuen gesetzlichen Vorschriften zuungunsten des Erlaubnisbewerbers oder Erlaubnisinhabers lauteten. Im übrigen aber bedeutete eine solche Rechtshandhabung im Endergebnis nichts anderes als den ausgesprochenen neuen Staatswillen hemmen und so der Staatsgewalt, der doch auch die Behörden unterworfen sind — siehe § 1 Abs. 1 der Darstellung und Fußnote 4 und 5 daselbst — nicht nur als Personen, sondern auch als Zuständigkeitsträger kraft des besonderen Unterwerfungsverhältnisses unter die Staatsgewalt, in den Arm fallen. Vgl. hierher übrigens auch Fleiner, S. 383 daselbst, wo zutreffend ausgeführt ist, daß der Einzelne in der Polizeierlaubnis kein Bollwerk gegen fernere obrigkeitliche Eingriffe besitzt. Er muß jede Aenderung der Gesetzgebung über sich ergehen lassen, auch wenn sie seine Pflichten über die in der Polizeierlaubnis vorgesehenen Auflagen hinaussteigert und eine Vermögensbeschädigung nach sich zieht .... Allein auch bei ungeänderter Gesetzgebung ist der Inhaber der Polizeierlaubnis verpflichtet, seine Tätigkeit fortschreitend den wechselnden äußeren Umständen anzupassen“. Wenn dort S. 256 weiter ausgeführt wird: „Zielt dagegen die Klage z. B. darauf ab, Bestand und Umfang der Pflicht zur Unterhaltung eines Weges pro futuro feststellen zu lassen, so ist das Recht, das zurzeit der Urteilsfällung gilt, allein maßgebend“, so ist diese Rechtsanschauung selbstverständlich und stimmt mit den obigen Darlegungen überein; näheres am Schluß dieser Ziff. I und S. Bd. 40 S. 80 ff. Mit ihr steht auch die Rechtsprechung des bayerischen Verwaltungsgerichtshofes im Einklang (S. Bd. 40 S. 116/7) in zwei Erkenntnissen über religiöse Kindererziehung; unter Bezugnahme auf Art. 17 II der bayerischen Landesverfassung führt der Verwaltungsgerichtshof aus: „Der Umstand, daß zur Entscheidung der ersten Rechtsstufe noch „der frühere Rechtszustand zugrunde zu legen war, bildet kein Hindernis für die Anwendung des unterdessen in Kraft getretenen neuen Rechtes in der oberen Rechtsstufe. Denn die Entscheidung in der letzteren Rechtsstufe muß die Richtschnur für die künftige religiöse Erziehung sein, die sich nicht in einer dem geltenden Recht fremden Bahn bewegen darf."

Gerade die Tatsache einer Aenderung der Gesetzgebung wirkt aber nicht ausschlaggebend für die Anordnung von Betriebsauflagen bei gewerblichen- und wasserrechtlichen Polizeierlaubnissen überhaupt; vielmehr gibt es gewisse für bestimmte Betriebe, die unter gleichen Bedingungen (Arbeiterbeschäftigung verbunden mit Arbeiterschutz, Kinderschutz usw.) stehen, unausgeschieden zugeschnittene allgemeine Bedingungen, denen fortgesetzt je nach dem von den Aufsichtsbehörden wahrgenommenen Bedürfnis gewerbliche Betriebe unterworfen sind, gleichgültig, ob sie auf einer förmlichen staatlichen Verleihung beruhen oder ohne eine solche betrieben werden dürfen. Solche allgemeine Betriebsregelungsvorschriften treffen eben jeden gleichgearteten Betrieb ohne Ansehen, welchem Rechtsgrund er seine Entstehung verdankt. Dagegen können infolge veränderter Gesetzgebung auf Grund einer abgeschlossenen und erworbenen polizeilichen Erlaubnis bestehende und betriebene Einrichtungen, wofern es das neue Recht nicht ausdrücklich zuläßt, nicht mit Sonderauflagen beschwert werden, die nicht allgemein jedem Betrieb, auch dem nicht genehmigten Unternehmen überbürdet werden können. Insofern schafft gerade der Rechtswechsel gegen verbrauchte Genehmigungen und Erlaubnisse kein Eingriffsrecht. (Vgl. v. Landmann, Kommentar zur Gewerbeordnung, 6. Auflage, Bd. I Anm. 5 zu § 18 S. 191 ff.; Harster-Cassimir, Kommentar zum bayer. Wassergesetz S. 334 Anmerkung 3 Ziffer 2 und namentlich die Entscheidung des bayer. Verwaltungsgerichtshofes S. Bd. 36 S. 70).

Es kann auch vorkommen, daß einem Bewerber um den Genuß einer Stiftung sogar nach rechtskräftiger verwaltungsgerichtlicher Feststellung seiner ursprünglich bestrittenen Bewerbungsberechtigung doch nicht der stiftungsmäßige Genuß verliehen wird, selbst wenn er der einzige Bewerber sein sollte, falls unterdessen die Stiftungssatzung rechtsförmlich zuungunsten des Anspruchsberechtigten abgeändert wurde. Denn der Rechtserwerb wäre erst mit der Verleihung des Stiftungsgenusses vollendet gewesen. Bis dahin muß er eine Rechtsänderung gegen sich gelten lassen.

Umgekehrt wird — was eigentlich zu § 12 gehört und nur der Gegenüberstellung halber schon hier erwähnt werden soll, — der unvollkommene, noch der Genehmigung der Staatsaufsichtsbehörde bedürftige Beschluß eines gemeindlichen Verwaltungsorgans, dessen Gültigkeit bis zur Erteilung dieser Genehmigung nach dem Recht der Vorzeit in der Schwebe war, zu einem vollgültigen Rechtsakt, wenn infolge Normenwechsels für den vorliegenden Fall das Erfordernis der staatsaufsichtlichen Genehmigung im Sinne des letzten Restes der früheren Staatskuratel beseitigt wurde; es mangelte übrigens hiezu, selbst wenn die früher zur Genehmigung berufene Behörde noch vorhanden wäre, ihr doch die gesetzliche Zuständigkeit, um überhaupt mit rückwirkender Kraft eine solche Genehmigung zu erteilen; denn sie kann im Augenblick ihrer Tätigkeitsentfaltung nicht mehr Zuständigkeit ausüben als ihr zu diesem Zeitpunkt zukommt (vgl. die ungedruckte Entsch. des VGH. Nr. 17. I. 06 vom 9. März 1906, betr. Verpachtung einer Gemeindejagd, S. 10 ff.). Solche „vergessene früher genehmigungsbedürftige Angelegenheiten" sind gar nicht selten. Mag der Gemeindebeschluß auch noch so weit zurückliegen, er wird doch mit dem Augenblick der Gesetzesänderung in seinem vollen Umfang rechtsbeständig; dabei werden selbstverständlich frühere auf einem solchen unvollkommenen Gemeindebeschluß fußende Rechtshandlungen, die bereits vor dem Rechtswechsel vorgenommen wurden, dadurch nicht nachträglich rechtswirksam, wenn nicht das Gesetz dies ausdrücklich bestimmt.

Einen Anwendungsfall für eine solche ausnahmsweise rückwirkende Kraft einer Rechtsnorm bildete nach dem früheren Heimatrecht die nachträgliche Anerkennung aller vor der Novelle vom 17. März 1892 ohne Verehelichungszeugnis geschlossenen Ehen; sie wurden als rechtsgültig erklärt und zwar auch bezüglich ihrer Folgen auf die Heimat von Ehefrau und Kindern aus solchen Ehen.[133])

Natürlich können hierdurch erworbene Rechte anderer als der Eheleute (namentlich in familien- und erbrechtlicher Hinsicht) nicht beeinträchtigt, etwa Schädigungen fremder Personen nicht mit dem Gesetzeswechsel gedeckt werden. Näheres bei Reger, Heimatgesetz, 6. Auflage, Anm. 18, 19, 20 und 21 zu Art. 31; S. Bd. 26 S. 18 ff. — Solche Fälle liegen grundsätzlich nicht anders als beim Widerruf einer staatsaufsichtlichen Genehmigung, der eben auch nur zulässig ist iusta causa und unbeschadet erworbener Rechtsstellungen anderer auf Grund erteilter Genehmigung. Dieser Grundsatz wurde in Rechtsprechung und Rechtslehre allgemein festgehalten (vgl. v. Kahr, Kommentar zur bayer. Gemeindeordnung, Bd. II S. 78; Kormann, System der rechtsgeschäftlichen Staatsakte S. 361 ff.; Fleiner, Institutionen S. 192/3); ihn hat insbesondere klar gestellt Art. 78 III der bayer. RGO.: „Die staatsaufsichtliche Genehmigung kann nur aus wichtigen Gründen widerrufen werden, unbeschadet der in Gemäßheit derselben geschaffenen vollendeten Tatsachen und wohlerworbenen Rechte Dritter." Ein weiteres Beispiel bietet Art. 10 des bayer. Hundeabgabengesetzes vom 14. Aug. 1910 (GVBl. S. 604) — das Genehmigungserfordernis ist nunmehr gemäß Art. 10 des Hundeabgabenänderungsgesetzes vom 23. Aug. 1922, GVBl. S. 613 ff. gestrichen —, wonach die Gemeinden berechtigt sind, die gesetzlichen Abgabensätze zu erhöhen und zwar mit staatsaufsichtlicher Genehmigung. § 33 Abs. III der Vollzugsanweisung zum 13. Juni 1911 (GVBl. S. 909) zu

[133]) Bayer. Heimatgesetz, Art. 31 III.

diesem Gesetz bestimmte: „Bei Erteilung der Genehmigung hat die Staatsaufsichtsbehörde" ausdrücklich darauf hinzuweisen, daß die Genehmigung widerruflich ist." Solche staatsaufsichtlichen Genehmigungen können demnach unabhängig von einem Rechtswechsel jederzeit zurückgezogen werden wegen veränderter Verhältnisse, allerdings unter Anerkennung bereits erzeugter Rechtsansprüche.

Werden für die Erteilung von Wirtschaftserlaubnissen, Apothekengenehmigungen usw. nach der rechtskräftigen Erteilung der Erlaubnis besondere Abgaben oder höhere Sätze als die bestehenden eingeführt, so können sie für rechtskräftig abgeschlossene Verleihungen mangels entgegenstehender Rechtsnormen nicht nachgeholt werden, auch wenn die Wirtschaft, die Apotheke oder das sonstige Gewerbe (gewerbliche Anlage) noch nicht betrieben, somit von der staatlichen Genehmigung noch kein Gebrauch gemacht wurde, wogegen eine solche Abgabeneinführung oder -steigerung noch im letzten Rechtszug zu Lasten des Bewerbers berücksichtigt werden müßte. Der Grund für diese scheinbare Ausnahme von der Regel ist darin zu erblicken, daß es sich hiebei nicht um eine Änderung der Gesetzgebung in bezug auf die Hauptsache handelt und daher nach dem Grundsatz: accessorium (hier Gebühr, besondere Abgabe) sequitur principale, die Nebensache das Schicksal der Hauptsache in solchen Fällen nicht teilt. Wieder anders gestaltet sich die Rechtslage, wenn für die Anmeldung eines genehmigungsfreien gewerblichen Betriebes bei der zuständigen Behörde entweder eine Gebühr erst eingeführt oder eine bestehende erhöht wurde wie z. B. bei der Anmeldung des Flaschenbierhandels nach dem bayer. Kostengesetz $\frac{\text{Alte Fassung 1914 Art. 166}}{\text{Neufassung 1921 Nr. 156}}$. Mag auch der Geschäftsinhaber seinen Betrieb noch unter der Geltung eines früheren Kostengesetzes begonnen haben, ausschließlich maßgebend ist für die Bewertung des gebührenpflichtigen Aktes der Rechtszustand zur Zeit des Einlaufes der Anzeige bei der Bezirks-, nicht einmal bei der Ortspolizeibehörde.

Verschieden von der Ansetzung einer Staatsgebühr für obrigkeitliche Akte, auch für die sog. Prozeßgebühren (Gerichtskosten), sind die Kosten und Gebühren, die eine Streitspartei ihrem Rechtsvertreter (Rechtsanwalt) für dessen Tätigkeit in einer Verwaltungssache zu entrichten hat. Ein Maßstab für die Art und Höhe gibt die jeweils geltende einschlägige Gebührenordnung (z. B. für Verwaltungssachen und Verwaltungsrechtssachen) ab. Ihr unterstehen sofort mit der Anwendbarkeit gebührenpflichtige vom Rechtsanwalt vorgenommene Rechtshandlungen als solche, auch wenn hiefür früher keine Gebühren gefordert werden durften, dann auch Rechtsakte, die unter der Geltung der neuen Gebührennormen vorgenommen und darnach etwa höher bewertet werden können. Entscheidend ist immer die Tatsache, wann eine vom Rechtsanwalt vorgenommene Rechtshandlung vom Auftraggeber beantragt und ausgeführt wurde, nicht aber der Zeitpunkt, wann der Erfolg der

Rechtshandlung eingetreten ist z. B. eine Rechtsmitteleinlegung; in der Regel ist also nicht der Zeitpunkt maßgebend, wann sie bei der Behörde eingegangen ist. Liegt der Zeitpunkt der Absendung noch unter der Geltung der früheren Norm, so darf sie überhaupt nur bewertet werden oder nur in der Höhe bewertet werden, als dies das frühere Recht zuließ. Von diesem Grundsatz kann selbstverständlich das Gesetz abweichen. So bestimmt z. B. Art. 6 der bayer. VO. vom 12. Oktober 1921 (Staatsanzeiger Nr. 240), betreffend die Gebühren der Rechtsanwälte nach den Verordnungen vom 26. März 1902 (GVBl. S. 133 und 144), offensichtlich aus Zweckmäßigkeitserwägungen (Besoldungsaufbesserungsmöglichkeit für die Angestellten des Anwalts!), daß diese VO. vom 12. Oktober 1921 mit Wirkung vom 15. Oktober 1921 in Kraft tritt, aber schon anwendbar ist auf vorher erteilte Aufträge, soweit nicht die Instanz vor dem Tag des Inkrafttretens (= Stichtag) beendet war; die neue Gebühr kann also noch verlangt werden, wenn nicht vor dem Stichtag ein Rechtsmittel bei der Oberbehörde eingegangen ist oder wenn erst nach dem Eintritt des neuen Rechtes ein Erkenntnis ohne weitere Anfechtung rechtskräftig wurde; dabei muß aber das Ende des Laufes der Rechtsmittelfrist in die Zeit der Geltung des neuen Rechts fallen. Hiermit ist ausdrücklich kraft Gesetzes einer neuen Rechtsnorm rückwirkende Kraft beigelegt, eine Ausnahme von der Regel namentlich für bürgerlich-rechtliche Verhältnisse (Auftrags usw. -verhältnis!), so daß dies ausdrücklich festgelegt werden mußte.

Derartige Fälle sind so zahlreich, daß sie unmöglich im einzelnen aufgezählt und dargestellt werden können. Sie ließen sich aus den Erfahrungen in der Rechtsanwendung, die für den ausübenden Verwaltungsbeamten namentlich in der Jetztzeit reichlich fließen, beliebig vermehren. Daß sich natürlich für ein vor der Gebührenerhöhung eingereichtes Wirtschaftsgenehmigungsgesuch der Gebührenansatz nicht nach der Zeit der Einreichung des Gesuches, sondern nach dem Recht zur Zeit der Erteilung der Erlaubnis bemißt, bedarf keiner weiteren Rechtfertigung. Ebenso ist die Frage zu lösen, welche Gebühr der Höhe nach für öffentliche Impfung und Wiederimpfung der Impfarzt berechnen darf, wenn zwischen Impfung und Nachschau eine Impfgebührenerhöhung eintrat. Maßgebend für die Gebührenbemessung ist der Tag der Beendigung der Einzelimpfung, somit der Tag der Nachschau mit Ausstellung des Impfscheins (InnME. vom 8. Aug. 1923 Nr. 5284 a/19, enthalten im bayer. Staatsanzeiger Nr. 183). Das Gleiche gilt für die Erhöhung von Leichenschau-, Hebammengebühren (Tag der letzten Leistung ist maßgebend!) usw., wenn nicht die Norm selbst anders verordnet.

Von diesen Fällen verschieden ist die Rechtslage zu beurteilen, wenn die genehmigende Behörde die Abgabenfestsetzung vor dem Rechtswechsel übersehen hat, obgleich sie im Zeitpunkt der Erteilung der Genehmigung zu Recht bestand. Diese Frage hängt indessen mit dem Rechtswechsel ursächlich nicht zusammen und scheidet daher für diese Darstellung [134]) aus.

II. Verfahrensrechtliche Gestaltung.

Entfällt im Laufe der Streitaustragung und zwar nach Zurücklegung mindestens eines Rechtszugs etwa die Bedürfnisfrage, so muß, wenn im übrigen die Anspruchsvoraussetzungen des § 33 II RGewO. (in der Fassung vor dem Notgesetz vom 24. Februar 1923, RGBl. I S. 147 ff., Art. I, § 1) unbestritten sind, die Wirtschaftserlaubnis erteilt werden und zwar kann dies im zweiten Rechtszug der Regierungssenat ohne weiteres,[135]) ebenso das Staatsministerium tun, wenn es nicht vorzieht, die Bezirkspolizeibehörde mit der Erteilung der Erlaubnis durch Dienstbefehl zu beauftragen. Dagegen müßte im umgekehrten Fall der Wiedereinführung der Bedürfnisfrage, — wie schon oben angedeutet —, damit dem Bewerber kein Rechtszug zur Würdigung der wiedereingeführten Bedürfnisfrage entgeht, die Streitsache in der Regel an die erste Rechtszugsbehörde zur neuerlichen Prüfung und Beschlußfassung unter Aufhebung der Vorbescheide zurückverwiesen werden.

Anders liegt die verfahrensrechtliche Gestaltung für die urteilsfällende Behörde, wenn unter der neuen Gesetzgebung noch altes sachliches Recht, wie in den einzelnen Fällen unter Ziffer I, verwirklicht werden muß, im Gegensatz zur Regelung von Rechtsverhältnissen für die Zukunft, während die vorher entscheidende Behörde unrichtigerweise neues sachliches Recht angewendet hat. Hier muß das obere Gericht unter der Abänderung des Vorbescheides wegen unrichtiger Gesetzesanwendung infolge Einflußlosigkeit des Rechtswechsels in der Sache selbst erkennen, wofern nicht wesentliche verfahrensrechtliche Mängel eine Aufhebung und Zurückverweisung rechtfertigen sollten.

Ist während des Rechtsgangs etwa eine früher unzulässige Abtretung oder Aufrechnung durch Gesetzesänderung gestattet worden, so muß jede Rechtszugsbehörde dies berücksichtigen und zwar sofort unter Aufhebung der Vorbescheide ohne Zurückverweisung an die erste erkennende Behörde, wenn sie nach der Rechts- und Sachlage ohne weiteres, vornehmlich ohne Beeinträchtigung der Rechte der Streitsbeteiligten dem Anspruch sachlich[136]) willfahren kann, ebenso in der Regel bei glatten Rechtsfragen, ohne daß ein weiterer Sachverhalt im Vollzug der neuen Gesetzgebung ermittelt werden müßte; andernfalls wäre die Sache unter Aufhebung der Vorbescheide an die erste Instanz zurückzuverweisen.

---

[134]) Vgl. hierher Kormann, System S. 364 III.

[135]) Dyroff, BGG., Art. 31 III, S. 669; auch S. Bd. 40 S. 41 und Bd. 18 S. 143.

[136]) Siehe die Nachweise zu Fußnote 125.

III. Änderung im Beteiligtenkreis (Einwirkung auf die Sachlegitimation).

a) Änderung des sachlichen Rechts.

Ist durch den Rechtswechsel ein anderer öffentlich-rechtlicher Leistungspflichtiger eingeschoben worden, z. B. statt der Gemeinde, die für den persönlichen Schulaufwand nach bayerischem Recht bis zum neuen Schulbedarfsgesetz vom 14. August 1919 (GVBl. S. 489) Art. 11 zu sorgen hatte, der Staat, oder bei Wegunterhaltungsstreitigkeiten seit dem Inkraftreten der bayer. Gemeindeordnung von 1869 (Art. 38) die Gemeinde an Stelle „früherer Konkurrenzverbände", oder sind etwa andere Flußreinigungspflichtige an die Stelle vordem Pflichtiger getreten, so müßte der Anspruch gegen den früher Pflichtigen, soweit das Begehren des Antragstellers auf die Zeit nach der Rechtsänderung, also für die Zukunft seine Wirkungen erstrecken sollte und nicht etwa lediglich ein Streit wegen Ersatzleistung von Aufwendungen aus der Vorzeit auszufechten wäre, im ersten Rechtszug wegen Nichtmehrbeteiligung des Belangten als unzulässig (weil im öffentlichen Recht zur Zuständigkeitsprüfung gehörig) zurückgewiesen werden,[137]) in den höheren Rechtszügen, wenn die Unterbehörde nach dem früheren Recht richtig oder unzutreffend erkannt gehabt hätte, gegebenenfalls unter Aufhebung der Vorbescheide; dabei ist aber vorausgesetzt, daß die Rechtslage zweifellos ist und die Sache nur unnütz verzögert würde; sonst wäre Zurückverweisung geboten.

So hatte sich, begünstigt durch die Rechtsprechung des bayer. Verwaltungsgerichtshofes (usus fori) bis zum Inkraftreten des bayer. Selbstverwaltungsgesetzes vom 22. Mai 1919 durch sinngemäße Anwendung des Art. 39 der Gemeindeordnung auf die Ortsgemeinden die gewohnheitsrechtliche Übung herausgebildet, daß Umlagen der politischen Gemeinde, die aus mehreren Ortschaften bestand, aus den Überschüssen des Ortsgemeindevermögens an Stelle der ursprünglichen Zahlungsverpflichtung der umlagenpflichtigen (= Steuerträger) Ortschaftsangehörigen zu entrichten waren (= Ortsgemeinde als Steuerzahler), obwohl nach dem seit 1910 aufgehobenen Art. 43 der Gemeindeordnung sowie nach Art. 2, 24 des Umlagengesetzes vom 14. August 1910 (GVBl. S. 581 ff.) die Gemeindeumlagen Zuschläge zu den Staatssteuern waren, mit denen der einzelne Gemeindeeinwohner veranlagt war. Dieser gewohnheitsrechtliche Rechtszustand wurde jedenfalls abgelöst durch Art. 28 SVG., der den Art. 153 der Gemeindeordnung dahin änderte, daß nunmehr sicherlich seit dessen Inkrafttreten die Ortschaften nicht mehr an Stelle der politischen Gemeinde und im Verhältnis zu ihr Träger und gegebenenfalls auch Erfüller öffentlich-rechtlicher Leistungen, auch nicht mehr von herkömmlichen Verpflichtungen nach Art. 38

---

[137]) Insofern ist Fleiner S. 256, Fußnote 76 a E. beizutreten, wie schon in Fußnote 132 hervorgehoben.

der Gemeindeordnung sein können; ausschließlich zur Verwaltung und Unterhaltung des eigenen (= Ortsgemeinde-)Vermögens dürfen Ortschaftsumlagen erhoben werden. Damit ist die gewohnheitsrechtliche Umlagenzahlungspflicht der überschußbegabten Ortschaft zur politischen Gemeinde an Stelle ihrer Ortsangehörigen gefallen. Alte Streitigkeiten mit Wirkung für die Zeit vor dem Rechtswechsel müssen selbstverständlich noch auf der früheren Rechtsgrundlage entschieden werden. Jetzt gilt die sog. individuelle Umlagenpflicht (Steuerträger und Steuerzahler) eines jeden an sich steuerpflichtigen Gemeindeeinwohners, gleichgültig, ob er Angehöriger einer Ortschaft mit Vermögenserträgnissen ist oder nicht (vgl. auch Art. 9, 10 I und 25 des bayerischen Vollzugsgesetzes vom 10. März 1920 (GVBl. S. 361 ff.) zum Landessteuergesetz).

Mit einer hierher einschlägigen Gesetzesänderung, die zunächst für das sachliche Recht bedeutsam ist, dann aber hievon abhängig ihre Folgen auf die Behandlung der Sache im Rechtsgang erstreckt, befaßt sich das Erkenntnis des bayerischen Verwaltungsgerichtshofes in Bd. 40 S. 80 ff. und ebenso jenes vom 26. Januar 1921 Nr. 89 I/20 (BayGemVZ. 1921 Sp. 546). Hier stand ein Fall zur Entscheidung, in dem während des Schwebens des Verfahrens anläßlich der Beschwerde eines Distriktsausschusses sowie einer politischen Gemeinde und eines Höchstbesteuerten gegen eine aufsichtliche Verfügung der Kreisregierung, sowohl eine sachliche Vorschrift (Art. 23 IV des Distriktsratsgesetzes vom 28. Mai 1852, RegBl. 1851/2 S. 245) als auch eine Rechtsgangsvorschrift, nämlich Art. 10 Ziff. 1 VGG. durch das SVG. vom 22. Mai 1919 (GVBl. S. 239) überholt, hier im besonderen die Beschwerdeberechtigung der politischen Gemeinde sowie der Höchstbesteuerten weggefallen war. Der Verwaltungsgerichtshof sprach hierbei aus: „Mit der Verkündung des SVG. sind besondere Rechte der hier fraglichen Art erloschen. Nach Rechtslehre und Rechtsprechung sind aber für die Entscheidungen der Verwaltungsgerichte die öffentlich-rechtlichen Bestimmungen maßgebend, die zur Zeit der Urteilsfällung bestehen, ohne Rücksicht darauf, ob sie bereits bestanden, als die zu entscheidende Sache anhängig wurde. Wegen Mangels der Beschwerdelegitimation mußten daher die Beschwerden dieser nicht mehr Beschwerdeberechtigten zurückgewiesen werden." Damit wurde durch die Gesetzesänderung gleichzeitig eine bestehende notwendige Streitgenossenschaft (§ 62 ZPO.) zerstört.[137a])

b) Einwirkung auf schwebende Verfahren im einzelnen.

Dieser Fall[138]) gibt ein lehrreiches Beispiel dafür ab, wie das sachliche Recht verflochten ist mit der jeweiligen Verfahrenslage, ja wie eine sachliche Gesetzesänderung im Laufe des Rechtsgangs zu einer unmittelbaren verfahrensrechtlichen Auswirkung führen kann.

[137a]) Über einen weiteren Fall des Eintritts eines neuen Leistungspflichtigen siehe Fußnote 105a.

Der gegenwärtige Fluß der Gesetzgebung gebiert solche Fälle des unmittelbaren Übergreifens der sachlichen Rechtsnormen in das Verfahrensrecht in Fülle; so gelten als Organe von umgestalteten öffentlichrechtlichen Einrichtungen, die ihrem Wesen nach schon bestanden haben, z. B. die früheren Ortskrankenkassen vor dem Inkrafttreten der RVO., die ehemaligen Verwaltungsorgane für die umgestaltete Einrichtung weiter bis zur Wahl neuer Organe;[139]) mit dem Wegfall der Organe und ihrer Zuweisung an die neue Einrichtung ist dann die bisherige Körperschaft selbst untergegangen, mit der Körperschaftsauflösung verbunden mit der Umgestaltung andererseits die Voraussetzung für die Tätigkeit der früheren Organe für die frühere Einrichtung weggefallen, soweit nicht das Gesetz z. B. für das Abwicklungsverfahren Abweichendes bestimmt. Ebenso blieben die früheren Angestellten- und Arbeiterausschüsse als Vertretungen der Arbeiter bis zur Wahl der Betriebsräte weiterhin tätig und nahmen die Rechte wahr, die diesen im Betriebsratsgesetz vorbehalten sind. Nach der Wahl der Betriebsräte waren ihre Vertretungsmacht und damit ihre Rechte erloschen. In derartigen Fällen reicht insoweit das alte Recht in die neue Zeit herein mit der Wirkung, daß nunmehr auch in schwebenden Rechtsstreitigkeiten z. B. von nicht menschlichen Rechtsträgern die neu gewählten Zuständigkeitsträger (z. B. Kassenorgane) als alleinige Darsteller des körperschaftlichen Willens gelten: Die Parteifähigkeit der Körperschaft ist geblieben, ebenso ihre Prozeßfähigkeit, aber neue Willensäußerer der Körperschaft treten auf, gesetzlich unrichtigerweise immer noch „gesetzliche Vertreter" statt „gesetzliche Willensverkörperer" genannt. Die Lehre von der Organpersönlichkeit muß nach den eingehenden Beweisführungen Bernatziks und Georg Jellineks als unhaltbar aufgegeben werden.

Desgleichen trat als Folge der neuen Gemeindegesetzgebung als gemeindliches Sprachrohr an Stelle des früheren Stadtmagistrats der Stadtrat, infolge der Neuregelung der Einrichtung der Finanzbehörden an Stelle der Regierungsfinanzkammer das Landesfinanzamt zur Wahrnehmung der Rechte und Belange des bayer. Fiskus. Sie treten ohne weiteres in einen schwebenden Rechtsstreit oder sonstige schwebende Rechtsangelegenheiten als Darsteller des einschlägigen körperschaftlichen Willens auf.[140]) Dabei möchte hervorgehoben werden, daß nach wie vor vom früheren Stadtmagistrat erlassene örtliche Satzungen und ortspolizeiliche Vorschriften ihre Gültigkeit besitzen und nicht etwa wegen des Organwechsels in ihrer Rechtswirksamkeit beeinträchtigt wurden. Denn das Rechtssubjekt ist geblieben, das kraft seiner Selbst-

[138]) Vgl. hieher den in § 19, Ziff. 3b aufgeführten Fall der Änderung der Gesetzgebung während eines schwebenden organisatorischen Verfahrens.

[139]) Vgl. Bekanntmachung des bayer. Ministeriums für soziale Fürsorge vom 31. Oktober 1921, betr. Krankenkassenwahlen (Staatsanzeiger Nr. 256), Abs. 3, wobei hier allerdings kein Rechtswechsel, sondern eine Neuwahl das Fortwirken der früheren Verwaltung erheischte.

[140]) Dyroff, VGG. S. 542 Anmerkung 2.

verwaltung, ebenso das Verwaltungsorgan als solches, das kraft staatlicher Übertragung die rechtliche Möglichkeit zum Erlaß dieser Vorschriften hatte; nur seine Organe änderten sich im ersteren Fall, im ersten und zweiten Fall blieben sie (z. B. der Stadtrat) überdies Verwaltungsorgane der Gemeinde, wurden nur auf anderem Weg gewählt und erhielten eine andere Amtsbezeichnung; zudem blieb der Staat, den sie im übertragenen Wirkungskreis verkörpern, bestehen. Organe aber können sich gegenseitig ersetzen — dagegen nicht „vertreten", wie Personen — und auch ablösen. Denn beide verkörpern jeweils den Willen der durch sie dargestellten Körperschaft, also gemeindlichen Willen, beim übertragenen Wirkungskreis aber Staatswillen. Die alten Ortsvorschriften gelten ebenso weiter wie die früheren staatlichen Gesetze und Verordnungen nach gewaltfreier oder gewaltsamer Einrichtung neuer Staatsorgane, solange sie nicht rechtsförmlich aufgehoben werden, also auch trotz Umsturzes der Staatsverfassung.

Mag man immerhin annehmen, daß durch Art. 137 Abs. 3 Satz 2 RV. auf einem Rechtserwerbsgrund des öffentlichen Rechtes z. B. als Rest früherer Landeshoheit einer Gemeinde entstandene patronatische Präsentationsrecht für kirchliche Aemterbesetzung untergegangen ist, jedenfalls ist aus den gleichen Erwägungen wie oben an Stelle des früheren Stadtmagistrats der jetzige Stadtrat als Organnachfolger zur Ausübung dieses gemeindlichen Rechtes jetzt noch berechtigt, wenn es aus einem Rechtserwerbsgrund des kirchlichen Rechts durch Rechtsbegründungsmittel des bürgerlichen Rechtes z. B. vermögensrechtliche Ausstattung des Kirchenamtes nach irgend einer Richtung hergeleitet wird; denn der Stadtrat ist ja nur Verwahrer der subjektiven öffentlichen und privaten Rechte der Gemeinde, deren Willen er darstellt und vollstreckt.[141])

Einen wertvollen Beitrag zur Frage der Vernichtung der Sachlegitimation durch nachfolgendes Gesetz, allerdings ius eminens liefert das Reichsgesetz über religiöse Kindererziehung vom 15. Juli 1921 (RGBl. S. 939 ff.). Während bisher der bayerische Verwaltungsgerichtshof, gestützt auf § 17 Abs. II Satz 4 der bayer. Landesverfassung in seiner Entscheidung in Band 40 S. 116 ausgesprochen hat, daß den Organen der Religionsgesellschaften auch nach der neuen Landesverfassung das Recht zustehe, über die Einhaltung der zwingenden Bestimmungen der religiösen Kindererziehung zu wachen und wegen Verletzung des Gesetzes zum Schaden ihrer Glaubensgemeinschaft Klage zu führen und beschwerdeberechtigt aufzutreten, ist wenigstens der Klageanspruch mit der Geltung des erwähnten neuen Reichsgesetzes erloschen. Denn dieses löst das ganze Gebiet aus dem bisherigen Rechtszustand (Art. 134 EG. BGB.) aus, aus dem Bereich des öffentlichen Rechtes, nämlich des sogen. „interkonfessionellen kirchlichen Staatsrechtes", stellt es in das Gebiet der elterlichen Erziehungsgewalt und zwar unter das Bereich der Sorge für

[141]) Oeschey. Die Verfassung der evangelisch-lutherischen Kirche in Bayern usw. (BayGemVZ. 1921 Sp. 637) und Arndt, RV. Art. 137 Anm. 4

die Person des Kindes und erklärt das Vormundschaftsgericht zur Austragung von Streitigkeiten für zuständig. Mit keinem Wort ist hier der kirchlichen Oberen oder Glaubensgesellschaften gedacht, wie noch in § 17 Abs. II Satz 4 der bayer. Landesverfassung. Nur den Personen steht dann noch die Anrufung des Vormundschaftsgerichtes in Angelegenheiten der religiösen Kindererziehung zu, denen eine Erziehungsgewalt nach den Vorschriften des bürgerlichen Rechts zukommt, und die Einlegung einer Beschwerde zunächst nur denen, die nach § 20 FGG. in ihrem Recht durch eine Verfügung des Vormundschaftsgerichtes beeinträchtigt sind. Keinesfalls gehören zu den in ihrem Recht Betroffenen die Organe der Glaubensgesellschaften, da gemäß Art. 135 RV. nach dieser Richtung hin eine Einreihung solcher Befähigungen kirchlicher Organe in das innere Staatsrecht erforderlich wäre, was nicht geschehen ist. Wohl aber sind die kirchlichen Obern, allerdings losgelöst von dieser ihrer Eigenschaft und lediglich in ihrer Eigenschaft als berufene Betreuer der Jugend nach § 57 Abs. I Ziff. 9) FGG. beschwerdeberechtigt, wonach jedem ein Beschwerderecht zusteht, der ein berechtigtes Interesse hat, Angelegenheiten über die Sorge für die Person von Kindern und Mündeln wahrzunehmen.[142]) Aber die ursprüngliche Anrufung des Vormundschaftsgerichtes zur Schlichtung eines Streites über die religiöse Kindererziehung ist ihnen gemäß § 2 Abs. 3 des Reichsgesetzes vom 15. Juli 1920 nicht zugestanden. Sie brauchen nicht einmal — im Gegensatz zum Lehrer des Kindes — gehört zu werden.

§ 12. Schwebende Rechtsverhältnisse.

Eine besondere Behandlung verdienen die schwebenden (bedingten und betagten) Rechtsverhältnisse,[143]) Fristverlängerungen, Fristenwegfall und sonstige Übergangsfälle unvollendeter Rechtsverhältnisse ins neue Recht. Grundsätzlich ist auch hier daran festzuhalten, daß ein öffentlich-rechtliches Rechtsverhältnis solange vom Normenwechsel betroffen wird, als es noch nicht abgeschlossen, also noch keine endgültigen Rechtswirkungen zu erzeugen fähig ist. Denn nur vor einem nach allen Richtungen hin fertigen Rechtsverhältnis macht die Gesetzesänderung Halt, sofern sie nicht kraft ausdrücklichen Ausspruchs das Rechtsverhältnis überhaupt oder doch seine Wirkungen oder einige davon dauernd beseitigt. Dann schützt, wie im Rechtsgang noch einmal hervorgehoben werden wird, auch das schönste rechtskräftige Urteil nicht vor dem Verlust aller oder gewisser aus diesem Rechtsverhältnis hervorgegangenen Rechtsansprüche.

Von den schwebenden Rechtsverhältnissen (Anwartschaften) verschieden sind die noch nicht im Entstehen begriffenen sub-

---

[142]) Schiedermair, Fürsorgeerziehungsgesetz, 2. Aufl., 1917 S. 126/7.

[143]) Über den Begriff der schwebenden Anspruchsstreitigkeiten: Fußnote 159.

jektiven Rechte im Sinne von bloßen Erwartungen von Rechtsanfällen (= Rechtsaussichten), zu deren Begründung noch nicht der erste Spatenstich getan ist; hier hat der Schwebezustand noch nicht angesetzt, weil sich entweder der Eintritt einer rechtserheblichen Tatsache oder einer rechtlich bedeutsamen Handlung noch nicht vollzogen hat. Daß solche Erwartungen nicht Rechten, weder Vollrechten noch Keimrechten gleichzusetzen sind, hat das Reichsgericht in ZS. Bd. 34 S. 242 ebenfalls angenommen. Bloße Rechtsaussichten genießen, darüber besteht kein Zweifel, in keinem Fall den Schutz der Nichtrückwirkung, wie jenen andererseits auch das neue Recht zustatten kommt, wenn es ihnen günstiger ist. — Vgl. auch S. 38 b II, 2 der Darstellung.

Noch nicht abgeschlossene Rechtsverhältnisse sind darnach, wenn während ihres Schwebezustands das Gesetz, unter dessen Herrschaft sie entstanden, einem neuen weichen muß, nach dem neuen Gesetz zu beurteilen, es sei denn, daß dieses eine Ausnahme festsetzt. Dies ist der Standpunkt von Rechtslehre und Rechtsprechung, wie er sich in den letzten Jahren herausgebildet hat.[144]) Demnach haben auch in schwebenden Angelegenheiten alle Verwaltungsbehörden, ohne Belang, ob sie subjektives Recht oder nur objektives Recht zu verwirklichen haben, dann alle verwaltungsrechtlichen Instanzen stets und selbst in den höheren Rechtszügen die Vorschriften anzuwenden, die zu der Zeit, da sie eine Verwaltungshandlung vornehmen oder eine Entscheidung fällen, gelten, es müßte denn sein, daß ein Staatsakt auf Grund der Behauptung, daß er dem früher bestehenden Recht zuwider gewesen sei, angegriffen werden will. Auf diese Fälle[145]) (verwaltungsgerichtliche Prüfung staatsaufsichtlicher Akte, dann obrigkeitlicher Handlungen bei Anstrengung der Vorentscheidungsklage) wird beim Rechtsgang zurückgekommen werden.

I. Fristenänderung im allgemeinen.

Nach dem früheren B. u. StAG. von 1871 (§ 18) war die Wirkung der Entlassung aus dem Staatsverband unter die auflösende Bedingung gestellt, daß der Entlassene Deutschland innerhalb 6 Monaten verläßt, der Wiedererwerb der früheren Staatsangehörigkeit an die aufschiebende Bedingung des Nichtverlassens deutschen Bodens innerhalb 6 Monaten seit Aushändigung der Entlassungsurkunde geknüpft. Im neuen R.- u. StAG. (§ 24) ist diese Frist von 6 Monaten

[144]) Pöll, UWG. S. 53/4; v. Keller-Trautmann, Kommentar zum R.- und StAG. S. 363 letzter Absatz, Anm zu § 41 II für noch nicht erledigte Anträge auf Aufnahme, Entlassung, Einbürgerung beim Rechtswechsel am 1. Januar 1914; hier sind ausschließlich die Vorschriften des neuen Gesetzes sofort anwendbar. Auch die übrigen Streitfragen auf dem Gebiet der Staatsangehörigkeit anläßlich der Rechtsänderung sind dort zutreffend beantwortet. Vgl. Entscheidung des großen Senats des Reichsversicherungsamtes vom 15. Mai 1915 in Regers Sammlung Bd. 36 S. 57; S. Bd. 38 S. 30. Jebens a. a O. S. 283, 271/2 und 276/7.

[145]) BlfaPr. Bd. 72 S. 19 Fußnote 8.

auf 1 Jahr verlängert, sodaß von einer endgültigen Regelung der Staatsangehörigkeit, von einem erworbenen öffentlich-rechtlichen persönlichen Zustandsrecht seit Aushändigung der Entlassungsurkunde erst nach Umfluß eines Jahres, von dem Ereignis der Aushändigung an gerechnet, die Rede sein kann, falls zur Zeit des Inkrafttretens des neuen Gesetzes die frühere Sechsmonatfrist noch nicht abgelaufen war; ob der Entlassene wieder Deutscher wird, stand sonach im ganzen auf 1 Jahr in Schwebe, wie jetzt überhaupt, wobei der in die Vorzeit gefallene Teil der Verlustfrist auf die neu festgesetzte Frist anzurechnen ist.

Einen Fall der Fristverlängerung behandelt Art. 104 des bayer. Armengesetzes vom 21. August 1914 (GVBl.) S. 551). War die nach dem früheren bayer. Gesetz in Art. 31 Abs. I vorgesehene Anmeldefrist von 3 Tagen zur Benachrichtigung der Heimatgemeinde von der Unterstützung eines Armen durch den Armenrat des Orts der Hilfeleistung, gerechnet vom Tage der Hilfeleistung an, beim Inkrafttreten des UWG. noch nicht abgelaufen, so genügte zur Wahrung des vollen Ersatzanspruches die neue Sechsmonatsfrist nach § 34 UWG. Diese Vorschrift kam lediglich aus Zweckmäßigkeitserwägungen ausdrücklich in das Gesetz, um jeden Zweifel darüber auszuschließen, daß der Gesetzgeber für schwebende und betagte Rechtsverhältnisse das neue Recht gelten lassen wollte.

Die gleichen Grundsätze gelten für die Abkürzung von sog. „Erwerbsfristen“, wie sie z. B. das UWG. durch die Novelle vom 30. Mai 1908 (RGBl. S. 381) festsetzte. Hier wurde der Schwebezustand für den Erwerb des UW. abgekürzt: War zur Zeit der Verkündigung der Novelle ein unterstützungsfreier Aufenthalt von der Dauer eines Jahres abgelaufen, so erwarb man den Unterstützungswohnsitz mit dem Tag des Inkrafttretens dieser Gesetzesänderung in der Aufenthaltsgemeinde.

Als besonderer Fall der Aenderung sogen. „Erwerbsfristen“ und zwar zugunsten der Beteiligten ist das nach Vorgang des Reichsgesetzes vom 4. Juli 1921 (RGBl. S. 825/6) ergangene gleichartige bayer. Gesetz vom 9. August 1921 (GVBl. S. 479) über eine erhöhte Anrechnung der von den Staatsbeamten während des Krieges 1914/18 zurückgelegten Dienstzeit anzusprechen, in dem die Hälfte einer solchen Dienstzeit dieser hinzugerechnet wird und zwar nach Art. 4 mit Wirkung vom 1. August 1914 an, jedoch mit der Maßgabe, daß Nachzahlungen an Ruhegeldempfänger vor dem 1. April 1920 nicht geleistet werden. Damit haben selbst für verstorbene Ruhegehaltsempfänger deren Erben nachträglich einen Rechtsanspruch erworben, ein ganz ungewöhnlicher neugesetzlicher Rechtsvorgang.

Ein Beispiel für den Wegfall einer Verlustfrist gibt das R.- und StAG. Es sieht als Verlustgrund der Staatsangehörigkeit den Aufenthalt im Ausland durch Zeitablauf nicht mehr vor, während nach Art. 21 B.- u. StAG. in der Regel ein 10jähr. Auslandsaufenthalt den Verlust der Staatsangehörigkeit zur Folge hatte.

War zur Zeit der Wirksamkeit des R.= u. StAG. diese 10jährige Verlustfrist noch nicht verflossen, so konnte von diesem Zeitpunkt an die Staatsangehörigkeit auf Grund Auslandsaufenthaltes nicht mehr verloren werden. Es wurde insofern ein endgültiger Zustand durch Beseitigung des Schwebezustands herbeigeführt.

In allen diesen Fällen findet sich auch der Grundsatz verkörpert, daß für den, dem möglicherweise ein Rechtsverlust winkt, jeweils das günstigere Recht anwendbar sein soll.

II. Umgestaltung von Rechtseinrichtungen.

Im Anschluß hieran wäre noch der Wirkungen des Rechtswechsels zu gedenken, soweit Rechtseinrichtungen des öffentlichen Rechtes völlig beseitigt worden sind und eine neue Rechtsform als Ersatz der früheren Rechtseinrichtung geschaffen oder aus einem anderen Rechtsgebiet übernommen wurde. Das war der Fall, als z. B. Bayern sein bisheriges Heimatrecht aufgab und das UWG. seit 1. Januar 1916 annahm. Solche tief in das Getriebe des Staates sowie in das öffentliche Leben des Einzelnen reichende Eingriffe bedürfen einer eingehenden Übergangsregelung, um nicht die vom Rechtswechsel Betroffenen schweren Schädigungen auszusetzen und die Streitsentscheidungsbehörden über Gebühr zu belasten. So hat z. B. im Vollzug der Überleitung des Heimatgesetzes zum UWG. der bayer. Verwaltungsgerichtshof eine große Reihe von Erkenntnissen, namentlich über Auslegung des § 65 Abs. II Ziffer 1 daselbst fällen müssen, bis so ziemlich alle Übergangsstreitfragen einigermaßen geklärt waren. Die Verhältnisse lagen hiebei um so verwickelter, als man in Bayern nicht nur das selbständige und das unselbständige Heimatrecht kannte, sondern auch die Einrichtung der sogen. „vorläufigen Heimat" und der „angewiesenen Heimat".

§ 65 Abs. II Ziffer 1 UWG. stellt den Grundsatz auf, daß alle abgeschlossenen („perfekten") Rechtsverhältnisse aufrecht erhalten werden sollten.[146]) Bayern mit selbständiger Heimat besaßen daher mit Beginn des 1. Januar 1916 den Unterstützungswohnsitz in dem Armenverband, dem ihr Heimatort angehört. Dagegen war die Anwendung des § 65 Abs. II Ziffer 1 durchaus nicht zweifelsfrei für die Fälle der unselbständigen, sogen. abgeleiteten Heimat, also für Ehefrau und Kinder, soweit sie noch kein Heimatrecht kraft eigenen Rechtes erworben hatten. Durch die Aufrechterhaltung der „perfekt gewordenen" Rechtsverhältnisse, wozu zweifellos in erster Linie selbständige Heimatrechte gehören, wurde dem allgemeinen Grundsatz, daß Gesetze keine rückwirkende Kraft haben, besonderer Ausdruck verliehen; es sind hienach für den mit dem selbständigen Heimatrecht Ausgestatteten die allgemeinen Bestimmungen des UWG., insbesondere die Vorschriften über die sogen. „armenrechtliche Familieneinheit" (§§ 18, 19 UWG.) und über das armenmündige

[146]) S. Bd. 39 S. 150 ff.

Alter (§ 10 des Gesetzes) für Übergangsfälle dieser Art nach zutreffender Ansicht des Verwaltungsgerichtshofes als unanwendbar zu erachten. Ferner hat der gleiche Gerichtshof ausgesprochen,[147]) daß auf Personen, die am 31. Dez. 1915 eine unselbständige (abgeleitete) Heimat besaßen, die Übergangsvorschrift des § 65 Abs. II Ziffer 1 UWG. nicht anwendbar ist, vielmehr ihre Unterstützungswohnsitzverhältnisse sich ab 1. Januar 1916 nach den allgemeinen Bestimmungen des UWG. (§§ 18, 20) ergeben. Desgleichen wurde der Besitz einer vorläufigen Heimat nach Maßgabe des bayer. Heimatgesetzes in der Fassung der Bekanntmachung vom 30. Juli 1899 nicht als Besitz des Heimatrechtes im Sinne des § 65 Abs. II Ziffer 1 UWG. erachtet, vielmehr hiefür die Überleitungsbestimmung des § 65 Abs. II Ziffer 4 ebenda als einschlägig erkannt und ausgesprochen,[148]) daß für die Berechnung der zur Erwerbung des Unterstützungswohnsitzes erforderlichen Zeitdauer in Anwendung dieser Bestimmung auch der von einem heimatlosen bayerischen Staatsangehörigen in einer bayer. Gemeinde vor dem 1. Januar 1916 zurückgelegte, den sachlichen Erfordernissen des Art. 11 Abs. II HG. entsprechende Aufenthalt in Ansatz gebracht werden könne; dabei wird vorausgesetzt, daß dieser Aufenthalt in der gleichen Gemeinde auch nach dem Jahre 1915 fortgesetzt wurde, wobei der Anrechnung eines solchen Aufenthaltes der Umstand nicht entgegenstehe, daß dieser Aufenthalt auch den sachlichen Erfordernissen des Art. 11 Abs. 1 HG. entsprochen habe. Hiezu wurde festgestellt, daß dem Wort „Unterstützungswohnsitz" im Sinne des § 65 Abs. II Ziffer 4 UWG. eine weitere, jedes „Recht" (?) auf Unterstützung umfassende Bedeutung beigemessen werden müsse.[149])

---

[147]) S. Bd. 40 S. 36.

[148]) S. Bd. 38 S. 79 ff. — Entscheidung des gleichen Gerichtshofes vom 6. Oktober 1919 (BayGemVZ. 1919 S. 670 ff.); dagegen hatte die Anweisung einer vorläufigen Heimat keine rechtsfindende, sondern rechtsgestaltende Bedeutung. Hier ist nach dem 1. Januar 1916 und zwar auch in den oberen Rechtsstufen sofort das neue Recht einschlägig, unter dessen Geltung eine solche Heimat nicht mehr entstehen kann (Entsch. des BGH. Nr. 41 I/15 v. 31. Okt. 1916 in BlfaPr. Bd. 72 S. 25 Fußnote 28).

[149]) Die Worte „Recht auf Unterstützung" sind wohl versehentlich in die Entscheidung gekommen. Der Arme hat keinen Rechtsanspruch auf Unterstützung; der Armenverband verwirklicht lediglich objektives Recht gegenüber dem Unterstützten. Es obliegt dem Armenverband die berechtigende Pflicht hiezu. Der Verwaltungsgerichtshof hat in seiner Entscheidung in Bd. 40 S. 147 zutreffend ausgeführt, daß auch nach dem UWG. (§ 29) für den Armenverband nur Pflichten bestehen gegenüber dem Armen- und dem endgültig unterstützungspflichtigen Ortsarmenverband, ohne daß ein anderer Armenverband berechtigt wäre, trotz Kenntnis dieser Sachlage ersatzweise einzutreten. Daher erscheint der Armenverband des Aufenthaltsortes ausschließlich verpflichtet zur Darreichung der Unterstützung und zwar berechtigend verpflichtet, da er auch jeden anderen Armenverband hievon ausschließen kann. Auch diese Verhältnisse bieten wieder ein klassisches Beispiel dafür, daß der Rechtswechsel im öffentlichen Recht nicht nur bedeutsam werden kann für die Verwirklichung subjektiver öffentlicher Rechte, sondern auch für die öffentlich-rechtliche Verpflichtungen, denen kein Rechtsanspruch auf Seite des Genießenden, der lediglich den Abglanz von Gesetzesvorschriften empfängt, gegenübersteht.

Einen ähnlichen Fall der Anrechnung eines vorzeitlichen Aufenthaltes trotz Nichtrückwirkung des Gesetzes bietet das neue bayer. Aufenthaltsgesetz. Nach Art. 6 Abs. II des ebenfalls am 1. Januar 1916 in Kraft getretenen bayerischen Aufenthaltsgesetzes vom 21. August 1914 (GVBl. 1915 S. 590) darf Reichsangehörigen der Aufenthalt in der Gemeinde, in der sie sich nach Vollendung des 16. Lebensjahres zuletzt länger als 1 Jahr freiwillig und ununterbrochen aufgehalten haben, der Aufenthalt am Ort der Unterstützung für deren Dauer auch polizeilich nicht versagt werden d. h. eine (sicherheitspolizeiliche) Ausweisung — abgesehen von der überhaupt unzulässigen Wegweisung aus armenrechtlichen Gründen nach dem FrZG. §§ 4 und 5 — gemäß § 3 daselbst ist unstatthaft. Hat nun jemand selbst über den 1. Januar 1916 hinaus den Aufenthalt in der einschlägigen Gemeinde fortgesetzt, so kann ihm auch der vor dem Zeitpunkt des Inkrafttretens des Aufenthaltsgesetzes in dieser Gemeinde zurückgelegte Aufenthalt, soweit er freiwillig und unterstützungsfrei war, für den Zweck des Art. 6 Abs. II des Aufenthaltsgesetzes angerechnet werden, da dieses Gesetz eine Bestimmung nach Art des Art. 47 Abs. III HG. nicht enthält.[150]) Hier kann begrifflich überhaupt nicht von einer Rückwirkung des Gesetzes gesprochen werden, da ein über den Zeitpunkt des Inkrafttretens unter völlig gleichen Bedingungen, wie vorher, fortgesetztes, an eine Frist geknüpftes rechtliches Verhalten gleichzeitig auch seiner Dauer nach vollständig vom neuen Recht ergriffen wird mit der Folge, daß dann vom Standpunkt des neuen Rechts aus sofort beurteilt werden kann, ob die Frist vollendet ist. Es liegt hier eine gesetzliche Neueinführung vor.

Im Gegensatz zum Erwerb des Unterstützungswohnsitzes durch heimatlose Bayern beginnt für die Nichtbayern, die sich in Bayern aufhalten, die einjährige Frist für den Erwerb des Unterstützungswohnsitzes in einem bayerischen Ortsarmenverband in Anwendung des § 65 Abs. II Ziffer 3 UWG. erst mit dem 1. Jan. 1916; diese Deutschen können daher einen solchen Unterstützungswohnsitz frühestens am 1. Jan. 1917 erwerben.[151])

Die sachlichen Überleitungsgrundsätze des UWG. sind nicht minder schwierig und bestritten wie die später darzustellenden verfahrensrechtlichen Übergangsvorschriften hiezu.[152])

Im übrigen kann insbesondere wegen der Übernahme Hilfsbedürftiger im Zusammenhang mit dem Inkrafttreten des UWG. infolge Ausscheidens des § 7 FrZG. sowie des Gothaervertrages vom 15. Juli 1851 auf die einschlägigen Kommentare verwiesen werden; hier will nur hervorgehoben werden, daß nunmehr Übernahmeanträge, die sich auf den erwähnten Vertrag stützen, nicht mehr geltend gemacht

[150]) Regers Aufenthaltsgesetz, Bem. 7 zu Art. 6 S. 31; ebenso S. Bd. 37 S. 99 ff.

[151]) S. Bd. 37 S. 210; siehe auch Pöll, Anm. zu § 65 UWG.

[152]) Vgl. § 22 II, 2b der Darstellung.

werden können, erhobene Ansprüche auf Übernahme gegenstandlos geworden sind, ja sogar darauf fußende Übernahmezusagen nicht mehr erfüllt zu werden brauchen und selbst erst unter der Herrschaft des neuen Rechtes erledigte Ausführungen zurückgenommen werden müssen, dies alles im Vollzug des Grundsatzes von der sofortigen Geltung der Rechtsnormen nach ihrem Inkrafttreten.

Mit dem Grundsatz allein, daß Gesetze keine rückwirkende Kraft haben, ist daher in Ermangelung besonderer Überleitungsbestimmungen bei verwickelteren Gesetzen unmöglich auszukommen, wenn schon diese selbst so große Schwierigkeiten für die Auslegung bilden. Nur das eine stünde nach dem erwähnten Grundsatz fest, daß eine Heimatverleihung nach dem 1. Januar 1916 nicht mehr denkbar ist.

Auf den früheren abgeschlossenen Heimatsrechtserwerb, sei es durch streitlose Anerkennung des Anspruches seitens der verleihenden Gemeinde, sei es durch rechtskräftigen verwaltungsgerichtlichen Ausspruch, darf nur insoweit zurückgegriffen werden, als dieser Erwerb für den künftigen UW. maßgebend ist; demnach ist lediglich eine Würdigung der Heimatverhältnisse in den Entscheidungsgründen, niemals aber im Entscheidungssatz eines verwaltungsgerichtlichen Urteils mehr zulässig. Ausschließlich über Ersatzansprüche, die aus der Vorzeit hergeleitet werden, kann noch jetzt verwaltungsgerichtlich entschieden werden, ebenso über Anfechtungsklagen wegen erschlichener Heimatrechtsverleihung durch arglistige Täuschung usw., wenn sie nach Angabe der anfechtenden Gemeinde für die Heimatverleihung bestimmend gewesen sein sollen, nach dem Grundsatz, daß Gesetze nicht rückwirken und daher für solche Fälle die früheren sachlichen und formellen Bestimmungen anwendbar sind.[153]) Mit dem Inkrafttreten des UWG. gingen dann auch laufende armenrechtliche Unterstützungen auf den durch Umwandlung des Heimatrechtes in den UW. pflichtig gewordenen Ortsarmenverband des UW. über dergestalt, daß z. B. die endgültige Unterstützungspflicht des Aufenthaltsortes nach Art. 14 Abs. VI des früheren bayer. Armengesetzes von 1869 mit dem 1. Januar 1916 endete, wenn gleich die Hilfeleistung noch keine vollen 4 Wochen gedauert hatte.

Im Zusammenhang damit soll noch in Ergänzung obiger Ausführungen der erwähnte Überleitungsfall auf dem Gebiet des Aufenthaltsrechts wegen der verfahrensrechtlichen Auswirkung des sachlichen Rechts gestreift werden. Wer früher in einer bayerischen Gemeinde das Heimatrecht hatte, konnte weder aus armenpolizeilichen Gründen weggewiesen noch aus sicherheitspolizeilichen Gründen ausgewiesen werden. Dabei muß eine in der Übergangszeit gemäß Art. 6 Abs. II AufGes. (vgl. S. Bd. 37 S. 99 ff.) zurückgelegte einjährige Aufenthaltszeit auch noch nach dem Erlaß eines etwa angefochtenen Ausweisungsbeschlusses, also während des Schwebens eines Ausweisungsverfahrens berücksichtigt

[153]) Hiezu § 17 c der Darstellung (über Anfechtungen und Ersatzleistungen!).

werden, wenn nicht der Beschwerde die aufschiebende Wirkung versagt oder die Ausweisung rechtskräftig ausgesprochen wurde (S. Bd. 40 S. 101 ff.). In solchen Fällen des Erfolges der Beschwerde des Auszuweisenden auf Grund veränderter Sach- und Rechtslage müssen beim Mangel eines Gegners die Kosten des Beschwerdeverfahrens der Staatskasse überbürdet werden.

Durch die Annahme des UWG. wurde, wie schon erwähnt, auch eine besondere bayerische Rechtseinrichtung völlig beseitigt, ohne in irgend einer anderen Form wieder ihre Auferstehung zu feiern, nämlich das Verehelichungszeugnis. Nach dem Grundsatz der sofortigen Geltung der Rechtsnormen war daher die Ausstellung des Verehelichungszeugnisses nach dem 31. Dez. 1915 nicht nur nicht mehr zulässig, sondern auch nicht mehr möglich, weil den zur Ausstellung früher befugten Behörden die Zuständigkeit entzogen war: Noch nicht erledigte Anträge auf Ausstellung dieses Zeugnisses waren mit dem 1. Januar 1916 gegenstandslos geworden;[154]) alle Folgen, die an die Nichtausstellung des Verehelichungszeugnisses in der Vorzeit für die Heimatverhältnisse von Ehefrau und ehelichen Kindern geknüpft waren, sind mit dem Inkrafttreten des UWG. behoben; die Ehefrau sowie die ehelichen Kinder eines im rechtsrheinischen Bayern beheimateten Mannes teilen (§§ 15, 17 UWG.) seit 1. Jan. 1916 den UW. des Ehemannes (Vaters) selbst dann, wenn sie wegen Abschlusses der Ehe ohne distriktspolizeiliches Verehelichungszeugnisses das Heimatrecht ihres Mannes (Vaters) nicht geteilt und (für die Ehefrau!) vor dem 1. Jan. 1916 unter Verhältnissen gelebt haben, die an sich geeignet gewesen wären, die Ehefrau als „selbständig" in bezug auf den Erwerb und Verlust des UW. (§ 17) gelten zu lassen.[155])

Ähnliche Verhältnisse sind eingetreten mit der Einführung des politischen Gemeindebürgerrechts in Bayern, insofern nach Art. 2 SWG. das frühere Gemeindebürgerrecht, das nach der bayer. Gemeindeordnung (Art. 10 mit 21) ausschließlich durch Verleihung erworben werden konnte, zunächst seines äußerst wichtigen Inhaltes und Ausflusses, nämlich des Rechtes zur Teilnahme an den Gemeindewahlen entkleidet wurde, ohne daß im übrigen das Bürgerrecht aufgehoben worden wäre durch die Einführung des Gemeindewahlbürgertums.

Tatsächlich konnte auch bis zum Inkrafttreten der neuen bayer. Landesverfassung vom 14. August 1919 das Gemeindebürgerrecht (natürlich seines politischen Inhalts entkleidet) immer noch verliehen werden und wurde in vielen Städten tatsächlich verliehen. Erst § 11 der bayer. Landesverfassung hat dem bayerischen Staatsbürger[156]) in

---

[154]) Vgl. auch § 7 b Abs. 2 und § 15, insbes. Fußnote 151 der Darstellung.

[155]) S. Bd. 38 S. 138 ff. und die Entscheidung des gleichen Verwaltungsgerichtshofes vom 6. Oktober 1919 (BayGemVZ. 1919 S. 670 ff.).

[156]) Gemäß Art. 110 Abs. II RV. besitzt zwar ein nichtbayerischer Deutscher dieses Gemeindebürgerrecht nicht, wohl aber darf er die

der Gemeinde seines Wohnsitzes ein gesetzliches Gemeindebürgerrecht zuerkannt, wodurch der Verleihung der Rechtsboden entzogen wurde, während dem bayerischen Staatsbürger, der lediglich den Aufenthalt in der Gemeinde nahm, nur das politische Gemeindebürgerrecht (Wahlrecht und Wählbarkeit) zugesprochen wurde. Auch die Stellung des bevorrechtigten Gemeindebürgers (§ 11 Abs. III der bayer. Landesverfassung) blieb unangetastet (Art. 32 Abs. II/IV, 33 GO.).[157]) Damit erledigten sich noch nicht verbeschiedene — unstreitige wie streitbefangene — Ansprüche auf Verleihung des Gemeindebürgerrechts neuen Inhalts ohne weiteres. Sie wurden gegenstandslos, weil auch hier wie beim Wegfall des Verehelichungszeugnisses durch Erweiterung des persönlichen, bisher eingeengten Rechtskreises kraft Gesetzes eine Rechtsschranke beseitigt und ein gesetzlicher Erwerb eingeführt wurde. Dagegen für solche streitbefangene aus der Vorzeit herrührende schon erworbene und geltend gemachte Ansprüche auf Verleihung des Bürgerrechts alten Inhalts (mit Nutzungsberechtigung nach Art. 32 Abs. II/IV u. 33 GO.!) gelten im wesentlichen dieselben sachlichen und verfahrensrechtlichen Ausführungen über den Rechtswechsel, die für die schwebenden Anträge auf Verleihung des Heimatrechtes aufgestellt wurden, so daß sich ein weiteres Eingehen hierauf erübrigt. (Vgl. § 20 Abs. I der Darstellung, insbes. Fußnote 254 und namentlich § 19 Ziff. 4 in Verbindung mit Fußnote 252. Es ist sonach altes sachliches und formelles Recht anwendbar.

III. Schwebende Fälle und Anwartschaften, insbesondere aus dem Gebiet der Reichsversicherungsordnung.

Grundsätzlich ist jeder Versicherungsfall nach dem Recht zu erledigen, das zur Zeit seines Eintritts gilt (§ 211 RVO.).[157a]) Allein abgesehen von den vorher rechtskräftig festgestellten Ent-

---

im bayer. Staatsbürgerrecht enthaltenen Rechte ausüben, wenn er hier die in § 11 der bayerischen Landesverfassung aufgestellten Voraussetzungen erfüllt (vgl. Piloty. Bayer. Verfassungsurkunde, Anm. 6 zu § 6).

[157]) Vgl. § 19 Ziffer 3 und Fußnote 252. Über diese Streitfrage siehe Braunwart-Stössel, a. a. O. S. 9 und S. 104. — Rösch, Selbstverwaltungsgesetz, 2. Aufl. Anm. 2/3 zu Art. 2. Schon durch das Inkrafttreten des UWG. war für Bayern die Bestimmung in Art. 105 I des neuen Armengesetzes vorgesehen, wonach Ansprüche auf Verleihung des Bürgerrechts auf Grund der bisherigen Vorschriften, wenn sie vor dem Inkrafttreten dieses Gesetzes durch Erhebung der verwaltungsrechtlichen Klage anhängig gemacht waren, aufrecht erhalten bleiben (vgl. Böll a. a. O. S. 593, Anmerkung 1 zu Art. 105 ebenda).

[157a]) AN. 1917 Nr. 2242 und schon vor der RVO.: AN. 1891 Nr. 1072 S. 358 und AN. 1900 S. 684 Nr. 1813; dazu Blätter für Armenpflege 1922 S. 208/7: Die Höhe des Krankengelds z. B. richtet sich stets nach dem Verdienst bei Beginn der Krankheit, nicht nach jenem bei Eintritt der Arbeitsunfähigkeit. Nur Grundlohnänderungen kommen dem Versicherten, der durch Rechtswechsel jedenfalls nicht schlechter als bisher gestellt werden darf, nicht zu gut. Eine Ausnahme auch hievon machen die §§ 2 Abs. 2 der Verordnungen vom 9. Juni und 12. September 1922 (RGBl. I S. 498, 724). Nur auf den

schädigungen und Renten auf Grund der Bestimmungen der Unfall- und Invalidenversicherung, somit als abgeschlossen zu erachtenden und von der rückwirkenden Kraft der Gesetze nicht ergriffenen[158]) Fällen besteht auch hier die allgemein anerkannte Ausnahmebestimmung, daß zwar entstandene, jedoch zur Zeit des Gesetzeswechsels mangels Ablaufs der Unterstützungsfrist noch nicht vollbeglichene (= entschädigte), sogen. schwebende, d. h. in der Vorzeit eingetretene Fälle, wie z. B. bei Krankenversicherung und Wochenhilfe für die Zeit nach dem Stichtag nach dem neuen Recht behandelt werden müssen, wenn dies für die Bezieher der Leistungen günstiger ist.[159]) Als Regel gilt aber der Grundsatz, daß die neu eingeführte oder erhöhte Leistungspflicht eines Versicherungsträgers überhaupt nur dann beansprucht werden kann, wenn der Versicherungsfall in der Zeit nach dem Inkrafttreten der einschlägigen Gesetzesvorschrift liegt. War daher jemand in der Vorzeit nicht versicherungspflichtig, wird er es aber nach Maßgabe der Normenänderung, so besteht keine Entschädigungspflicht etwa für eine in der Vorzeit entstandene Krankheit, in der die Voraussetzungen für die Versicherungspflicht beim Erkrankten

---

Grundlohn selbst, der sich nach dem Arbeitsverdienst richtet, kommt es an, nicht aber auf die Bezeichnungsänderung der einzelnen Lohnstufen.

Über den Eintritt des Versicherungsfalls bei Gewährung der Beihilfe bei Schwangerschaftsbeschwerden, verschieden vom Versicherungsfall des Wochenbetts, im Fall eines Rechtswechsels (§ 205a RVO.): vgl. AN. 1917 S. 253 und Blätter für Armenpflege 1922 S. 205.

[158]) Stier-Somlo, Einwirkung S. 112ff.

[159]) So bestimmte schon § 193 JVG., daß Ansprüche auf Renten oder Beitragserstattungen, über die zur Zeit des Inkrafttretens dieses Gesetzes das Feststellungsverfahren noch schwebt — es mußte also der Anspruch vor dem Stichtag bei der zuständigen Behörde angemeldet, aber durfte nach Grund und Betrag noch nicht rechtskräftig entschieden sein — den Bestimmungen dieses Gesetzes unterliegen, wenn es für die Berechtigten günstiger ist. Die Nichtanwendung rechtfertigte einen Revisionsgrund. Ob allerdings das neue Recht im einzelnen Fall für die Berechtigten günstiger ist, muß durch Vergleichung der gesamten Rechtslage nach altem Recht einerseits und nach neuem Recht andererseits, nicht durch bloße Gegenüberstellung einzelner Vorschriften des früheren JAVG. und des neuen JVG. ermittelt werden (so die Auslegung in Rechtslehre und Rechtsprechung vgl. Rebenbacher JVG. Anmerkung 3 in § 193; ferner Appelius, Preuß. VerwaltungsBl. Bd. 21 S. 10ff., insbesondere die dort behandelten Fälle der Wiederaufnahme des Verfahrens. — Nach dem Reichsgesetz vom 23. Juli 1921 (RGBl. S. 984) ist § 1311 RVO. über das Ruhen der Rente mit Wirkung ab 1. Oktober 1921 weggefallen. Demnach kann nach AN. 1923 Nr. 2727 S. 23 eine Landesversicherungsanstalt das Ruhen der Rente für die Zeit bis zum 30. September 1921 aussprechen, da dieser Bescheid nur deklaratorische Bedeutung hat, nämlich die kraft Gesetzes ohne weiteres eingetretenen Folgen eines Ereignisses auf bereits festgestellte Renten klarstellt (vgl. AN. 1897 S. 275). — Nach den gleichen Gesetzen muß für den Fall der Geburt eines weiteren Kindes die bereits festgestellte Rente einschließlich des zu gewährenden erhöhten Kinderzuschusses neu festgesetzt werden; dabei müssen aber alle anspruchsbegründenden tatsächlichen Voraussetzungen unbedingt noch in die Herrschaft des Gesetzes fallen: „veränderter Anspruch durch Veränderung der Verhältnisse unter neuem Recht" (so AN. 1923 Nr. 2726 S. 22/3).

noch nicht vollendet waren. Ausnahmen kann nur das Gesetz anordnen.

Zu erwähnen ist hier noch § 9 Abs. II des Gesetzes über Versicherungspflicht, Versicherungsberechtigung und Grundlohn vom 28. Dez. 1921 (RGBl. 1922 S. 6/7). Danach haben in schwebenden Fällen die Kassenmitglieder vom Tag der Erhöhung des Grundlohns durch Beschluß des Kassenvorstands an Anspruch auf die hierdurch erhöhten Kassenleistungen.

Daher ist z. B. das Gesetz betreffend Wochenhilfe und Wochenfürsorge vom 29. Juli 1921 (RGBl. S. 1189 ff.) nach Art. B Abs. 2 mit dem Tag seiner Verkündung, das ist dem Tag der Ausgabe des RGBl. Nr. 85, also am 6. August 1921 in Kraft getreten nicht nur für Fälle der Gewährung von Wochenhilfe und Entbindungsfälle, die frühestens an diesem Tag eingetreten sind, sondern auch für noch nicht abgeschlossene, in das neue Gesetz hineinragende, bereits vorher eingetretene Entbindungsfälle, gleichgültig, ob sie schon bei der Kasse angemeldet waren oder nicht, ob die Wöchnerin bereits in den Genuß der Wochenhilfe gelangt war oder nicht.

Ebenso die Vollzugsbekanntmachung des bay. Staatsministeriums für Soziale Fürsorge v. 24. Aug. 1921 Nr. 1119 d 51 unt. VI (zu Art. 5 des Gesetzes), enthalten im Staatsanzeiger 1921 Nr. 199 und eine Nachtragsbekanntmachung desselben Ministeriums zum Vollzug des gleichen Gesetzes vom 1. Sept. 1921 Nr. 1119 d 52 (Staatsanzeiger Nr. 205) unter Bezugnahme auf einen beipflichtenden Erlaß des Reichsarbeitsministeriums. — In gleichem Sinn ist die Frage zu beantworten, ob nichtversicherte Wöchnerinnen, die vor der Gesetzesänderung zum Bezug von Wochenfürsorge überhaupt nicht genußberechtigt waren, weil sie außerhalb der Höchsteinkommensgrenze lagen, also früher nicht als Minderbemittelte galten, nunmehr infolge Erhöhung der Einkommenshöchstgrenze hiefür bezugsberechtigt sind, wenn sich der Entbindungsfall in der Vorzeit ereignet hat, und zwar auf den Rest der Bezugszeit. Diese Frage ist mit der gleichnamigen Bekanntmachung des bayer. Staatsministeriums für Soziale Fürsorge vom 29. Sept. 1921 Nr. 1119 d 56 (Staatsanzeiger Nr. 231), die auf einen Erlaß des Reichsarbeitsministeriums verweist, zutreffend bejaht worden. Ganz abgesehen davon, daß die „Wochenfürsorge“ losgelöst ist von der sog. „Wochenhilfe“, einer Leistung auf Grund eines Zwangsversicherungsverhältnisses, sich vielmehr als eine reine Fürsorgemaßnahme des Reichs darstellt, der Zeitpunkt der Entbindung demnach nicht als Eintritt des Versicherungsfalles anzusehen ist, gilt auch hier der Grundsatz von der sofortigen Herrschaft der Gesetze über schwebende Rechtsverhältnisse. Die M. B. fügt hiebei den bedeutungsvollen Regelsatz bei, auf den wiederholt in den vorigen Paragraphen hingewiesen wurde: „Der Umstand, daß sich in den Kriegsverordnungen sowie in den bisherigen Gesetzen über Wochenhilfe und Wochenfürsorge eine ausdrückliche Bestimmung über die Pflicht zu Leistungen in den Fällen der gedachten Art findet, steht dem nicht entgegen. Denn die Aufnahme einer solchen besonderen Vorschrift ist — soweit nicht Leistungen auf Grund eines Versicherungsverhältnisses in Frage standen — immer nur zur Vermeidung von Zweifeln in der Praxis erfolgt". Mit Recht wird hier betont, daß aus der gesetzlichen Erwähnung des sofortigen Inkrafttretens eines Gesetzes für schwebende Fälle nicht darauf geschlossen werden darf, daß ohne eine solche gesetzliche Bestimmung das Gegenteil anzunehmen wäre, wie überhaupt in der Rechtsanwendung der Grundsatz von dem sofortigen Inkrafttreten der Gesetze, soweit nur irgend möglich auf Grund des unterliegenden Tatbestandes, allgemein anerkannt ist. Das Reichsversicherungsamt hatte in seiner Entscheidung vom 20. Dezember 1921 einen anderen Standpunkt eingenommen (siehe BlfaPfl. 1922 S. 76 7), doch zu unrecht. Dieser oberstrichterlichen Auffassung ist dann das Reichsgesetz über Wochenhilfe und Wochenfürsorge vom 20. April 1922 (RGBl. S. 463) entgegengetreten. Es hat damit die in der Darstellung niedergelegte Anschauung anerkannt. Nach dem Stichtag werden für laufende Bezugsfälle die erhöhten Beträge geleistet. Wöchnerinnen, die vor dem Stichtag geboren haben, aber erst nach dem Stichtag infolge Erweiterung der sog. Minderbemitteltengrenze als minderbemittelt gelten, haben seit dem Stichtag für den Rest der Bezugszeit Anspruch auf die jeweils gesetzlichen Leistungen; ja § 3 des Gesetzes sorgt dafür, daß die neuen Bestimmungen auch in den streitbefangenen Fällen anzuwenden und rechtskräftig abgewiesene Ansprüche auf Antrag durch die Krankenkassen neu beschieden werden müssen. Vgl. die Min.-Bek. vom 7. Mai 1922 (Staatsanzeiger Nr. 107).

Gerade § 10 der Bekanntmachung vom 4. Dezember 1914 und § 22 jener vom 23. April 1915 liefern den Beweis dafür, daß hierin lediglich die Anerkennung einer allgemeinen Rechtsregel ausgedrückt ist, wonach spätere günstigere Gesetze schwebende Rechtsverhältnisse beherrschen. Freilich reicht dieser Grundsatz auch nicht weiter als auf Fälle, die von einem Recht zum andern hinübergreifen, ohne endgültig abgeschlossen zu sein. So wenig wie sich der nach einem früheren Zuchthausstrafe androhenden Strafgesetz rechtskräftig Verurteilte und diese Strafe Verbüßende während der Verbüßung Umwandlung der Zuchthausstrafe in Gefängnisstrafe unter Berufung darauf verlangen kann, daß ein nach der Rechtskraft des Urteils in Kraft getretenes, für denselben Tatbestand lediglich Gefängnisstrafe vorsehendes Strafgesetz in die Verbüßungszeit fällt, ferner so wenig ein Unfall- oder Invalidenrentenbezieher, der zur Zeit der Wirksamkeit eines neuen rentenerhöhenden Gesetzes schon rechtskräftig im Genuß einer Rente war, einen Anspruch auf Rentenerhöhung gerade auf das neue ihm günstigere Gesetz stützen kann, wenn ihm der Gesetzgeber rückwirkende Kraft dadurch versagt hat, daß er eine solche gesetzliche Bestimmung mit Rücksicht auf die geltende Rechtsregel der Nichtrückwirkung nicht vorgesehen hat, so wenig kann auch eine Wöchnerin oder ein Krankengeldempfänger, dessen Rechtsanspruch durch Ablauf der Genußzeit (z. B. 26 Wochen seit dem Versicherungsfall bei der Krankenversicherung) noch unter der Geltung des alten Gesetzes vollendet ist, erhöhtes Wochengeld oder erhöhtes Krankengeld von der Krankenkasse verlangen unter Hinweis auf ein neues Gesetz, das die Leistungen der Berechtigten erhöht hat; dies können beide selbst dann nicht, wenn sie diese Leistungen etwa infolge Gesetzesunkenntnis noch nicht geltend gemacht oder aus irgend einem Grund noch nicht erhalten haben z. B. deshalb, weil ein Rechtsstreit darüber schwebt. Tatsächlich wurden für abgeschlossene Unfall- und Invalidenrentenfälle bisher immer besondere Gesetze erlassen, in denen die alten Renten den neuen Sätzen angeglichen wurden.

Auch für Anwartschaften, die unter der Geltung eines früheren Gesetzes erworben waren, also einen vollendeten Rechtsanspruch zwar nicht in der Gegenwart, wohl aber für die Zukunft gewähren können, gilt der Grundsatz, daß solche Ansprüche aus Anwartschaften nach dem Recht zu beurteilen sind, das zur Zeit dieser Anspruchsentstehung gilt. So entsteht ein Anspruch auf Invalidenrente abgesehen von den übrigen Voraussetzungen, nämlich Zurücklegung der Wartezeit und Aufrechterhaltung der Anwartschaft, erst mit dem Eintritt der Invalidität, sog. „Versicherungsfall“, der die actio nata begründet. In einem früheren Zeitpunkt als vor diesem Ereignis ist er noch nicht erworben, wohl aber kann eine gesetzlich gewährleistete Anwartschaft, zu deren Feststellung in einem Einzelfall sogar ein Anwartschaftsbescheid nach der RVO. (z. B. § 1743 RVO. in der ursprünglichen, nunmehr gestrichenen Fassung) begehrt werden konnte, schon vor dem Eintritt des Versicherungsfalles vorliegen. Jedoch sind innerhalb der Beurteilung der Entstehungsmerkmale des Anspruchs (bei der Invalidenrente z. B. die Beitragsentrichtung sowie deren Höhe) möglicherweise Tatbestände auszuscheiden, die sich in der Vorzeit vollendet haben und einen Bestandteil der Anwartschaft darstellen. Für solche unter der Herrschaft des früheren Rechts abgeschlossene Rechtshandlungen (z. B. Beitragsentrichtung) und sonstige für die Entstehung und Beurteilung des Anspruchs erhebliche, ohne Zutun des gesetzlichen Anwärters eingetretene Tatsachen (z. B. Anrechnung von Militär- und Krankheitszeiten) ist selbstverständlich das frühere Recht maßgebend. Für derartige Fälle hat das bayer. Landesversicherungsamt[160]) in einem Einzelfall, in dem sich eine Anwartschaft auf einen vor dem Eintritt der RVO. entstandenen Tatbestand gründete, ausgesprochen,

[160]) Mitt. 1920 Nr. 179 S. 45, worin sich das Landesversicherungsamt zur Begründung seiner grundsätzlichen Anschauung, daß für einen erhobenen versicherungsrechtlichen „Anspruch“ selbst das neue, also nicht das zur Zeit seiner „Entstehung“ geltende Recht maßgebend ist, auf Erkenntnisse des Reichsversicherungsamtes AN. 1901 S. 195 Ziffer 876 und 1912 S. 1188 Ziffer 1657 beruft. Vgl. auch § 17e der Darstellung und das in Fußnote 198 erwähnte Erkenntnis des Reichsversicherungsamts.

daß das neue Gesetz in solchen Fällen nur dann anwendbar ist, wenn es sich ausdrücklich rückwirkende Kraft beilegt, oder wenn es sich aus seinen Vorschriften unzweideutig ergibt, daß es auch für die Vergangenheit Wirkung haben soll; diese Grundsätze, so wird weiter ausgeführt, gelten auch für die RVO.; das geht aus den Vorschriften in Art. 79 EGRVO. hervor. Daher können auf dem Gebiete der RVO. erworbene Rechte, besonders Anwartschaften durch eine Änderung der Gesetzgebung nicht ohne weiteres beeinträchtigt werden (AN. 1900 S. 406 Ziff. 792; 1915 S. 616 Ziff. 2063). Danach ist die Frage, wie viele Wochen von der Krankheitszeit der Klägerin anzurechnen sind, nach dem Recht des Invalidenversicherungsgesetzes vom 3. Juli 1899 zu entscheiden. Damit ist klar gestellt, daß eine Anwartschaft, die nach den Bestimmungen des alten Invalidenversicherungsgesetzes erhalten war, ihre Wirkung auch nicht unter den geänderten Bestimmungen der RVO. (§ 1236) verliert.

Diese Ausführungen gelten für alle Ansprüche, die aus Anwartschaften hergeleitet werden, aber auch für andere durch Rechtshandlungen oder gesetzliche Tatsachen erworbene Rechtsaussichten, die sich noch nicht zu einer förmlichen Anwartschaft verdichtet haben, wohl aber als deren Bestandteil eine Aussicht auf eine Anwartschaftsstellung abgeben und daher nur nach dem Recht zur Zeit der Tatbestandsvollendung zu würdigen sind. So z. B. läge der Fall vollständig gleich, wenn unter der Geltung der RVO. ein Rentenantrag gestellt würde, bei dem zu diesem Zeitpunkt die Wartezeit noch nicht zurückgelegt gewesen wäre. Auch hier müßte nach den Grundsätzen der früheren Gesetzgebung beurteilt werden, ob und wie viele Marken für den Zeitraum aus der Vorzeit geklebt werden mußten, ob und in welchem Umfang Krankheitswochen angerechnet werden können, wenn das neue Recht der RVO. andere, insbesondere ungünstigere Bestimmungen hierüber enthielte. Denn auch bei einer solchen Sach- und Rechtslage muß von einem „erworbenen Stück Recht" gesprochen werden. Ähnlich liegt der Fall, wenn ein aus der Pflichtversicherung ausgeschiedenes Kassenmitglied sich freiwillig weiter versichert, nach dem rechtsgültigen Ausscheiden aber die Kassensatzung bezüglich der Lohnstufe geändert wird. Seine Beitragspflicht ist mit dem Ausscheiden aus der Pflichtversicherung festgelegt, bemißt sich also nach dem der freiwilligen Weiterversicherung vorangegangenen versicherungspflichtigen Beschäftigungsverhältnis. Ein freiwillig Weiterversicherter wird also in der seinem beim Ausscheiden aus der Pflichtversicherung bestehenden Verdienst entsprechenden Lohnstufe, aber nach der jeweils geltenden Satzung eingereiht. Mit der Einführung der neuen satzungsgemäßen Lohnstufe sind jene der früheren Kassensatzung beseitigt.[161])

Nach all' dem muß als Grundsatz hervorgehoben werden, daß sich anerkannte oder rechtskräftig abgeschlossene Ansprüche aus Gesetzen

[161]) AN. 1921 S. 274 Nr. 2632.

und Verhältnissen des öffentlichen Rechtes mit Dauereigenschaft (z. B. Gehaltszahlungen aus dem Beamtenverhältnis, Leistungen der Versicherungsträger u. dgl.), also meistens *laufende vermögensrechtliche Leistungen* mangels einer Übergangsvorschrift[162]) immer nach dem alten Recht richten, selbst dann, wenn das neue für diese Bezieher günstiger wäre (also z. B. für Beamte im Ruhestand bei Erhöhung der Gehälter der im Dienst befindlichen Beamten). Jedenfalls aber gilt, wenn bei *nichtabgeschlossenen* Rechtsverhältnissen, etwa bei Kürzung des Krankengeldes, *während des Laufes der gesetzlichen Genußzeit* ein Rechtswechsel eintritt, der einen *Abbau solcher Leistungen* vorsieht, mit diesem Zeitpunkt *das neue*, wenn auch für den Bezieher *ungünstigere* Recht, weil niemand auf den Bestand von *laufenden* Leistungen aus einem unter dem *früheren* Recht *noch nicht vollzogenen* Tatbestand *gegen* den gesetzlichen Willen, wenn es Wortlaut und Zweck des Gesetzes verlangt, einen Rechtsanspruch hat. Auch für Fälle des objektiven Rechts ist diese Norm anwendbar; man denke nur an den Abbau der Erwerbslosenfürsorge, auf die kein Erwerbsloser einen Rechtsanspruch[163]) geltend machen kann, so wenig wie ein Hilfsbedürftiger auf Armenunterstützung.

IV. Der Wegfall des sog. Zweikammersystems in der Gemeindeverfassung.

Mit dem Inkrafttreten des bayer. Selbstverwaltungsgesetzes ist sowohl in Gemeinden mit städtischer Verfassung das sogen. Kollegium der Gemeindebevollmächtigten wie auch die Einrichtung der Gemeindeversammlung in Landgemeinden endgültig beseitigt worden. Hier haben sich in der Rechtsanwendung hauptsächlich Schwierigkeiten ergeben in Fällen, in denen wie bei Jagdverpachtungen (Art. 7 Abs. II des bayer. Jagdgesetzes mit Art. 145, 149 GO.) das Jagdergebnis der Genehmigung der Gemeindebevollmächtigten oder der Gemeindeversammlung bedurfte oder sonstige Rechtshandlungen der regelmäßigen gemeindlichen Verwaltungsorgane (Magistrat, Gemeindeausschuß) nicht ohne Genehmigung dieser als Gegengewicht gegen die ordentlichen Verwaltungsträger gedachten Einrichtungen rechtsgültig werden konnten.

Wurde z. B. früher übersehen oder infolge des Eintritts des Rechtswechsel nicht mehr möglich, daß der Jagdpachtvertrag der Gemeindeversammlung zur Genehmigung vorgelegt wurde, so wurde

---

[162]) So bestimmt z. B. Ziff. II, 4 der FinMB. vom 18. Mai 1922 (Staatsanzeiger Nr. 115) über die Gewährung weiterer Teuerungszuschläge an die Staatsbeamten usw.: „Sind Beamte im Dienst oder im Ruhestand in der Zeit vom 1. Februar bis 30. April 1922 gestorben, so ist der Berechnung des für *die nach* dem 30. April 1922 (= Tag des Inkrafttretens des Gesetzes!) treffenden Betrags des *Sterbegehalts der erhöhte* Teuerungszuschlag zugrunde zu legen."

[163]) S. Bd. 42 S. 16/7.

die Verpachtung rechtswirksam, wenn nach dem Rechtswechsel der Gemeinderat förmlich und beschlußmäßig, auch in der schlüssigen (= konkludenten) Form der Ausdehnung des Pachtvertrages auf einen anderen Mitpächter ohne ausdrücklichen neuen Vertragsabschluß den Bestand des Vertrages anerkannt (§§ 141 Abs. II, 185 Abs. II BGB.) oder wenn der versammelte beschlußfähige Gemeinderat selbst durch schlüssige Handlung etwa durch Annahme des aufgelegten Jagdpachtschillings den Schwebezustand beseitigt hatte. Keinesfalls aber genügt es, wenn der in Schwebe befindliche Pachtvertrag stillschweigend geduldet wurde, etwa dadurch, daß der Gemeinderechner den Pachtschilling annahm. Der Gemeinderat kann den Vertrag nur genehmigen oder ihm die Genehmigung versagen.[164]) Denn so wenig wie eine ungültige Polizeiverordnung durch den Rechtswechsel geheilt werden kann, so wenig kann auch z. B. ein Beschluß des früheren Gemeindeausschusses, der lediglich einen Vorschlag der Gemeindeversammlung zur Genehmigung zu unterbreiten hatte, von selbst zu einem rechtsgültigen genehmigenden Beschluß werden,[165]) es müßte denn sein, daß wie bei der Mieterschutzverordnung in der Fassung der Bekanntmachungen vom 22. Juni 1919 (RGBl. S. 591 und 11. Juli 1921 (RGBl. S. 933), § 5a solche rechtsungültige Handlungen usw. durch ein nachfolgendes Gesetz ausdrücklich als rechtswirksam bestätigt wurden.

V. Untergang staatlicher Hoheitsrechte.

Durch Art. 79 RV. ist die bayer. Militärhoheit für die Zukunft weggefallen, wenn man nicht den Standpunkt teilt, daß die bayerischen völkerrechtlichen (vertragsmäßigen) Sonderrechte (sogen. Reservatrechte), zu denen insbesondere die Militärhoheit gehörte, allein durch Reichsverfassung noch nicht beseitigt sind, weil kein gesetzlich berufenes bayerisches Staatsorgan seine Zustimmung zur Aufhebung dieser Rechte, die Bayern verfassungsmäßig gewährleistet war, erteilt hat.[166]) Jedenfalls ist Bayern die Ausübung seiner Militärhoheit verblieben — und zwar trotz des Rechtswechsels — zur Regelung von Heeresangelegenheiten, die unter der früheren Gesetzgebung abgeschlossen waren. So ist die bayerische Regierung immer noch zuständig zum Erlaß von Anordnungen über das Tragen der Uniform für die ehemals zum bayerischen Kontingent gehörigen Militärpersonen, für das militärische Ordenswesen, namentlich auch deren Rücklieferung u. dgl.

---

[164]) BayGemVZ. 1921 Sp. 18, 228/9 und 331.

[165]) W. Jellinek, Gesetz usw. S. 211: „Ganz sicher nützte der spätere Erlaß eines — selbstverständlich nur für die Zukunft — ermächtigenden Gesetzes der ungültigen VO. nichts."

[166]) Erich Jung, Aufsatz in der M.-A.-A. 1921 Nr. 373: „Die bayer. Reservatrechte und die Weimarer Verfassung"; ebenso Ernst Mayer, „Bayer. Sonderrechte", Aufsatz in der M.-A.-A. 1921 Nr. 409; und § 10 Ziff. 3 der Darstellung.

Besonders tritt diese Rechtslage in die Erscheinung, wenn Haftungsansprüche geltend gemacht werden wegen vorsätzlicher oder fahrlässiger pflichtwidriger Diensthandlungen von Personen des Soldatenstandes des früheren bayer. Heeres mit der Behauptnng, es wolle Ersatz für den hierdurch entstandenen Schaden beansprucht werden. Für solche Fälle unerlaubter Handlungen von bayer. Heeresangehörigen aus der Vorzeit ist das bayer. Gesetz vom 6. Dez. 1913 über Haftung des Staates für Angehörige des bayer. Heeres (GVBl. S. 911) auch seit dem Inkrafttreten der Reichsverfassung mit dem — wie erwähnt bestrittenen — Untergang der bayer. Militärhoheit, aber sicherlich mit dem Wegfall der einzelstaatlichen Militärverwaltungen, nämlich mit dem 14. August 1919 noch anwendbar, wobei selbstverständlich jetzt ebenfalls die Vorentscheidung des Verwaltungsgerichtshofes nach Art. 7 Abs. II VGG. erforderlich ist und der Ersatzanspruch sich gegen den bayer. Staat richtet.[167])

VI. Laufende Verjährungs- und Ersitzungsfristen.

Auch auf die Vorschriften über die Verjährung für öffentlich-rechtliche Rechtsansprüche (Art. 124 ff. AG. BGB.) ist für Übergangsfälle (Art. 127 ebenda) das neue Recht anwendbar nach Maßgabe der Bestimmungen in Art. 169 EG. BGB. Denn aus einer begonnenen Verjährung kann einerseits kein erworbener Rechtsanspruch auf deren Vollendung abgeleitet, andererseits kein erworbenes Recht auf Nichtverlust eines Rechtsanspruchs oder einer Klage durch Versäumnis der rechtzeitigen Geltendmachung anerkannt werden kann. Zutreffend führt daher Gierke[168]) aus, daß bei Neueinführung von Unverjährbarkeit oder Verjährbarkeit im ersteren Fall jede noch nicht vollendete Verjährung zu laufen aufhöre, während im zweiten Fall auch bei früher begründeten (= erworbenen) Rechtsverhältnissen eine Verjährung zu laufen beginne. Das steht jedenfalls ebenso fest, daß bereits vollendete Verjährungen und Ersitzungen als erworbene unabänderliche Rechtsstellungen aufrecht erhalten bleiben, es müßte denn sein, daß die bereits ersessene oder durch Verjährung dem Rechtskreis einer Person vollzugewachsene Rechtsstellung kraft Gesetzes mit rückwirkender Kraft vernichtet werden sollte.

Für schwebende Verjährungsfristen will namentlich hervorgehoben werden, daß sich z. B. bei der Verjährung öffentlich-rechtlicher Gefälle des Staates und der Gemeinde der Beginn des Fristenlaufes (in der Regel der Zeitpunkt der ziffernmäßigen Berechenbarkeit (Art. 124

---

[167]) Vgl. ungedruckte Entscheidung des bayer. Verwaltungsgerichtshofes vom 27. April 1921 Nr. 40 I/19 (Vorentscheidungsantrag gegen einen nachrevolutionären Militärminister betr.) S. 4 und BayGemVZ. 1921 S. 298/9. Jetzt veröffentlicht in S. Bd. 42 S. 63 ff. Über die Streitfrage, ob Art. 7 II des bay. VGG. im Hinblick auf Art. 131 Abs. 1 Satz 3 RV. noch zu Recht besteht, vgl. Strecker in BayGemVZ. 1923 Sp. 465 ff.

[168]) a. a. O. S. 207/8; Art. 185 und 189 II EGBGB.; Motive zum Entwurf des EG. S. 254.

AG. BGB.) der öffentlich-rechtlichen Forderung), dann die Hemmung und Unterbrechung der schwebenden Verjährung, wenn sich der diesen Rechtseinrichtungen zugrunde liegende und sie auslösende Tatbestand in der Vorzeit ereignet hat, noch nach dem alten Recht bestimmt und nicht nach den neuen gleichartigen Vorschriften; denn auch hier hat sich der, zu dessen Gunsten diese Rechtseinrichtungen vorgesehen sind, aus dem Ablauf vollendeter Tatsachen eine unentziehbare Rechtsstellung errungen, die nur der Gesetzgeber auslöschen könnte. Ferner bemißt sich das Maß der Rechtsfolgen, das sich an eine „perfekte" Verjährung knüpft, nach dem alten Recht im Zeitpunkt der Vollendung der Verjährung, namentlich ob lediglich eine Einrede gegen die Forderung aus der abgelaufenen Verjährung hergeleitet werden darf, ein Leistungsverweigerungsrecht, oder ob damit ein Erlöschen der Forderung verbunden ist.

Ähnlich gestaltet sich die Rechtslage bei sogen. Ausschlußfristen, soweit solche im öffentlichen Recht vorkommen.

VII. Die Wirkungen einer amtlichen Gesetzesauslegung[169] (sogen. authentische Interpretation oder Deklaration) und der Erkenntnisse der Staatsgerichtshöfe.

1. Nach § 74 der bayer. Landesverfassung können alle für die Einwohner des Staates verbindlichen Rechtsvorschriften, die die Freiheit der Person oder das Vermögen betreffen, nur im Wege der Gesetzgebung verbindlich erläutert werden. Im Verhältnis zwischen Reichsrecht und Landesrecht bestimmt Art. 13 Abs. II RV., daß bei Zweifeln oder Meinungsverschiedenheiten darüber, ob eine landesrechtliche Vorschrift mit dem Reichsrecht vereinbar ist, die zuständige Reichs- oder Landeszentralbehörde nach näherer Vorschrift eines Reichsgesetzes die Entscheidung eines obersten Gerichtshofes anrufen kann. Hiezu erging das Ausführungsgesetz vom 8. April 1920 (RGBl. S. 510/11), wonach zur Entscheidung das Reichsgericht zuständig ist. Nach § 3 daselbst hat die Entscheidung dieses Gerichtshofes Gesetzeskraft (vgl. Strecker, BayGemVZ. 1923 Sp. 467 ff.).

Für beide Fälle entsteht nun die Frage, welche Wirkungen solchen amtlichen Gesetzesauslegungen, sei es formeller oder sachlicher Rechtsnormen zukommen, mögen solche Gesetze inhaltlich auch mehr Neuerungen als Erläuterungen sein. Aus der Zeit vor dem neuen Verfassungsrecht ist insbesondere für Bayern der hieher einschlägige Fall der „Kgl. Deklaration" vom 15. Juni 1898 (GVBl. S. 294), betreffend die Wahrung der Beschwerdefrist in Verwaltungsrechtssachen von Belang. Danach sollte eine Beschwerde, wenn sie nur fristgemäß bei irgendeiner zur Entscheidung der Streitsache berufenen Instan-

[169]) Vgl. § 2 III b auf S. 19.

ziellen Behörde einläuft, die Rechtsmittelfrist wahren, auch wenn die Stelle, bei der die Beschwerde eingereicht wurde, nicht die vorgeschriebene Beschwerdeeinlegungsbehörde war, sondern eine „unrichtige" Instanz.

Im Gegensatz zu § 14 der Einleitung zum allgemeinen preußischen Landrecht (ALR.), der lautet: „Die von Seiten des Gesetzgebers nötig befundene und gehörig publizierte Erklärung eines älteren Gesetzes aber gibt in allen noch zu entscheidenden Rechtsfällen den Ausschlag" sowie der ähnlich lautenden Vorschrift in Bayer. LR. I c 1 § 8 besteht reichsrechtlich keine gleichartige Bestimmung. Dieser § 14 sagt eigentlich Selbstverständliches; er wiederholt die allgemeine Rechtsregel, daß Gesetz und Gesetzesauslegungen nur für die Zukunft Rechtswirksamkeit haben kraft ausgesprochenen Willens des Gesetzgebers. So wie § 14 lautet, soll er auch nur auf schwebende Rechtsstreitigkeiten (= „zu entscheidende Rechtsfälle") anwendbar sein. Deshalb muß der erläuternde Rechtssatz, der ja eigentlich schon vorher bestanden hat und den Sinn des bestehenden Rechtssatzes lediglich einwandfrei und für Rechtsanwendung und Rechtsuchende klarstellen soll mit der Wirkung absoluter Beachtung, als Bestandteil des ursprünglichen, erläuterten Rechtssatzes angesehen werden und mit Wirkung ex tunc, aber erst nach rechtsförmlicher Verkündung, dessen rechtliche Bedeutung teilen. Es handelt sich nicht um neues, sondern richtig verstandenes altes Recht. Die erläuternden Rechtssätze treffen somit eine Feststellung mit Bezug auf die Vergangenheit, nicht auf die Zukunft. Daraus folgt, daß der Richter in einem schwebenden Rechtsstreit in jeder Lage des Verfahrens die erläuternde Rechtsnorm anwenden muß.[170]) Es gelten hiefür die gleichen Grundsätze, die später für Fall des verfahrensrechtlichen Rechtswechsels noch erörtert werden, in gleicher Weise und in demselben Umfang auch hier. Vorher abgeschlossene Rechtsstreitigkeiten (sog. causae finitae) sind dagegen durch die formelle und sachliche Rechtskraft gedeckt; sie können durch die amtliche Auslegung nach der Rechtskraft nicht mehr in ihrem Bestand und Umfang irgendwie berührt werden, wenn nicht der Gesetzgeber, wie in einem ähnlichen Fall (siehe § 10, Ziffer 4 der Darstellung) aus der jüngsten Zeit geschehen, dem Umschwung in der Gesetzgebung und amtlichen Gesetzesauslegung auch einen zerstörenden Einfluß auf rechtskräftig entschiedene Streitigkeiten, meist verbunden mit einer Art in integrum restitutio einräumen will. Denn auch erläuternde Gesetze bedürfen zur Ermöglichung der Anwendung der Verkündung. Eher können sie nicht in Kraft treten. Auch Fälle, die auf gütlichem Weg z. B. durch Vergleich bereits vollständig erledigt sind, werden von der Bestimmung des auslegenden Rechtssatzes nicht mehr ergriffen (Wind-

[170]) Jebens a. a. O. S. 276 Ziffer 3 nnd die dort erwähnten Beispiele; Gierke a. a. O. S. 190/1 und die dort in Fußnote 24 enthaltenen Nachweise für das bürgerliche Recht, ferner Fußnote 27): Anwendbarkeit auch gegen ein gefälltes Urteil im laufenden Rechtszug!

scheid, a. a. O. § 33 S. 80); denn es ist „höchst unwahrscheinlich, daß der Gesetzgeber vollständig abgetane Rechtsverhältnisse wieder aus ihrem Grabe habe hervorrufen wollen". Auch wenn sich ein Rechtssatz ausdrücklich rückwirkende Kraft beigelegt hat, versteht sich ja nicht von selbst, daß er sich auf die erledigten Fälle erstreckt.

Von den Auslegungsgesetzen[171]) verschieden sind die sogen. Erweiterungsgesetze; so stellt z. B. Art. 14 Abs. II FürsEG. eine Erweiterung zu Art. 45 VGG. dar. Solche Erweiterungsgesetze bestimmen meist, daß bestimmte Arten von Rechtsstreitigkeiten im Rahmen eines bestehenden verfahrensrechtlichen Gesetzes, seltener eines sachlichen Gesetzes zu erledigen sind. Ein solches Erweiterungsgesetz ist als lex posterior anzusehen und könnte daher als Gesetz von einem früheren Gesetz, hier z. B. von Art. 45 VGG. abweichen; keinesfalls aber vermöchte dies eine Erweiterungsverordnung, noch viel weniger eine Vollzugsbekanntmachung. Nach dem bayerischen Gesetz vom 13. Juni 1910 (GVBl. S. 287) Art. 1 konnte in einem solchen Fall die Staatsregierung nur wählen, ob sie für neue Gattungen von Rechtsangelegenheiten entweder das Verfahren in Verwaltungsrechtssachen (Art. 16—44 VGG.) oder jenes in Verwaltungsstreitsachen (Art. 45), jedoch in beiden Fällen ohne jede Aenderung bestimmen will.[172]) Hat ein Erweiterungsgesetz gegenüber früher etwas anderes angeordnet, so werden Streitsachen, die nach dem bisherigen Hauptgesetz zu behandeln waren, sofort mit der Anwendbarkeit des Erweiterungsgesetzes dessen Normen nach jeder Richtung hin unterstellt, soweit noch nicht Rechtskraft eingetreten ist.

2. Welche Rechtswirkung hat aber der Spruch des Reichsgerichtshofes nach Art. 13 II RV. nicht nur für laufende Rechtsstreitigkeiten, sondern auch für etwaige als unstimmig mit dem Reichsrecht erkannte landesrechtliche Normen?

Soweit laufende Rechtsstreitigkeiten betroffen werden, gelten die gleichen Ausführungen wie für die gesetzliche oder verordnungsmäßige, also amtliche Auslegung nach Maßgabe der vorstehenden Ausführungen. Im übrigen aber, ebenso bei der Feststellung eines Zwiespaltes zwischen Reichs- und Landesrecht muß die Rechtslage so angesehen werden, als ob das Landesgesetz, wie dies auch wirklich der Fall ist, schon von Beginn des Zusammenstoßes an mit dem Reichsrecht im Widerspruch stand, also von vornherein rechtsungültig war nach dem Grundsatz des Art. 13 Abs. I RV. Demnach müssen auch die Folgen des Wahrspruchs des Staatsgerichtshofes zurück-

---

[171]) Und auch von Gesetzesergänzungen; z. B. kommt gesetzesergänzende Bedeutung zu der bayer. Wahlordnung für die Gemeinde-, Bezirks- und Kreiswahlen vom 15. April 1919 nebst VollzBek. hiezu vom 22. April 1919, die auf Grund gesetzlicher Ermächtigung (Art. 12 I des Wahlgesetzes für diese Wahlen) erlassen wurde (Entsch. des bayer. VGH. Nr. 21/21 vom 9. März 1921 in der BayGemVZ. 1921 Sp. 691/2).

[172]) Einen lehrreichen Fall bei Dyroff, VGG. S. 699, Anm. 11 Abs. 2.

bezogen werden auf den Zeitpunkt des Inkrafttretens der Reichsverfassung, weil ja Reichsrecht nicht beachtet wurde. Hieraus ergibt sich, daß derartige Erkenntnisse des deutschen Staatsgerichtshofes auf das beanstandete Landesgesetz rückwirkende Kraft — allerdings ebenfalls nur scheinbar! — äußern und zwar auf den Geltungstermin der betroffenen landesrechtlichen Vorschrift, sofern sie nach der Anwendbarkeit der Reichsverfassung erlassen wurde. Deshalb können z. B. im Vollzug der Entscheidung des Reichsgerichtes nach Art. 13 Abs. II RV. — in Sachen der Verehelichung der bayer. Lehrerinnen (Art. 151 Abs. II) und 153 Abs. I des bayer. Volksschullehrergesetzes — vom 10. Mai 1921 (RGBl. S. 735 und BayGemVZ. 1921 S. 464 ff., woselbst die Begründung abgedruckt ist) in Bayern alle seit dem 14. August 1919 (dem Tag des Inkrafttretens des bayer. Lehrergesetzes und zugleich der Reichsverfassung) infolge Verehelichung aus dem Dienst ausgeschiedenen Lehrerinnen (und zutreffendenfalls anderen weiblichen Staats- und Gemeindebeamten) Antrag auf Wiederverwendung stellen; waren sie schon unwiderruflich, so tritt ein Anstellungszwang in Gestalt eines Wiederverwendungszwangs für den Staat oder sonst die Anstellungsgemeinde ein. Die seit dem unfreiwilligen Ausscheiden verflossene Zeit muß auf das Besoldungsdienstalter angerechnet werden; andererseits müssen Abfindungen u. dgl. dem Staat oder je nachdem der Gemeinde erstattet werden, kurzum: die Beteiligten müssen untereinander die Rechtslage wieder herstellen, wie sie war in dem Zeitpunkt, von dem an die beanstandete landesrechtliche Bestimmung infolge Eintritt eines bestimmten Tatbestandes anwendbar wurde.[178])

3. Im Gegensatz zum Reichsrecht, ist in der bayer. Verfassung (§ 93) ein Gerichtshof zur Feststellung von Verfassungsverletzungen durch Behörden eingesetzt. Dieser hat nach § 2 Ziffer 2 und § 47 Abs. II des Gesetzes über den Staatsgerichtshof vom 11. Juni 1920 (GVBl. S. 323 ff.) gegenüber rechtskräftigen Erkenntnissen oder nach erfolgloser Erschöpfung des Verwaltungsabhilfeweges beim zuständigen Ministerium in seinem Beschluß festzustellen (also eine Art Kassationshof!), welche Verfassungsbestimmung verletzt wurde, durch welche behördliche Tätigkeit die Verletzung erfolgt ist und welches Recht des Beschwerdeführers geschädigt wurde, wobei der Vollzug des Wahrspruches dem zuständigen Ministerium obliegt. Seine Entscheidungen sind daher nicht als allgemein verbindliche amtliche Auslegung von Verfassungsbestimmungen zu erachten, da sie sich ja nur auf Einzelfälle beziehen; sie hat daher, abgesehen von ihrer unbedingten Wirkung im Einzelfall der Anrufung, für die Zukunft auch nur insoweit und insolange Bestand, als nicht die Gesetzgebungskörper, die zur allgemeinen Erläuterung der Verfassungsvorschriften (§ 73 der bayer. Verfassungsurkunde) berufen sind, von dieser Zuständigkeit in einem dem Erkenntnis entgegengesetzten Sinn Gebrauch machen, sofern im Erkenntnis dieses Gerichtshofes

---

[178]) KMB. vom 26. Juli 1921 Nr. 29758 (Staatsanzeiger Nr. 129).

Rechtssätze ermittelt werden sollten mit der Fähigkeit, Gewohnheitsrecht zu werden.

Wenngleich mit Rücksicht darauf den Erkenntnissen des bayer. Staatsgerichtshofes keine Gesetzeskraft beigemessen ist, so erstrecken sich doch im Hinblick auf die in Ziffer 1 a. E. aufgeführten Gründe die Wirkungen eines erläuternden Gesetzes nicht auf Rechtsangelegenheiten, die im Vollzug eines Spruchs des Staatsgerichtshofes dementsprechend bereits erledigt wurden, also vor dem Inkrafttreten des erläuternden Gesetzes, demnach keineswegs vor seiner Verkündung, endgültig abgeschlossen waren durch das Eingreifen des zuständigen Staatsministeriums. Doch kann in einem solchen Auslegungsgesetz auch bestimmt werden, daß ihm Rückwirkung zukommen solle mit der Folge, daß ein einzelnes Erkenntnis des Staatsgerichtshofes, ergangen zum ausgelegten Gesetz, aufgehoben und in seinen Folgen, somit auch unter Beseitigung der Rechtshandlungen des zuständigen zum Vollzug berufenen Staatsministeriums vernichtet werden soll (vgl. die hierher einschlägigen Ausführungen in § 2 Abs. II der Darstellung). Auch vor einem Erkenntnis des Staatsgerichtshofes macht das Gesetz nicht Halt, so wenig wie vor einem anderen rechtskräftigen, selbst höchstrichterlichen Spruch.

IV. Abschnitt.

Sondergebiete.

§ 13. Die Einwirkung des Rechtswechsels auf behördliche Anordnungen, erlassen auf Grund aufgehobener Rechtsnormen.

Diese Frage wird noch für den Fall des Zuständigkeitswechsels in § 17 der Darstellung gelegentlich der Beurteilung der Rechtskraftswirkungen von Erkenntnissen auf Grund beseitigter Rechtsverhältnisse oder einzelner Ansprüche daraus gestreift werden; denn auch hier ist das Verfahrensrecht unzertrennlich verkettet mit dem zugrunde liegenden sachlichen Rechtsverhältnis.

In der neuen RV. sind in Art. 178 im letzten Abschnitt mit der Überschrift: „Übergangs- und Schlußbestimmungen" Vorschriften insoweit getroffen, als es sich um die Wirkungen der Aufhebung der früheren Reichsverfassung, ferner des Reichsgesetzes über die vorläufige Reichsgewalt, dann um die übrigen Gesetze und Verordnungen des Reiches handelt, soweit diesen früheren Rechtsvorschriften im einzelnen Fall die neue Reichsverfassung entgegensteht. Art. 178 Abs. III bestimmt: „Anordnungen der Behörden, die auf Grund der bisherigen — zu ergänzen: nunmehr aber, also für die Zukunft gemäß Abs. I und II daselbst aufgehobenen reichsrechtlichen und ebenda mit reichsrechtlicher Ermächtigung darauf gestützten landesrechtlichen — Gesetze in rechtsgültiger Weise getroffen waren, behalten ihre Gültigkeit bis zur Aufhebung im Wege anderweiter Anordnung oder Gesetzgebung."

Hiebei soll als selbstverständlich bemerkt werden, daß die weitere Frage, inwieweit landesrechtliche, nicht auf reichsgesetzlicher Grundlage fußende Rechtsnormen infolge Widerspruchs mit Bestimmungen der neuen Reichsverfassung ganz oder teilweise aufgehoben wurden, nach Maßgabe der Grundsätze über den Gesetzesvorrang (Art. 13 Abs. I RV.) zu entscheiden ist und daher für diese Darstellung ausscheidet.

Die Bestimmung in Art. 178 Abs. III ist zur Förderung der Rechtssicherheit in die Verfassung aufgenommen worden und zwar wesentlich aus Zweckmäßigkeitsgründen, damit diese Grundsätze nicht erst im Weg der Auslegung ermittelt werden müssen. Damit ist klargestellt, daß in Art. 178 Abs. III eine allgemein anerkannte Rechtsregel verfassungsmäßig niedergelegt werden wollte. Auf Grund aufgehobener, weil der neuen Verfassung widerstreitender reichsrechtlicher Normen können demgemäß künftig keine behördlichen Verfügungen mehr erlassen werden. Die Gewährleistung der fortdauernden Geltung von behördlichen Anordnungen hat hauptsächlich Bedeutung für die Bundesratsverordnungen, kaiserlichen Verordnungen, Reichskanzlerbekanntmachungen, einzelstaatlichen mit reichsrechtlicher Ermächtigung ergangenen Ministerialbekanntmachungen usw., die in der Vorzeit rechtsgültig erlassen wurden, wenn auch jetzt die Einrichtung des Bundesrats sowie des Kaisertums aufgehoben und die Stellung des Reichskanzlers wesentlich umgestaltet wurde. Aber auch die Verfügungen der nachgeordneten Reichs- und Landesbehörden, die einmal rechtsförmlich unmittelbar oder mittelbar auf Grund solcher aufgehobener reichsrechtlicher Bestimmungen ergangen sind, behalten ihre fortdauernde Wirksamkeit. Der zuständigen Behörde ist namentlich für den Fall der Einzelverfügung — vorbehaltlich erworbener Rechtsstellungen im einzelnen — die Befugnis zuerkannt, solche Anordnungen „aufzuheben", aber nicht die Zuständigkeit eingeräumt, sie entsprechend „abzuändern", ohne sie vollständig zu beseitigen.

Nach dem ganzen Zusammenhang ist die Vorschrift in Art. 178 Abs. III untrennbar von beiden vorausgegangenen Absätzen und bezweckt offenbar, nur Anordnungen zu decken, die in einer reichsrechtlichen, nunmehr aufgehobenen Bestimmung ihren Grund haben.[174]) Aber nicht ist damit unmittelbar ausgesprochen, daß auch Anordnungen der Landesbehörden, die nach Maßgabe früher rein landesrechtlicher, aber nunmehr aufgehobener Gesetze gültig erlassen waren und deren Fortbestand damit sichergestellt werden soll, berührt werden. Denn eine solche Vorschrift gehört überhaupt nicht in die Reichsverfassung, sondern wäre im Rahmen der Landesverfassungen zu treffen. A. M. ist anscheinend Bayern.[175]) Für das

---

[174]) Vgl. Hausmann, Reichsverfassungsurkunde S. LIII.

[175]) InnME. vom 15. Oktober 1919 Nr. 2004 k/13 betr. Einschreiten mit Hilfe der bewaffneten Macht. Darin wird gefolgert, daß gemäß Art. 178 III RV., weil das im Art. 48 V ebenda in Aussicht gestellte Reichsgesetz noch nicht erschienen sei, für den Fall der Notwendigkeit des Aufgebotes bewaffneter Macht

bayer. Landesrecht hat die bayer. Landesverfassung in § 94 unter dem 11. Abschnitt mit der Überschrift: „Schluß- und Übergangsbestimmungen" eine ähnliche Überleitungsbestimmung getroffen. Danach behalten alle Gesetze[176]), die vor dem 7. Nov. 1918 in Bayern in Geltung standen, ihre Gültigkeit, sofern sie nicht mit Bestimmungen dieser Verfassung oder mit den durch das Übergangsgesetz vom 28. März 1919 (GVBl. S. 119) bestätigten Anordnungen der provisorischen Regierung in Widerspruch stehen und in dem durch diese Verfassung geregelten Wege der Gesetzgebung aufgehoben oder abgeändert werden.[177]) Eine dem Art. 178 Abs. III RV. entsprechende Bestimmung ist in die bayer. Verfassungsurkunde nicht aufgenommen worden. Nach dem oben Ausgeführten gilt aber der darin ausgesprochene Grundsatz für das Landesrecht sinngemäß gleichförmig als allgemeiner unbestrittener Grundsatz. Es bestand daher mit Rücksicht auf diese Vorschrift der RV. um so weniger Anlaß, sie auch der bayer. Verfassungsurkunde einzuverleiben. „Perfekte" Rechtsverhältnisse sollen nach der Rechtsregel, daß sich Rechtsnormen gewöhnlich keine rückwirkende Kraft beilegen, geschont und aufrecht erhalten werden, damit den Zwecken und Bedürfnissen der Rechtsordnung sowie der Rechtsgemeinschaftsgenossen Rechnung getragen wird. Es müßte sich sonst ein unheimliches Chaos verbunden mit einer staatsauflösenden Rechtsverwirrung einstellen.

Welche Behörden zur „Aufhebung im Wege anderweiter Anordnung oder Gesetzgebung" an Stelle beseitigter Behörden berufen sind, ist im Art. 179 RV. festgelegt, der die Zuständigkeitsverhältnisse für solche Fälle jedoch nicht erschöpfend regelt, wie aus dem Wort „insbesondere" hervorgeht.

Um nun Beispiele zu diesen Ausführungen zu geben, sind z. B. rechtskräftige Erkenntnisse der verwaltungsgerichtlichen Behörden über verfassungsmäßige Hausandacht (Art. 10 Ziff. 16 VGG.) soweit noch mit der sachlichen Rechtskraftwirkung für die Zukunft ausgestattet, als die Entscheidung für die Vergangenheit einen Rechtsgrund abgibt etwa zur Beitreibung der Streitskosten. Für die Zukunft gilt § 18 I der bayer. Landesverfassung, die die Hausandacht innerhalb der Schranken der für alle geltenden Gesetze freigibt. Ein besonders bekannter Fall der Beibehaltung einer behördlichen Anordnung ist der Fortbestand der sog. „Volksgerichte" in Bayern, die seinerzeit vor der Verkündung der Reichsverfassung durch das am 1. August 1919 in Kraft getretene bayer. Landesgesetz vom

---

bis auf weiteres nach den Vollzugsbestimmungen zum Gesetz vom 4. Mai 1851 über das Einschreiten der bewaffneten Macht zur Erhaltung der gesetzlichen Ordnung (GBl. S. 9) zu verfahren sei. Diese Auffassung ist kaum vereinbar mit Art. 13 I RV., der doch ausschließlich das Verhältnis zwischen Reichs- und Landesrecht regelt (vgl. Arndt, Anm. 5 zu Art. 178 VR.).

[176]) Auch Verfassungsgesetze: Vgl. Piloty, Bayer. Verfassungsurkunde, Anm. 1 zu § 94 S. 196.

[177]) Näheres bei Piloty, ebenda, Anm. 3 zu § 94.

12. Juli 1919 (GVBl. S. 365 ff.) errichtet wurden.[177a]) Ferner die etwaigen landesrechtlich eingesetzten Beamtenvertretungen (Beamtenausschüsse usw.), solange keine reichsrechtliche Regelung erging (Art. 130 III RV.); weiter um ein Beispiel aus reichsrechtlicher Grundlage zu entnehmen, blieben die gemäß der RVO. vom 7. November 1918 (RGBl. S. 1292/3) durch die Landeszentralbehörden ins Leben gerufene Arbeiter- und Angestelltenausschüsse entsprechend der bayer. VO. vom 22. April 1919 (GVBl. S. 421 ff.), betr. Errichtung von Betriebsräten, bestehen, bis das nach Art. 165 II RV. in Aussicht gestellte Reichsgesetz über Betriebsräte vom 4. Februar 1920 (RGBl. S. 147 ff.) in Kraft getreten war.

In diesem Zusammenhang gehört auch noch die Erscheinung behandelt, daß behördliche Verfügungen, die durch gerichtlichen Ausspruch für rechtsunwirksam erklärt wurden, weil sie nach Ansicht des Gerichtes auf die von der Verwaltungsbehörde angezogene Rechtsnorm wegen deren Ungültigkeit, namentlich wegen angeblichen Verstoßes der unterliegenden Rechtsnorm gegen höheres (z. B. Verfassungs-)Recht nicht gestützt werden konnten, durch besondere Gesetze *mit rückwirkender Kraft als zu Recht bestehend* erklärt wurden, wobei gleichzeitig die Rechtswirksamkeit der angefochtenen Rechtsnorm, auf die sich die behördliche Anordnung stützte, gesetzlich ausgesprochen wurde. So ist eine solche gesetzgeberische Maßnahme vorgesehen in Art. III des Reichsgesetzes vom 11. Mai 1920 über Maßnahmen gegen Wohnungsmangel (RGBl. S. 949 ff.), wonach die auf Grund der — vor Inkrafttreten der neuen Reichsverfassung — erlassenen Bekanntmachung über Maßnahmen gegen Wohnungsmangel und zum Schutz der Mieter bisher getroffenen *Anordnungen und Maßnahmen* in Kraft bleiben; dabei werden selbstverständlich die Befugnisse der obersten Landesbehörden aufrecht erhalten, die von ihnen an die Unterbehörden erteilten Ermächtigungen zurückzunehmen und die Gemeindebehörden zur Aufhebung der von ihnen auf Grund der Ermächtigung getroffenen Anordnungen und Maßnahmen anzuhalten; denn es sollte doch nur die Einmischung der Gerichte ausgeschlossen werden. Dieser Vorbehalt war daher durchaus nicht überflüssig. Auf Grund des Reichsgesetzes vom 11. Mai 1920 wurden alle Bedenken gegen die rechtliche Zulässigkeit der erwähnten Anordnungen und Maßnahmen beseitigt. Damit wurden implicite auch die bisher getroffenen Anordnungen und Maßnahmen der einschlägigen Art in ihrer Rechtsgültigkeit bestätigt, mag man nun annehmen, daß die früher beanstandeten Vorschriften, die solchen Maßnahmen zugrunde lagen, entweder ausdrücklich mit rückwirkender Kraft von ungültigen oder mindestens angefochtenen zu rechtswirksamen Vorschriften erhoben wurden oder ein etwaiger Schwebezustand für ihre Rechtsgültigkeit beseitigt wurde. Denn nach

---

[177]) Vgl. hiezu *Nawiasky*, Bayerisches Verfassungsrecht, Kapitel über die bayerischen Volksgerichte.

dem allgemeinen, auch reichsverfassungsmäßig anerkannten Grundsatz wird die Rechtswirksamkeit von behördlichen Anordnungen, die auf Grund gültiger — oder nachträglich für gültig erklärter — Rechtsvorschriften endgültig getroffen wurden, durch einen Wechsel der Gesetzgebung nicht berührt, falls nicht das neue Recht anders bestimmt. Aber die Vorschrift in Art. III des erwähnten Reichsgesetzes vom 11. Mai 1921 war geboten, um die Rechtskraftswirkung entgegenstehender, vornehmlich rechtskräftiger gerichtlicher Erkenntnisse zu vernichten, nicht nur um die Gültigkeit unangefochtener oder zwar angestrittener, aber noch nicht rechtskräftig vor den ordentlichen Gerichten erledigter Wohnungsangelegenheiten klar zu stellen. Damit leben behördliche Maßnahmen, die durch rechtskräftiges gerichtliches Erkenntnis in ihrer Wirksamkeit längst vor dem Inkrafttreten dieses Reichsgesetzes beseitigt waren, von selbst ex tunc wieder auf; sonst hätte die Vorschrift in Art. III dieses Gesetzes keinen Sinn, weil sie etwas Selbstverständliches sagte. Ein rechtskräftiges gerichtliches Erkenntnis kann eben nur durch Gesetz seiner formellen und sachlichen Rechtskraftswirkung beraubt werden, wie schon in § 2 II der Darstellung ausgeführt wurde, natürlich unbeschadet des Grundsatzes, daß es nur gilt rebus sic stantibus.

Nicht hierher gehören Fälle, in denen nicht durch Gesetzeswechsel, sondern durch Erlassung einer behördlichen Anordnung in bestehende sachliche und verfahrensrechtliche Rechtsverhältnisse eingegriffen wird. War z. B. der Rechtsweg zulässig zur Feststellung, ob ein Mietsverhältnis zustande gekommen ist (oder auch zur Anstellung einer Räumungsklage), weil zur Zeit der Anhängigmachung des Rechtsstreites eine behördliche Verfügung auf Zuweisung eines Zwangsmieters an den Kläger durch ein Eingreifen der vorgesetzten Verwaltungsstelle aufgehoben worden war und wird im Laufe des bürgerlichen Rechtsstreits die gleiche Wohnung zugunsten des Beklagten neuerlich beschlagnahmt und ihm zugewiesen, so kann der Beklagte von diesem Zeitpunkt ab in jeder Lage des Verfahrens mit Erfolg die Unzulässigkeit des Rechtsweges geltend machen, ebenso wenn eine erforderliche Vorentscheidung des Verwaltungsgerichtshofes nach Art. 7 II VGG. noch nicht ergangen oder ein Rechtsabhilfegesuch nach Art. 2 AGZPO. u. KO. noch nicht rechtskräftig erledigt ist, die derzeitige Unzulässigkeit des Rechtsweges.[178])

Hierher gehören dagegen die Fälle, in denen auf Grund des Gesetzes vom 31. Juli 1919 über außerordentliche Maßnahmen zum Schutz des Freistaates (GVBl. 1919 S. 413), dann der VO. über die Aufhebung des Kriegszustandes und über einstweilige

[178]) KKE. vom 14. Oktober 1920 (BayGemVZ. 1920 Sp. 765); a. M. das Reichsgericht in einer Entscheidung vom 24. Februar 1921 (BayZfR. 1921 S. 151). Hier liegt nicht ein Normenwechsel inmitte, vielmehr sich kreuzende Anordnungen der Behörden, die aber nicht im Verhältnis von früherem zu neuem Gesetz, auch nicht in sinngemäßer Anwendung stehen, weil sie nicht objektives, sondern subjektives Recht schaffen; solche Anordnungen verwirklichen vielmehr nur Gesetz.

Maßnahmen nach Art. 48 Abs. IV der Reichsverfassung vom 4. Nov. 1919 (GVBl. S. 791), welch' letztere dann mit VO. vom 6. Okt. 1921 (Staatsanzeiger Nr. 233) aufgehoben wurde, Schutzhaft, Brief- und Postsperre usw. verhängt war. Solche behördliche Maßnahmen fielen mit Aufhebung der einschlägigen VO., die diese Maßregeln verfügte, an sich weg; und zwar wurden sie ohne weiteres gegenstandslos, weil sie nicht mehr durch einen Rechtsboden, der fortdauernd während der ganzen Verhängung der polizeilichen Maßnahmen bestehen muß, gedeckt waren. Eine andere Frage ist nur die, ob nicht gegebenenfalls Gewohnheitsrecht das bisher geschriebene Recht in dieser Hinsicht ablöste.

Es ist ganz allgemein möglich, ja vielfach der Regelfall, daß das Gewohnheitsrecht von Gesetzesrecht abgelöst wird, weniger häufig, aber immerhin ereignet es sich, daß auf aufgehobenes Gesetzesrecht Gewohnheitsrecht folgt, jedoch nicht in dem Sinn, daß eine sog. contraria consuetudo Gesetzesrecht abschafft. So kannte man z. B. vor dem erwähnten Gesetz vom 31. Juli 1919 in Bayern die Schutz- oder Sicherheitshaft in keinem der damals geltenden Gesetze; lediglich gewohnheitsrechtlich — wohl in Anlehnung in Art. 102 AGStPO. —[179]) wurde schon vorher die Schutzhaft sowohl in Regierungskreisen wie in weiten Kreisen des bayer. Volkes, dann in der Staatsrechtslehre allgemein als notwendig und zulässig erachtet, da man von der Auffassung ausging, daß das dem Staatseinwohner eingeräumte subjektive bürgerliche Recht des Notstandes, in das Privatvermögen oder in die persönliche Freiheit und Unversehrtheit eines anderen einzugreifen, auch dem Staat in Notfällen gebühren müsse, namentlich wenn sein Dasein auf dem Spiel steht[180]), sonst würde er ja selbst auf seinen Bestand verzichten. Ragte nun eine unter solch' ungeschriebenem Rechte vollzogene Schutzhaft in den Bereich gesetzlicher Regelung herein, so bekam sie zu allem Überfluß durch das nachfolgende Gesetz auch die geschriebene Rechtsunterlage, blieb also bestehen. Umgekehrt aber können darnach, wenn auch der Staat unmittelbar nach Beseitigung der gesetzlichen oder verordnungsmäßigen Ausnahmemaßnahmen eine schwebende Schutzhaft aufheben muß, doch mit dem Wegfall der Unterlage des geschriebenen Rechts vielleicht schon nach kurzer Zeit, wenn eben die Voraussetzungen staatlichen Notstandes neuerdings auftreten, Schutzhaft und Aufenthaltsbeschränkungen in unruhigen Zeiten

---

[179]) BlfaPr. Bd. 59 S. 370.

[180]) Vgl. die schon erwähnte z. Zt. ungedruckte (jetzt S Bd. 42 S. 63ff.) Entscheidung bay. Verwaltungsgerichtshofes vom 27. April 1921 Nr. 45 I/19, betr. Vorentscheidungsantrag, S 5ff; Otto Mayer, Deutsches Verwaltungsrecht, 2. Aufl. 1914 S 11. Auch das ungeschriebene Recht sowie die staatliche Organisationsbefugnis gibt einen Rechtsgrund für polizeiliche Eingriffe: Reger's Entscheidungen Bd. 26 S. 313/5 und von Seydel, Bayer. Staatsrecht, 2. Aufl. Bd. I S. 492 und Bd. II S. 323 Note 7.

als außerordentliche Maßnahmen zum Schutz des Reiches oder des Landes neuerdings verhängt werden, eben wieder auf Grund des erwähnten ungeschriebenen Rechtes oder gewohnheitsrechtlicher Übung. Diese Grundsätze gelten ganz allgemein im Staats- und Verwaltungsrecht; lediglich dieses Beispiel wurde zur Veranschaulichung angeführt. Denn die Wurzel des Gewohnheitsrechtes wuchtet in dem Satz: Der Staat ist der Untertanen wegen da, hat sie zu schützen; deshalb muß er auch dulden, ja sogar anerkennen, daß gegen die regelmäßige Rechtsschöpfung die dringlichen Rechtsbedürfnisse des Volkes auf Schutz, Sicherheit nach jeder Richtung usw. auf dem kürzesten Weg befriedigt werden, nämlich durch gewohnheitsrechtliche Übung, und sie selbst vollziehen; die Gesetzgebungsmaschine kann nur in regelmäßigen Zeitläuften in Bewegung gesetzt werden. So löst Gesetzesrecht Gewohnheitsrecht ab und umgekehrt.[181]) Von demselben Augenblick an, in dem die opinio necessitatis der Maßregel in weiteste Volks- und Regierungskreise gedrungen ist, schlägt für das geschriebene Recht die Stunde oder wird ungeschriebenes Recht zur Unterlage für rechtliche Maßnahmen.

§ 14. Das Tarifvertrags- und Schlichtungswesen.

Das Tarifvertrags- und Schlichtungswesen ist durch die Einrichtung der Schlichtungsausschüsse und Einigungsämter, die zur Verbindlichkeitserklärung von Tarifverträgen und (= bzw.) von Schiedssprüchen berufen sind und nicht zur ordentlichen streitigen Gerichtsbarkeit gehören, mit dem öffentlichen Recht verflochten; deshalb soll auch noch ihrer kurz gedacht werden.

Bei den Tarifverträgen ist ebenfalls eine eigenartige Verquickung ihrer Vorschriften bezüglich der Gültigkeit nach Raum, Vorrang und Zeit festzustellen; dabei will gleich bemerkt werden, daß hier nur das Verhältnis zwischen mehreren auf einander folgenden Tarifverträgen unter einander oder eines Tarifvertrags und eines für verbindlich erklärten Schiedsspruchs zu würdigen ist, niemals aber das ausschließlich nach den Grundsätzen des ius eminens zu prüfende Verhältnis zwischen Arbeitsvertrag und Tarifvertrag. Ihm gebührt der Vorrang gegenüber dem Arbeitsvertrag.

Der Unterschied zwischen dem Tarifvertrag und dem Schiedsspruch im Fall der Verbindlichkeitserklärung beider liegt wesentlich darin, daß beim Schiedsspruch erst Vertragsbeziehungen unter bestimmten Parteien zu schaffen sind, während durch die Anordnung der allgemeinen Verbindlichkeit eines Tarifvertrags bindende tarifliche Abmachungen über den Kreis der Parteien hinaus auf den gesamten Berufskreis, also namentlich mit Wirkung gegen-

[181]) Vgl. auch § 2 I und § 5 der Darstellung, ferner die Sachweise in den Fußnoten 2, 27, 28, insbesondere 189 und 206.

über den sogen. „Außenseitern" getroffen werden sollen (vgl. Bekanntmachung des bayer. Staatsministeriums für Soziale Fürsorge vom 20. Dezember 1920, betreffend Richtlinien für das Schlichtungsverfahren im Staatsanzeiger Nr. 300, „Richtlinien", II Ziffer 6). Damit ist das Ergebnis gewonnen, daß bei der Ausdehnung des Tarifvertrages auf die ganze Berufsgruppe weder von einer räumlichen noch von einer zeitlichen Geltung von Rechtsnormen die Rede sein kann; vielmehr darf vom zeitlichen Rechtswechsel nur insoweit gesprochen werden, als auch inhaltlich der in subjektiver Hinsicht erweiterte Tarifvertrag keine rückwirkende Kraft im eigentlichen Sinne besitzt; er ist also auf abgeschlossene Rechtsverhältnisse, die vor der Ausdehnung entstanden und auch abgeschlossen sind, nicht anwendbar, auch nicht durch Parteivereinbarung. Lediglich auf laufende sowie zukünftige Arbeitsverhältnisse kann sich die Ausdehnungswirkung erstrecken. Der inhaltlichen Erweiterung des Tarifvertrages durch Verbindlichkeitserklärung, wodurch auch für die bisher mit dem Anschluß an den Tarifvertrag säumigen Berufsgenossen erst neues beachtliches Recht geschaffen wird, ist aus demselben Grund gleich zu stellen die Fällung und Verbindlichkeitserklärung eines Schiedsspruches. Abgeschlossene Rechtsverhältnisse — im Gegensatz zu schwebenden und künftig entstehenden —, die vor dem Schiedsspruch liegen, gehören daher nicht zum rechtlichen Einzugsgebiet des Schiedsspruches. Denn Tarifvertrag und Schiedsspruch haben gesetzlich festgelegte Kraft nach der Richtung, daß Tarifverträge und verbindlich erklärte Schiedssprüche dem einzelnen Arbeitsvertrag vorgehen. Die Verbindlichkeitserklärung beider fußt auf einem kraft gesetzlicher Ermächtigung zugelassenen obrigkeitlichen Akt, dessen zeitliche Grenzen zu bestimmen höchstens Sache der ihn fällenden Behörde ist, aber niemals der Verfügungsmacht der (Tarifvertrags- und Schiedsspruchs-) Parteien oder Arbeitsvertragschließenden untersteht. Solange das Gesetz nicht gilt, kann sich die Wirkung der Verbindlichkeitserklärung nicht auf früher erledigte Arbeitsverträge beziehen, weil für diese Wirkung der Bestand des Gesetzes und des darauf fußenden obrigkeitlichen Aktes Voraussetzung ist. Dieser Grundsatz ist namentlich anwendbar beim Wechsel von Tarifverträgen untereinander einerseits und Schiedssprüchen anderseits, aber auch beim Wechsel von Tarifvertrag und Schiedsspruch und umgekehrt. Beide bestehen erst kraft Gesetzes. Aus diesem Grunde kann einerseits einem früheren Tarifvertrag keine Möglichkeit der Einwirkung in die Zukunft zugebilligt werden, andererseits aber gebührt diese Kraft auch einem neuen Tarifvertrag nicht im Verhältnisse zu abgeschlossenen, also nicht mehr laufenden sowie in der Vorzeit rechtsgültig gekündigten früheren Arbeitsverträgen. Das gilt auch für Schiedssprüche unter sich und gegenüber Tarifverträgen. Daran können weder die Parteien des Tarifvertrages oder des Schiedsspruches noch die Parteien des Arbeitsvertrages etwas ändern. Denn beide — Tarifvertrag und Schiedsspruch im Falle der Verbindlichkeitserklärung — gelten, wenn sie auch lediglich dem *Ursprung* nach, weil Ausfluß eines staatlichen Machtspruchs, als ius publicum anzusprechen sind, doch als *Folge* dieses öffentlich-rechtlichen Aktes als bürgerliches Recht mit zwingender Eigenschaft (ius cogens), demnach als ius eminens im weitesten Sinn, das der Parteiwillkür entzogen ist. Was der Gesetzgeber und die Obrigkeit tun darf, steht noch lang nicht Privatpersonen zu. Sie können Gesetzes- und Obrigkeitsrecht weder abändern d. h. für die Zukunft anders gestalten noch für die Vergangenheit erlassen; sie können namentlich nicht durch Vereinbarung die Geltung herrschender Gesetze und staatlicher Akte auf die Vergangenheit zurückbeziehen, wenn sie auch dem Gesetz und dem obrigkeitlichen Befehl inhaltsgleiche *private* Abmachungen für die *Zukunft* zu treffen in der Lage sind mit einem einem Gesetz oder obrigkeitlichen Befehl der Vorzeit gleichen Inhalt. Aber immerhin bleibt das nachgiebiges und ist nicht zwingendes Recht unter den Beteiligten. Das Gesetz selbst und der staatliche Machtspruch wird hierdurch nicht berührt. Im wesentlichen gelten daher für die Frage der Abänderungsmöglichkeit der durch obrigkeitlichen Befehl verbindlich erklärten Schiedssprüche und Tarifverträge die Ausführungen in § 18 VI der Darstellung.

Für Übergangsfälle gilt somit folgende Regelung:

Reicht ein aus der Vorzeit herrührendes, jedoch infolge Nichtlösung des Arbeitsvertrages schwebendes Arbeitsverhältnis noch in die Zeit eines für verbindlich erklärten Tarifvertrages — und nur solche sollen hier behandelt werden — herein, so ist mit dem Zeitpunkt des Inkrafttretens des neuen Tarifvertrages (oder Schiedsspruchs) dieser anwendbar. Dies gilt selbst für gekündigte Arbeitsverträge, sofern sie nur nicht noch vor diesem Stichtag rechtsgültig beendigt worden sind. Alle diese schwebenden Rechtsverhältnisse werden sofort vom neuen Recht ergriffen; etwa alte gekündigte Tarifverträge oder frühere Schiedssprüche können ihre Wirkung keinesfalls in die Geltung des neuen Tarifvertrages erstrecken, wenn das durch sie gedeckte Arbeitsverhältnis vor dem Stichtag aufgelöst ist. Ein Hineinstrahlen in die Zukunft ist unter allen Umständen ausgeschlossen, es müßte denn sein, daß Gesetz oder staatlicher Machtspruch etwas anderes anordneten. Demnach gelten für schwebende Fälle schon die neuen Lohnsätze und Kündigungsbestimmungen; dabei bleibt aber eine in der *Vorzeit* dem Empfänger *zugegangene* Kündigung als mit Rechtswirkung ausgestattete vollendete und daher unabänderliche Tatsache nach Maßgabe der früheren Bestimmungen aufrecht erhalten und äußert ihre Wirkung gemäß den früheren Bestimmungen; denn die Kündigung ist als einseitiges empfangsbedürftiges Rechtsgeschäft vollendet mit dem Zeitpunkt, in dem sie dem Empfänger zugeht. Umgekehrt aber ragen auch die neuen Tarifbestimmungen nicht in die Vergangenheit hinein, wenn nichts anderes im Tarifvertrag enthalten ist; ob überhaupt eine solche Rückbeziehung möglich ist, ist bestritten, wenigstens soweit die Verbindlichkeitserklärung mit rückwirkender Kraft ohne gesetzlichen Vorbehalt ausgesprochen wurde. Die Stellung des Reichsarbeitsamtes kann durchaus nicht als beständig bezeichnet werden. Doch möchte ich, wie bei den Ortssatzungen, dafür eintreten, daß auch ohne besondere gesetzliche Ermächtigung durch staatlichen Machtspruch einer Verbindlichkeitserklärung rückwirkende Kraft beigelegt werden darf[182]. Nur wenn das Gesetz sie förmlich ausschließt, ist sie nicht zulässig.

Bestimmte gesetzliche Vorschriften darüber, welcher Termin als Beginn der allgemeinen Verbindlichkeit von Tarifverträgen und Schiedssprüchen festzusetzen ist, bestehen nicht. Da Tarifverträge sich erst bewährt haben müssen, wenn sie auf weitere säumige Berufsgenossen sollen ausgedehnt werden, kann keinesfalls der Zeitpunkt der allgemeinen Verbindlichkeit vor dem auszudehnenden Tarifvertrag liegen, auch nicht vor dem Termin der Erklärung, daß er allgemein verbindlich sein soll. Die Vorschrift der Eintragung im Tarifregister (§ 5 III der Tarifvertrags-VO. vom 23. Dezember 1918, RGBl. S. 1453 ff.) sowie der Veröffentlichung der Eintragung dienen zunächst dazu, daß sie zur Kenntnis der Betroffenen allgemein gebracht werden; selbstverständlich muß sie den unmittelbaren Streitsbeteiligten gesondert zugestellt werden. Denn vor der Verkündung kommt auch der Verbindlichkeitserklärung keine rechtliche Wirksamkeit mit der Möglichkeit der Anwendung zu. Es wird in dieser Richtung auf § 2 I der Darstellung verwiesen. Demnach kann vor dem Tage der öffentlichen Bekanntgabe der Verbindlichkeitserklärung ihre Geltung nicht liegen, wenn sich der staatliche Machtspruch nicht, wie oben erwähnt, rückwirkende Kraft im Rahmen der geschilderten Zulässigkeit allgemein beilegt.

§ 15. Anfechtung obrigkeitlicher Amtshandlungen der Vorzeit einschließlich staatsaufsichtlicher Verfügungen.

In diesem Zusammenhang will auch noch der Fall besprochen werden, daß eine durch eine schuldhafte obrigkeitliche Pflichtverletzung betroffene Person, die wegen des ihr hiedurch zugegangenen Schadens gegen den Staat einen Rechtsstreit anzustreben beabsichtigt, die Vorentscheidungsklage nach Art. 7 II VGG. zum Ver-

[182]) Jedoch mit der natürlichen zeitlichen Begrenzung, als kein früherer Zeitpunkt bestimmt werden kann, als der, in dem der Tarifvertrag selbst abgeschlossen worden. Dieser Auffassung ist das Reichsgericht mit Entscheidung III. ZS. vom 30. September 1921 (BayGemVZ. 1922, Sp. 182 ff.) beigetreten mit der Begründung, daß ein gesetzliches Verbot der Rückwirkung der Verbindlichkeitserklärung nicht bestehe.

waltungsgerichtshof darüber erhebt, ob den die anfechtbare amtliche Verfügung erlassenden Beamten ein Verschulden hiebei trifft, gleichgültig ob nebenbei damit erreicht werden soll, die beanstandete Verfügung — soweit noch möglich — aufzuheben oder die Behörde zu deren Zurücknahme zu veranlassen. Die Vorentscheidung kann sogar begehrt werden, wenn die Möglichkeit einer ferneren Auswirkung der Verfügung durch Zurücknahme seitens der erlassenden Behörde oder durch Vollzug der Verfügung, also z. B. durch Abschluß eines polizeilichen Verfahrens über Eintreibung von Straßenreinigungskosten in Durchführung des Art. 20 Abs. IV oder je nachdem Art. 21 Abs. IV PStGB. oder durch Verkauf oder Freilassung beschlagnahmter geschützter Tiere (Singvögel) und dgl. ausgeschlossen, die Streitsache somit in der Hauptsache gegenstandslos geworden ist. Die Vorentscheidung dient ja gerade dazu, ein anderes Rechtsschutzbedürfnis des Vorentscheidungsklägers zu befriedigen, nämlich Schadenersatz wegen des angeblich rechtswidrigen polizeilichen Eingriffs usw. zu begehren und dabei vorher durch den VGH. prüfen zu lassen, ob im Zeitpunkt der Durchführung die obrigkeitliche Verfügung rechtsbeständig war. Mag sich nun das sachliche Recht unterdessen geändert haben, z. B. solche polizeilichen Eingriffe der beanstandeten Art für gerechtfertigt und zulässig erklärt worden sein; keinesfalls wirkt ein solches Gesetz auf eine polizeiliche Maßnahme der Vorzeit zurück. Der Vorentscheidungskläger kann, wenn nicht das Gesetz etwas anderes vorsieht, verlangen, daß das von ihm dem Verwaltungsgerichtshof unterbreitete Rechtsverhältnis nach dem Zeitpunkt des Erlasses der obrigkeitlichen Anordnung und nach dem hienach in Geltung gestandenen Recht behandelt wird. Der Grundsatz, daß sich Akte der öffentlichen Verwaltung, die in ihrer Rechtsbeständigkeit angefochten werden wollen, also sog. Eingriffsbefugnishandlungen, die bereits Rechtswirkungen in Bezug auf Untertanen geäußert haben, eine Nachprüfung der Rechtmäßigkeit nach dem früheren Gesetz gefallen lassen müssen, gilt überhaupt jedesmal dann, wenn ein solcher obrigkeitlicher Akt mit der Begründung angefochten wird, daß er dem zur Zeit seiner Vornahme bestehenden Gesetz zuwider ausgeführt worden sei[183]. Das

[183]) Vgl. auch Stier-Somlo, Einwirkung S. 114 ff., wogegen selbstverständlich bei rein konstitutiven, verleihenden Rechtsakten die Rechtszugsbehörde nach dem durch das neue Gesetz begründeten Rechtsverhältnis zu verfahren hat, wie Stier-Somlo zutreffend unter Bezugnahme auf Otto Mayer, Deutsches Verwaltungsrecht, Bd. I S. 108 Anm. 2 hervorhebt. Vgl. auch hiezu die Entscheidung des bayer. Verwaltungsgerichtshofs (z. Zt. ungedruckt, jetzt S. Bd. 42 S. 63 ff. Nr. 45 I/19 27. April 1921, betr. Vorentscheidungsantrag), S. 4 ff. für die Frage, ob die getroffene Maßnahme nach dem früheren Recht inhaltlich gerechtfertigt war und S. 8 ff. (für die Frage, ob damals die anordnende Behörde staatsrechtlich zuständig war); insb. das KKE. vom 18. Mai 1921 (in der BayGemVZ. 1921 Sp. 563/4), betr. Schadensersatzklage wegen Wohnungsbeschlagnahme, wobei jedenfalls für die Zuständigkeit und das Verfahren zur

gleiche gilt für die Anfechtung staatsaufsichtlicher Verfügungen. Auch diese muß der Verwaltungsgerichtshof unter dem Gesichtspunkt ihrer Zulässigkeit z. B. der Anordnung überprüfen, wenn sie in die Vorzeit fällt, nicht nach dem neuen sachlichen Recht[184]).

V. Abschnitt.

Der Wechsel der Zuständigkeitsnormen.

§ 16. Die Arten der Zuständigkeit und des Einflusses des Zuständigkeitsrechtswechsels.

In diesem Abschnitt sollen lediglich die gegensätzlichen Zuständigkeitsbestimmungen in ihrer Wirkung auf die zeitliche Anwendung erörtert werden, soweit sie für die Trennung der Gewalten, der Amtsbereiche der ordentlichen Gerichte, der Verwaltungsgerichte und der Verwaltungsbehörden bedeutsam sind (Zuständigkeit im staatsrechtlichen Sinn). Ausscheiden müssen daher — und werden gesondert behandelt werden unter Abteilung VI als zum Rechtsgang gehörig — jene Zuständigkeitsnormen, die innerhalb der unbestrittenen Grenzen, sei es der Justiz- oder der Verwaltungsbehörden (sogen. Ressorts) die örtliche und sachliche Zuständigkeit der einzelnen Behörden regeln (Zuständigkeit im verfahrensrechtlichen Sinn).

Damit fällt die Untersuchung in diesem Abschnitt zunächst zusammen mit der Findung der anwendbaren Rechtsnormen beim zeitlichen Zusammentreffen von Rechtssätzen über die Frage der Zulässigkeit oder Unzulässigkeit des Rechtswegs. Hieraus ergibt sich, daß die Frage nach der staatsrechtlichen Zuständigkeit als Bestandteil des Rechtsschutzes auch zum verfahrensrechtlichen Teil gehört neben ihrer zunächst staatsrechtlichen Eigenschaft.

Das Ergebnis ist jedoch auch verwertbar für den Fall von Zuständigkeitsverschiebungen zwischen Behörden der reinen (= sogen. aktiven) Verwaltung und den Gerichten des öffentlichen Rechtes durch Wechsel der Rechtsnormen vornehmlich auch für die Zuständigkeitsabgrenzung zwischen den Behörden zum Vollzug der Arbeiterversicherungsgesetze, den Gerichten des öffentlichen Arbeiterversicherungsrechtes und der allgemeinen inneren Verwaltung.

Hiebei sind 2 Fälle denkbar:

1. Beanspruchung und Rechtshängigmachung einer schon vor dem

Schadensfestsetzung das neue Recht anwendbar ist und zwar sofort mit seinem Inkrafttreten auf schwebende Entschädigungsklagen; welches sachliche Recht, das geltende oder das der Vorzeit einschlägig war, brauchte der KKG. nicht zu prüfen; ob die Beschlagnahme danach gerechtfertig war, diese Würdigung obliegt im Rahmen des Rechtsstreits über den Ersatzanspruch hier den ordentlichen Gerichten.

[184]) Vgl. BlfaPr. Bd. 72 S. 15, Fußnote 8 Abs. 2.

Wechsel der Zuständigkeitsnormen abgeschlossenen sachlichen Rechtsstellung:

a) nach Geltung der neuen Zuständigkeitsregel;

b) vor Geltung der neuen Zuständigkeitsnorm, gleichgültig, ob vor diesem Stichtag schon ein Bescheid ergangen war oder nicht.

2. Beanspruchung und Rechtshängigmachung einer vor dem Wechsel der Zuständigkeitsnorm noch nicht abgeschlossenen sachlichen Rechtsstellung:

a) nach Geltung der neuen Zuständigkeitsnorm;

b) vor Geltung der neuen Zuständigkeitsregelung, wiederum gleichgültig, ob vor diesem Stichtag schon ein Bescheid ergangen war oder nicht.

In den Fällen unter 1 b) und 2 b) spricht man von einem schwebenden Verfahren, einem sog. Hinüberwechseln oder Hineinragen zuständigkeitsrechtlicher oder verfahrensrechtlicher Bestimmungen in das neue Recht; doch ist für solche schwebenden Streitsachen nicht immer belanglos, ob das in der Vorzeit anhängig gemachte, vollendete oder nicht abgeschlossene sachliche Rechtsverhältnis aufgehoben oder umgestaltet wurde oder ob lediglich die Zuständigkeitsnorm gewechselt hat (vgl. § 16 am Schluß und § 9 Ziff. 5 a. E.). —

§ 17. Die Einwirkung des Zuständigkeitsnormenwechsels auf die unter dem neuen Zuständigkeitsrecht anhängig gemachten, aber nach früherem sachlichen Recht abgeschlossenen Rechtsverhältnisse.

Zu diesem Punkt muß im allgemeinen hervorgehoben werden, daß, wie bereits in § 8 der Darstellung erwähnt, die Würdigung der Frage nach der Zuständigkeit, dem Verfahren und der Zulässigkeit der Rechtsmittel im öffentlichen Recht (vgl. § 18 Ziff. 4 der Darstellung) untrennbar und abhängig ist von dem zu beurteilenden unterliegenden Rechtsverhältnis und dessen rechtlicher Natur, dem der geltend gemachte Anspruch angehört. Dabei sind wiederum 3 Fälle möglich, je nachdem das frühere sachliche Rechtsverhältnis:

a) von der neuen Gesetzgebung übernommen wurde und zwar α) unverändert, β) umgestaltet;

b) mit rückwirkender Kraft seinem ganzen Inhalt nach vernichtet oder

c) lediglich dessen Entstehung für die Zukunft beseitigt wurde.

Zu a):

α) Wurde die bisherige Rechtseinrichtung in die jüngere Rechtssatzung unverändert aufgenommen, so gilt die zur Zeit der Geltendmachung des Anspruchs aus diesem Rechtsverhältnis bestehende, also die neue Zuständigkeitsbestimmung nebst Rechtsgang, auch wenn früher eine andere Behördenart zur Entscheidung berufen war. Diese Rechtslage ist so selbstverständlich, daß sie keiner besonderen Begründung bedarf[185]).

β) Dennoch können sich Zweifelsfragen ergeben, so z. B. wenn eine Gemeinde bestimmte Angelegenheiten, etwa die Genehmigung von privaten Anschlüssen an einen gemeindlichen Kanal bisher im Weg bürgerlich-rechtlicher Sonderabmachung im einzelnen Fall geregelt hatte, später aber zur satzungsmäßigen Regelung überging (sogen. Umgestaltung des Rechtsverhältnisses!). Es kann vorkommen, daß jemand widerrechtlich einen Kanalanschluß hergestellt hat zu einer Zeit, als noch keine Satzung über die Kanaleinleitungsgebühren bestand, vielmehr die Gemeinde in Auswirkung ihrer Persönlichkeit auf bürgerlich-rechtlichem Gebiet, und nicht als eine mit übertragener Finanzgewalt ausgestattete Körperschaft des öffentlichen Rechtes — und soweit der Erlaß von ortspolizeilichen Vorschriften zur Feststellung einer Verpflichtung auf Einholung der Anschlußgenehmigung sowie zur Sicherung des Gebührenanfalls einschlägt, als Organ der örtlichen Polizeiverwaltung — mit dem einzelnen Anschlußbegehrenden, aber noch nicht Anschlußpflichtigen besondere Verträge über die Benützung ihres Eigentums und ihrer Unternehmungen (= Kanalisation) abzuschließen pflegte; aus dieser Anschlußvornahme ohne die schon vor der satzungsmäßigen Regelung vorgeschriebene privatrechtliche gemeindliche Genehmigung, demnach aus der Vornahme eines widerrechtlichen Anschlusses für sich allein folgt nichts für die Zuständigkeit der bürgerlichen Gerichte oder der Verwaltungsbehörden in Streitigkeiten über Anschlußberechtigung und Entschädigungsleistung hiefür. Dadurch aber, daß die Gemeinde mit einer gemeindlichen Satzung nach Art. 40 der Gemeindeordnung die Kanalgebühren später allgemein geregelt hat, wollte sie ausdrücken, daß die Kanalbenützung öffentlich-rechtlicher Natur sein soll. Lag demnach vor dem Stichtag (= dem Tag des Inkrafttretens der verkündeten gemeindlichen Anschlußgebührensatzung) keine privatrechtliche Anschlußgenehmigung und kein Sondervertrag über die Entschädigung für die Benützung des Kanals vor, so sind für die Regelung der Zuständigkeit im Streitfall während der Zeit der Geltung der Satzung, da für die Zuständigkeitsfrage die Tatsache des widerrechtlichen Anschlusses gleichgültig ist, deren Bestimmungen entscheidend, so daß z. B. bei Genehmigung oder Nichtgenehmigung des Anschlusses nach dem Stichtag verbunden mit dem Bestand einer Gebührensatzung zur Erledigung von Rechtsstreitigkeiten über Kanalanschluß sowie Kanaleinleitungsgebühren die Verwaltungsrechtszugsbehörden nach Art. 8 Ziffer 31 VGG. zuständig sind[186]).

---

[185]) Vgl Wach, Handbuch des Zivilprozesses, Bd. I S. 213ff. Gierke a. a. O. S. 207 und Fußnote 50.

[186]) Vgl. S. Bd. 26 S. 18ff.; Bd. 31 S. 181, 222; dagegen ist nicht hierher verwertbar Bd 30 S. 21, Entscheid. vom 30 Dezember 1908, da dieser Ent-

Im übrigen wären natürlich in erster Linie Übergangsbestimmungen in der gemeindlichen Satzung selbst anwendbar. In der ungedruckten Entscheidung vom 7. Juni 1912[187]) hat der bayer. Verwaltungsgerichtshof in den Gründen eine Entscheidung des preußischen Oberverwaltungsgerichts vom 20. März 1902 einfließen lassen, ohne sich jedoch ihr anzuschließen, worin ausgesprochen ist: grundsätzlich und also auch dort, wo sich der Instanzrichter mit der Sache infolge eines Revisionsurteils — das es im bayer. Verwaltungsrechtsprozeß nicht gibt, da der Verwaltungsgerichtshof nicht reines Revisionsgericht ist — noch einmal zu befassen hat, folgt der Rechtssatz, daß die Entscheidung nach dem zu dieser Zeit maßgeblichen öffentlichen sachlichen Recht zu treffen ist, auch wenn es erst inzwischen verkündet wurde (oder in Kraft getreten ist). Dieser allgemeine Rechtsgrundsatz, der auch in den nachfolgenden Erörterungen bedeutsam werden wird, wird für die Frage der Zuständigkeitsausausscheidung zwischen den Gerichten und den Verwaltungsbehörden im Fall eines Rechtswechsels in jedem Rechtszug als geltende Norm angesprochen werden dürfen.

Besonders wichtig wird dieser Leitsatz, wenn z. B. infolge wissenschaftlicher Erkenntnis, die auch einer gewohnheitsrechtlichen Übung entspricht, also durch Gerichtsgebrauch (usus fori) ein Rechtsverhältnis als öffentlich-rechtlich erklärt wird, das man früher gemeinhin als bürgerlich-rechtlich hielt. So die Streitigkeiten über die kirchliche Baulast, für die sich seit etwa 2 Jahrzehnten und schon vor dem Inkrafttreten der KGO. in Bayern die Zuständigkeit der Verwaltungsbehörden entwickelt hat, falls die Bauverpflichtung des nach dem öffentlichen Recht und nach seiner Zweckbestimmung zur Baufallwendung berufenen öffentlich-rechtlichen Rechtsträgers (etwa Kirchenstiftung, Kirchengemeinde) geltend gemacht wird[188]). Die Versetzung eines Rechtsverhältnisses in das öffentliche Recht wird eben nach allen Seiten hin wirksam, vornehmlich für den Gerichtsstand[189]). Deshalb ist auch das bayer. Komp.-Konfl.-Erk. (GVBl. 1909, Beil. III, insbesondere S. 31) anfechtbar, da sich in den letzten 2 Jahrzehnten eine Wendung in den Ansichten über die rechtliche Natur mancher früher als bürgerlich-rechtlich angesprochenen Rechtsverhältnisse vollzogen hat. Sie wurden als dem öffentlichen Recht

---

scheidung keine grundsätzliche Bedeutung zukommt, insofern sie im wesentlichen auf der Auslegung des bayer Wassergesetzes vom 23. März 1907 beruht.

[187]) Es handelt sich in dieser Entscheidung um die Berechtigung einer Gemeinde zur Erhebung von Marktgeldern (Milchgeldern) sowie um die Frage der Zurückforderung solcher angeblich zu Unrecht gezahlten Gelder.

[188]) Vgl. Meurer a. a. O. S. 670 ff. und Dyroff, a. a. O. Anm. 5 zu Art. 10 Ziff. 19 BGG., ebenda S. 464 ff. und Nachtrag S. 787 zu S. 469.

[189]) Fleiner a. a. O. S. 56/7. WB. Bd. 2: „Gewohnheitsrecht", S. 287 I § 1, S. 289 I § 3 und II § 4. Vgl. auch § 18 insbesondere Fußnoten 206, 48, 51, dieser Darstellung.

zugehörig erkannt mit allen Folgen, hauptsächlich auch bezüglich der Zuständigkeit zur Streitentscheidung. Mindestens ist dieses Erkenntnis nicht mehr haltbar seit dem Inkrafttreten der KGO. (vgl. BlfaPr. Bd. 66 S. 246 Fußnote 2 und Dyroff, a. a. O. wie zu Fußnote 58), sicherlich aber nicht mehr in Anwendung des § 71 der bayer. Landesverfassung, wonach für bestrittene Rechtsansprüche auf dem Gebiete des öffentlichen Rechtes (z. B. des Patronats-Rechtes) nach Maßgabe der Gesetze das Verwaltungsrechtsverfahren offen steht. Ein etwaiges entgegengesetztes Gewohnheitsrecht, das Meurer a. a. O. S. 691ff., insbesondere S. 700ff. annimmt, wäre damit mindestens gegenwärtig aufgehoben; es kann nämlich neuerliches Gesetzesrecht auch früheres Gewohnheitsrecht außer Kraft setzen, wie schon in § 5 dieser Darstellung erwähnt; Gewohnheitsrecht könnte sich höchstens künftig wieder contra legem bilden, da Gesetzesrecht und Gewohnheitsrecht gleichwertige Rechtsquellen darstellen. Wenn daher späterhin einmal ein sich etwa über die Zuständigkeit neu bildendes Gewohnheitsrecht dem Richter nicht bekannt wäre, müßte es erst bewiesen (§ 293 RZPO.), im Verwaltungsrechtsprozeß aber von Amts wegen ermittelt werden.

Zu b):

Wurde dagegen das frühere Rechtsverhältnis (= Rechtseinrichtung) samt seinen Ausflüssen, den konkret-gegenwärtigen Ansprüchen beseitigt, so ist mit dem unterliegenden Rechtsverhältnis auch dessen Verwirklichung im Rechtsgang, da eben oft auch die gesamte Rechtsverfolgung (Zuständigkeit und Verfahren) mit aufgehoben ist, sachlich unmöglich gemacht, wenn auch rein formell die etwa noch bestehende zuständige Behörde angerufen werden könnte (vgl. § 17c am Schluß), die jedoch den Anspruch ohne weiteres abweisen müßte. Dabei ist belanglos, ob es sich um angeblich „wohl erworbene Rechte" handelt, die aufgehoben wurden. Denn der gesetzgeberische Wille ist, wie erwähnt, der höchste Wille im Staat. Der Gesetzgeber kann jedes individuelle Recht jederzeit entschädigungslos vernichten, auch eine Rechtsstellung als sogen. „Interessent", die ja noch schwächer ist als jene eines Anspruchsinhabers. Ist zur Zeit des Rechtswechsels ein Rechtsstreit über ein solches Rechtsverhältnis anhängig und sogar vielleicht schon in dem einen oder anderen Rechtszug verbeschieden, so müßte, da der Anspruch nicht mehr begründet ist, die Klage oder der Anspruch abgewiesen werden. Würde ihm jedoch — vielleicht aus Rechtsunkenntnis — der neuerlichen Norm zuwider entsprochen werden, so müßte selbst dem rechtskräftigen Erkenntnis die sachliche Rechtskraftwirkung versagt bleiben. Denn mit der Rechtskraft kann nur ein Rechtsverhältnis gedeckt werden, das nach der herrschenden Rechtssatzung überhaupt bestandsfähig ist. Die auch im verwaltungsgerichtlichen Verfahren zulässige, weil unter die Worte „bestrittene Rechtsansprüche" i. S. des

Art. 8 VGG. stellbare Vollstreckungsgegenklage könnte für den Fall, daß der Sieger von der formell rechtskräftigen Entscheidung Gebrauch machen sollte, erhoben werden und müßte Erfolg haben. Über die Auslegung eines solchen Erkenntnisses über ein aufgehobenes öffentlich=rechtliches Rechtsverhältnis bezüglich einzelner Seiten hievon müßten mangels Übergangsbestimmungen die zur Beurteilung des etwaigen Ersatzrechtsverhältnisses nach neuer Zuständigkeitsausscheidungsnorm berufenen Verwaltungsbehörden und Verwaltungsgerichte in gleicher Weise erkennen. (Näheres siehe Fußnote 225 der Darstellung.)

Hiezu liefert der Übergang Bayerns zum UWG. ab 1. Januar 1916 lehrreiche Beispiele. Damit wurde zunächst das alte bayer. Heimatrecht, indessen nicht in seinen rechtlichen Folgen auf den Ersatz „Unterstützungswohnsitz" beseitigt, aber auch das Verehelichungszeugnis. Streitigkeiten über den Besitz eines Heimatrechtes, dann Ansprüche auf Verleihung der Heimat, die vor dem 1. Januar 1916 gegen die einschlägige Gemeinde erhoben, jedoch von ihr bestritten waren, sind seit diesem Stichtag nicht mehr möglich und vor den Verwaltungsgerichten nicht mehr austragbar, wenn sie nicht schon vor diesem Zeitpunkt der verpflichteten Gemeinde gegenüber rechtsförmlich geltend oder bei der zuständigen Behörde anhängig gemacht d. h. verwaltungsrechtlich eingeklagt wurden. Die gleichen Grundsätze sind anwendbar für Anträge auf Entscheidung über die Verpflichtung zur Ausstellung des Verehelichungszeugnisses, wobei hier ausnahmsweise gleichgültig ist, ob schon vor diesem Stichtag die entscheidende Behörde zur Verwirklichung der Anerkennung des Anspruches auf Ausstellung dieses Zeugnisses angerufen wurde oder nicht, d. h. ohne Rücksicht auf die Rechtshängigkeit vor oder nach diesem Zeitpunkt. Da nämlich der Verehelichungszeugniszwang ersatzlos aufgehoben wurde, waren Einwirkungen hievon in der Neuzeit und überhaupt eine Ausstellung nach dem 1. Januar 1919 rechtsbegrifflich nicht mehr denkbar, ganz abgesehen davon, daß mit der Beseitigung dieser Rechtseinrichtung eine Schranke für die Freiheit des einzelnen beseitigt und damit eine Entscheidung über sein Begehren auf Ausstellung dieses Zeugnisses überhaupt gegenstandslos wurde — was auch auf anderen Rechtsgebieten z. B. bei Wegfall von Erlaubnissen vorkommen kann. Durfte ja doch die Ehe nunmehr ohne dieses Zeugnis geschlossen werden! Der Anspruch hierauf konnte damit auch nicht mehr verwirklicht werden; dabei ist weiter zu berücksichtigen, daß das Rechtsschutzbedürfnis mit der Beseitigung der Rechtsschranke weggefallen war. Die Zuständigkeitsbestimmung in Art. 8 Ziffer 5 VGG. wurde nur deshalb nicht beseitigt, weil anhängige Streitigkeiten möglicherweise hinsichtlich des Kostenpunktes noch Anlaß zu einer Entscheidung geben könnten[190]). Ebenso zu beurteilen ist ein an=

[190]) BlfaPr. Bd. 66 S. 14 Ziff. IV, 4 und Fußnote 2; Bd. 68 S. 222 ff.

hängiges Streitverfahren über den Einspruch gegen die Erteilung des Verehelichungszeugnisses; denn ein solches Verfahren ist gleichfalls kraft Gesetzes aus den gleichen Gründen gegenstandslos geworden, ein förmliches sachliches Erkenntnis im Entscheidungssatz kann daher nicht mehr erlassen werden, so daß ebenfalls nur wegen des Kostenpunktes eine Nachprüfung in sachlicher Hinsicht geboten sein könnte[191]). Diese Ausführungen gehören teilweise auch zur Untersuchung zu § 16 der Darstellung und sind nur des unzertrennlichen Zusammenhangs wegen hier mitbehandelt.

Die neue bayerische Landesverfassung hat ebensowenig wie die Reichsverfassung einen jedem Staatsbürger gewährleisteten Anspruch auf und auch keine Verpflichtung zur Leistung des Verfassungseides aufgenommen. Damit ist die Zuständigkeitsbestimmung in Art. 8 Ziffer 2 VGG. gegenstandslos geworden[192]), ein im Verwaltungsrechtsweg verfolgbarer Rechtsanspruch auf Zulassung zur Ableistung des Verfassungseides somit ausgeschlossen.

Zu c):

Auch hierher sind eine ganze Reihe von Beispielen denkbar und Streitfälle schon teilweise ausgetragen worden. So besteht z. B. die Zuständigkeitsbestimmung in Art. 8 Ziffer 27 VGG. noch insoweit zu Recht, als Streit darüber herrscht, ob die Heimatrechtsgebühr für eine vor dem 1. Januar 1916 vollzogene Heimatverleihung gezahlt werden muß, ob deren Auferlegung oder Nachholung dem Grund und der Höhe nach berechtigt ist[193]); ferner ist sie aufrecht erhalten für die Geltendmachung von Ansprüchen auf Erstattung angeblich zu Unrecht erhobener Heimatgebühren aus dem Gesichtspunkt der ungerechtfertigten Bereicherung[194]); hiebei liefert das als anwendbar erkannte frühere Recht erst die Entscheidungsnorm für das Begründetsein des etwa vorgebrachten Verjährungseinwandes oder für das Erlöschen der Forderung aus einem anderen Gesichtspunkt. Außerdem bestehen fort abgeschlossene, sogen. „perfekte" Rechtsverhältnisse im Sinne des § 16 Abs. 2 ff. dieser Darstellung[195]). In allen diesen Fällen wirkt dann die sachliche Entscheidung zurück auf die vor dem neuen Gesetz liegende Zeit.

---

[191]) Ungedruckte Entscheidungen des bayer. Verwaltungsgerichtshofes vom 17. April 1916 Nr. 10 III/16.

[192]) Es besteht gegenwärtig nur für die öffentlichen Beamten eine Verpflichtung, sich auf die bayer. und die Reichsverfassung vereidigen zu lassen (Art. 176 RV.; bayer. Gesetz über Vereidigung der öffentlichen Beamten vom 6. November 1919 im GVBl. S. 783; VO. vom 14. August 1919 über die Vereidigung der öffentlichen Beamten (RGBl. 1919 Nr. 153): Piloty, Bayer. Verfassungsurkunde 1919 S. 194; die MB. vom 30. September 1918 (Staatsanzeiger Nr. 230) ist damit gleichfalls aufgehoben. Übereinstimmend die Ausführungen in den BlfaPr. Bd. 66 S. 58 und Fußnote 1.

[193]) BlfaPr. Bd. 66 S. 8.

[194]) S. Bd. 31 S. 7 ff.

[195]) S. Bd. 39 S 150 ff.; Bd. 37 S. 90 ff.

Hierher gehört auch der Fall, daß eine Gemeinde den vor dem 1. Januar 1916 formell rechtsgültig ausgesprochenen Heimatverleihungsbeschluß wegen Irrtums, Täuschung usw. unter dem neuen Recht anficht[196]. Für solche Streitsachen gilt ebenfalls die alte Zuständigkeitsbestimmung in Art. 8 Ziffer 26 VGG. weiter; denn die Wirkungen des rechtsgültig verliehenen Heimatrechts sind insofern in das neue Recht übergeleitet worden, als sich das Heimatrecht kraft Gesetzes in den Unterstützungswohnsitz verwandelt; die Rechtsfolge einer für wirksam erklärten Anfechtung besteht aber darin, daß das Rechtsverhältnis ex tunc als aufgelöst gilt, weshalb sich auch der Unterstützungswohnsitz dann ändert, wenn der aus dem angefochtenen Beschluß heimatberechtigt Gewordene in der Verleihungsgemeinde gerade daraufhin immer noch den UW. besitzen sollte.

Das Schicksal der Hauptsache teilen die sich daran anknüpfenden Nebenansprüche, wie z. B. Gebührenentrichtung, Verzinsung, Kostentragung, Ersatzleistungen und dgl. nach dem Grundsatz: accessorium sequitur principale, ferner: surrogatum sapit naturam eius, cui surrogatur, endlich: pretium succedit in locum rei (wenn etwa Rechtholz auf Grund eines Gemeindenutzungsrechtes aus Versehen einem bestimmten Bezugsberechtigten nicht zugewiesen wurde und daher in Natur nicht mehr lieferbar ist, was dann leicht vorkommen kann, wenn die gemeindlichen Nutzungsrechte aufgehoben werden, wie es der bayer. Entwurf zu einem neuen Gemeindegesetz vorsieht!), res succedit in locum pretii; diese Regeln sind insbesondere in der bayer. Rechtslehre und Rechtsprechung allgemein anerkannt[197].

Ein Schulbeispiel dieser Richtung gibt ein Fall aus dem öffentlichen Versicherungsrecht ab[198]. Ein auf § 50 des früheren Krankenversicherungsgesetzes (= KVG.[199]) gestützter Ersatzanspruch war erst unter der Herrschaft der RVO. geltend gemacht und anhängig geworden. Dazu führte das Reichsversicherungsamt zutreffend aus:

„. . . . Es handelt sich um vermögensrechtliche Ansprüche der Kasse gegen den Arbeitgeber. Vermögensrechtliche Ansprüche, die vor dem 1. Januar 1914 entstanden waren, sollten durch die RVO. nicht beseitigt werden: „Die alten Gesetze wirken

[196]) Gierke a. a. O. S. 200 Fußnote 19.

[197]) KompKonflErk. vom 14. Dezember 1857, RegBl. 1858 S. 42 und vom 9. Dezember 1859, RegBl. S. 1337.

[198]) AN. 1915 S. 346 Nr. 1951. Vgl. auch Fußnote 170.

[199]) § 50 bestimmte, daß Arbeitgeber, die der ihnen obliegenden Anmeldepflicht für die von ihnen beschäftigten versicherungspflichtigen Personen schuldhafterweise nicht genügen, alle Aufwendungen zu ersetzen haben, die eine Krankenversicherungseinrichtung in einem vor der Anmeldung durch die nicht angemeldete Person veranlaßten Unterstützungsfall gemacht hat.

insofern weiter, als der nach ihnen erworbene Anspruch oder Anwaltschaften erhalten bleiben", so heißt es in der Begründung zum Art. 5 EGRVO. S. 23. Diesem unzweideutig erklärten Willen des Gesetzgebers würde es widersprechen, wollte man den Ansprüchen aus § 50 KrVG., die vor dem 1. Januar 1914 begründet, aber noch nicht geltend gemacht waren, vom 1. Januar 1914 ab die Anerkennung deshalb versagen, weil der RVO. solche Ansprüche fremd sind und die Vorschriften der §§ 530, 531 RVO., die den § 50 KrVG. ersetzen sollen, unter Umständen auch auf die Zeit vor dem 1. Januar 1914 angewendet werden könnten .... Sind aber Ansprüche aus § 50 KrVG., die unter der Herrschaft dieses Gesetzes begründet waren (d. h. wenn sich der gesamte Tatbestand von der Beschäftigung bis zur Krankheit unter dessen Herrschaft ereignet hat), auch noch nach dem 1. Januar 1914 als fortbestehend anzuerkennen, so muß auch die Möglichkeit gegeben sein, sie nach dem 1. Januar 1914 zu verwirklichen (§ 1780 RVO.; vgl. auch Fußnote 260 der Darstellung)."

Daher muß gerade bei derartigen Fällen zunächst auf das unterliegende sachliche Rechtsverhältnis, wie unter Abschn. III näher dargelegt wurde, zur Ermöglichung der Beurteilung der Zuständigkeitsfrage zurückgegriffen werden. Dabei will hier nicht unerwähnt bleiben, was nicht nur für die Zuständigkeitsfrage, sondern auch für die Anwendung des Verfahrensrechts bedeutsam ist, daß dieser Fall sich z. B. vom Fall der Anfechtung einer vorher rechtskräftigen Heimatverleihung vornehmlich dadurch unterscheidet, daß zwar die Rechtseinrichtung als solche, nämlich das krankenversicherungsrechtliche Verhältnis als solches auch in das neue Recht übernommen wurde, während es im zweiten Fall in ein ganz anderes Rechtsverhältnis, den Unterstützungswohnsitz umgewandelt wurde, aber diesen maßgeblich beeinflußend zunächst fortwirkt. Dieser Unterschied tritt in dem Punkt klar hervor, daß in diesem Fall noch die früheren Rechtszugsbehörden entscheidungsbefugt, während in jenem Fall sofort die neuen Behörden der RVO. (Spruchbehörden) zur Erledigung zuständig sind. Bei einem nicht einmal umgewandelten, sondern restlos auch in seinen Wirkungen aufgehobenen Rechtsverhältnis z. B. bei einem Bannrecht könnte nur rein formell die nach neuem Recht für Klagen solcher Art — z. B. für privatrechtliche Ansprüche die ordentlichen Gerichte — allgemein zuständige Behördengattung angerufen werden, außer in dem Fall, daß behauptet würde, das geltend gemachte Recht gehöre überhaupt nicht zu den aufgehobenen Rechtsverhältnissen (§ 9 GewO.), also jedenfalls immer, wenn ein zulässiges Feststellungsbegehren über den Bestand des Rechts Inhalt der Klage wäre. Erweist sich der Anspruch als nicht klagbar, weil aufgehoben, so müßte die Klage ohne weiteres abgewiesen werden (§ 17 b Eingangs).

§ 18. Der Einfluß des Zuständigkeitsnormenwechsels auf schon vorher anhängig gewordene Rechtsangelegenheiten (Schwebende Rechtsstreitigkeiten).

I. Die sofortige Anwendbarkeit der neuen Zuständigkeitsnormen.

a) Die sachliche Seite der Einwirkung des Zuständigkeitsnormenwechsels.

Recht bestritten und teilweise immer noch ungeklärt sind die Übergangsnormen für die Zuständigkeitsbestimmung in den Fällen, in denen ein Rechtsverhältnis vor dem Rechtswechsel anhängig war. Dabei sind auch hier zunächst sogen. ausgereifte, d. h. auch auf Seite des Rechtsinhabers durch tatsächlichen Verbrauch seiner Rechtsstellung erworbene Rechte gemeint. Zwei Fälle müssen unterschieden werden, je nachdem in der Sache bereits eine den ersten Rechtszug abschließende Entscheidung erlassen worden ist oder nicht.

Soll für die endgültige Zuständigkeitsfestlegung die Tatsache der Rechtshängigkeit oder jene Zuständigkeitsnorm maßgebend sein, die zur Zeit der Fällung der ersten Rechtszugsentscheidung galt, oder soll hauptsächlich in den höheren Rechtszügen die jeweils allgemein festgesetzte Zuständigkeit ausschlaggebend sein auch für die Rechtsverhältnisse, die aus einem Rechtsgebiet herrühren, das früher der neuen staatsrechtlichen Zuständigkeit nicht unterstellt war? Das ist z. B. der Fall, wenn ein vor dem Stichtag der Rechtsänderung dem bürgerlichen Recht angehöriges Rechtsverhältnis in ein öffentlich-rechtliches durch die Neuordnung umgewandelt wurde. Auch mit der Würdigung dieser Fragen hat sich wiederholt die Rechtsprechung befaßt.

Der bayer. Kompetenzkonfliktsgerichtshof (= KKE) hält in seinem Erkenntnis vom 3. Mai 1893[200]) für die Frage, ob die Zuständigkeit der Gerichte oder der Verwaltungsbehörden begründet ist, den Zeitpunkt für entscheidend, in dem eine Partei die Tätigkeit dieser Organe angerufen hat, also den Tag der förmlichen Rechtshängigkeit der Streitsache bei der angerufenen Behörde, und sucht diese Annahme zu rechtfertigen mit dem Hinweis auf den Sinn des Art. 23 IV des bayer. Gesetzes vom 18. September 1879 über die Entscheidung der Kompetenzkonflikte zwischen den Gerichten und den Verwaltungsbehörden oder dem Verwaltungsgerichtshof (= KKG., GVBl. 1879 S. 991 ff.), der lautet:

„Der Gerichtshof — nämlich der KK.-Gerichtshof — bestimmt in seinem Urteil, ob die Zuständigkeit der Gerichte oder die der Verwaltungsbehörden begründet ist. Die dem Urteil entgegenstehenden Entscheidungen sind als nicht erlassen anzusehen." Eine genauere Darlegung, wie der Gerichtshof zu dieser Schlußfolgerung kommt und welche Erwägungen ihn hiebei geleitet

---

[200]) GVBl. 1893, Bd. I S. 5/6.

haben, gibt er nicht. Dem gegenüber muß hervorgehoben werden, daß zwar die Anrufung einer bestimmten gerichtlichen Behörde, also die gerichtliche Anhängigkeit einer als Verwaltungssache angesprochenen Rechtsangelegenheit nach Art. 8 KKG. für die einschlägigen Verwaltungsstellen überhaupt erst die Möglichkeit bietet, zu prüfen, ob der KK. erhoben werden kann und will, also gewissermaßen eine Prozeßvoraussetzung für dessen Erhebung bildet; eine weitere Bedeutung darüber hinaus ist indessen der Rechtshängigkeit gerade für das Zuständigkeitsverfahren, dieses im Gegensatz zur sachlichen Entscheidung des Zuständigkeitsstreites genommen, nicht beizumessen. Die Frage, wie sachlich entschieden werden muß, ist aber nicht unter Heranziehung des Art. 23 IV KGO. lösbar. Diese Vorschrift bestimmt ausschließlich die Vernichtungswirkung des Urteils des Zuständigkeitsgerichtshofes und begrenzt sie nach ihrem Umfang. Art. 23 IV besagt demnach nichts weiter als was vom bisherigen Verfahren beseitigt werden soll; davon allein handelt diese Vorschrift. Demnach sind nicht die Rechtshängigkeit, Endentscheidungen überhaupt, Rechtsmitteleinlegungen und deren Wirkungen zu vernichten, sondern nur solche Entscheidungen, die auf Grund der Rechtshängigkeit der Sache erlassen wurden und mit dem Urteil des Zuständigkeitsgerichtshofes im Widerspruch stehen. Hat z. B. ein Oberlandesgericht im Gegensatz zum Landgericht die Zuständigkeit der ordentlichen Gerichte verneint, der Zuständigkeitsgerichtshof sie dagegen bejaht, so sind trotz dieses zuständigkeitsgerichtlichen Erkenntnisses aufrecht erhalten die Anhängigkeit der Klage vor dem Landgericht nebst allen ihren Wirkungen, das landgerichtliche Urteil selbst, soweit es die Zuständigkeit der Gerichte angenommen hat, endlich die Berufungseinlegung samt deren Wirkungen. Vernichtet ist nur das entgegenstehende Urteil des Oberlandesgerichtes. Vernichtet werden aber auch nicht die auf dem Gebiete des sachlichen Rechtes liegenden Rechtswirkungen, als sogen. erworbene Rechtsstellungen, die mit der Klagestellung unzertrennlich verbunden sind, z. B. § 209 BGB., ferner Ausschlußfristen, z. B. § 84 BGB. Diese Grundsätze gelten auch für die Fälle der Aufhebung von Vorerkenntnissen außerhalb des Zuständigkeitsverfahrens im ordentlichen Rechtszug[201]).

Aus der Vorschrift des Art. 23 IV KKG. kann aber durchaus nicht geschlossen werden, daß jetzt auch die Zuständigkeitsnormen, die zur Zeit der Rechtshängigkeit der Sache beim Gericht galten, anwendbar sein sollen zur Entscheidung der sachlichen Seite des Zuständigkeitsstreites. Lediglich das Recht, das zur Zeit der Urteilsfällung durch den Zuständigkeitsgerichtshof verkündet war und in Wirksamkeit getreten ist, muß die Entscheidungsnorm abgeben für die Beurteilung der

[201]) Vgl. die zu Fußnote 219 gehörigen Nachweise.

Frage, welche Behörde zur sachlichen Entscheidung berufen ist; dies selbst dann, wenn früher, also ohne Eintritt des Rechtswechsels, anders hätte entschieden werden müssen. Die Staatsanwaltschaft beim KKG. war demnach damals mit ihren Ausführungen und ihrem Antrag im Recht, wenn sie den der Anschauung des Gerichtshofes entgegengesetzten Standpunkt einnahm. Dem gegenüber ist es belanglos, wenn dabei der „Amtsbetrieb" im öffentlich-rechtlichen Verfahren durch den „Parteibetrieb" im gerichtlichen Verfahren abgelöst wird. Solche Verschiebungen im Rechtsgang dürfen nicht entscheiden gegenüber dem großen Grundsatz, daß Gesetze sofort mit ihrem Inkrafttreten anwendbar sind, welche Behörde auch immer die Anwendung handhaben mag. Die Folgen wären sonst unübersehbar, wie nachfolgend gezeigt werden soll. Auch Schädigungen der Parteien (etwa durch Anwaltszwang im neuen Verfahren!) müssen als unvermeidlich hingenommen werden.

Von diesem Erkenntnis rückt nunmehr die neue Rechtsprechung mit vollem Grund, wenn auch im einzelnen Fall aus anderen Erwägungen ab. So das bayer. Landesversicherungsamt in seinen „Mitteilungen" (= M.) auf Grund folgenden Tatbestandes[202]. Ein Oberversicherungsamt hatte auf Grund des (nunmehr aufgehobenen: RGBl. 1919 S. 182) § 359 I RVO. den Antrag eines Ortskrankenkassenvorstandes auf Erteilung der Genehmigung zur Anrechnung der kassenamtlichen Dienstzeit eines Geschäftsführers der Kasse und zwar mit Wirkung vom 1. Januar 1917 an abgelehnt. Hiegegen erhob der Kassenvorstand Beschwerde zum Staatsministerium des Innern, das sie unter Bezugnahme auf die inzwischen von ihm erlassene MinBekm. vom 20. Juni 1917 Nr. 118e/32 (Staatsanzeiger Nr. 143) an das Landesversicherungsamt, also ein Gericht des öffentlichen Rechts abgab, dem damit das Staatsministerium die Erledigung von Beschwerden gegen Entscheidungen der Oberversicherungsämter in den Fällen des § 359 I RVO. rechtsgültig übertragen hatte. Das Landesversicherungsamt erkannte seine Zuständigkeit mit folgender Begründung an:

„Zur Entscheidung über die Beschwerde ist das Landesversicherungsamt zuständig. Mit diesem Ausspruch scheint zwar der Grundsatz der Entscheidung des Gerichtshofes für Kompetenzkonflikte vom 3. Mai 1893 (GVBl. 1893 Beilage I) in Widerspruch zu stehen. Der genannte Gerichtshof erachtete nämlich für die Frage, ob die Zuständigkeit der Gerichte oder die der Verwaltungsbehörden begründet ist, den Zeitpunkt für entscheidend, in dem eine Partei die Tätigkeit dieser Organe angerufen hat. Der Grundsatz aber ist einzig mit dem Sinn des Art. 23 Abs. IV des KKG. begründet und deshalb nur auf die Fälle anzuwenden, in denen es

[202]) M. 1917 Nr. 86 S. 146/7.

sich um einen Zuständigkeitsstreit zwischen Gerichten und Verwaltungsbehörden handelt. Im übrigen bemächtigt sich nach allgemein anerkanntem Rechtsgrundsatz jede neue Bestimmung über die Zuständigkeit, wenn sie nicht selbst eine solche Anwendung ausschließt, sofort und unmittelbar aller Verhältnisse, die nicht bereits vorher ihren Abschluß gefunden haben (S. Bd. 14 S. 339)." Den gleichen Standpunkt hat das Landesversicherungsamt unter Bezugnahme auf diese Entscheidung vertreten in seinem Erkenntnis vom 24. Februar 1921 (M. 1921 Nr. 129 S. 35) anläßlich der Bescheidung der Beschwerde eines Angestellten der landwirtschaftlichen Berufsgenossenschaft Koburg gegen diese Berufsgenossenschaft wegen vermögensrechtlicher Ansprüche, nämlich wegen Gewährung von Teuerungsbeihilfe. Seit 1. Juli 1920 ist das Gebiet von Koburg mit Bayern vereinigt. Seitdem ist die genannte Berufsgenossenschaft der Aufsicht des bayer. Landesversicherungsamtes unterstellt. Die Beschwerde des Angestellten, fährt die Entscheidung fort, ist allerdings am 15. Juli 1919, also zu einer Zeit erhoben, da diese Berufsgenossenschaft noch der Aufsicht des Reichsversicherungsamtes unterstand. Für die Frage der Zuständigkeit zur Entscheidung einer Streitsache ist aber nicht der Stand der Gesetzgebung zu der Zeit, da die Sache rechtshängig wurde, sondern der Stand der Gesetzgebung zur Zeit der Entscheidung maßgebend." Das Reichsversicherungsamt hat sich gleichfalls zur Entscheidung vermögensrechtlicher Streitigkeiten aus dem Dienstverhältnis eines Berufsgenossenschaftsbeamten, der vor dem 1. Januar 1913 in den Ruhestand versetzt wurde, nach § 705 RVO. für nicht zuständig erklärt. Vielmehr wurden (siehe A. N. 1922 Nr. 3097 S. 172) ohne Dazwischentreten des Reichsversicherungsamts die ordentlichen Gerichte für entscheidungsbefugt erachtet (mangels Übergangsbestimmungen, vgl. Art. 5 EGRVO. und Art. 3 der Kaiserl. VO. vom 5. Juli 1912, RGBl. S. 439). Ebenso ist nach Ansicht des RGZ. Bd. 102 S. 166, 170 und 391 (Regers Sammlung Bd. 42 S. 333 ff.) Art. 131 I Satz 3 RV. über die Unzulässigkeit des Ausschlusses des ordentlichen Rechtswegs bei Klagen gegen den Staat wegen pflichtwidriger Handlungen seiner Beamten als prozeßrechtliche Vorschrift sofort in Kraft getreten und hat den Rechtsweg auch für die bereits z. Z. der Verkündung der RV. begründeten Ansprüche (RGZ. 48 S. 406; 101 S. 426) eröffnet. Sie ist daher auf den vorliegenden Fall anwendbar, obwohl die dem Staatsbeamten vorgeworfene Amtspflichtverletzung im Januar 1919 geschehen ist. Ebenso hat das RG. (Bd. 100 S. 243) das Reichstumultschädengesetz (= RTG.) vom 12. Mai 1920 mit seinem Ausschluß des Rechtswegs zugunsten der Entscheidung durch Ausschüsse und das Reichswirtschaftsgericht in der Revisionsinstanz auch dann für anwendbar erklärt, wenn es bei Erlaß des angefochtenen Berufungsurteils noch nicht in Geltung (14. Mai 1920) war; ebenso hat es in einer weiteren Entscheidung (Bd. 101 S. 385) für den Fall, daß das RTG. während eines anhängigen Prozesses wegen Schäden an Leib und Leben, und zwar nach der Verkündung, aber vor Zustellung des Berufungsurteils in Kraft trat, anerkannt, daß damit der Rechtsstreit zum Stillstand gelangt ist. Urteile, die an diesem Tag (14. Mai 1920) noch nicht rechtskräftig waren, können die Rechtskraft nicht mehr erlangen; prozessuale Fristen können weder ablaufen noch eröffnet werden. Eine Revision muß als unzulässig verworfen werden.

Gerade in dem hier angezogenen 14. Band S. 339 hat der bayer. Verwaltungsgerichtshof den zutreffenden Satz geprägt: „Das prozeßrechtliche Verhältnis ist immer ein gegenwärtiges und wird als solches regelmäßig von dem jeweils geltenden Gesetz beherrscht; denn dieses ist ein zwingendes Recht, das unter Ausschluß des Bestimmungsrechtes der einzelnen Beteiligten das Verfahren sofort und in dem Stand erfaßt, in dem es sich beim Inkrafttreten des Gesetzes befindet. Es muß daher auch nach der Klageerhebung und der dadurch begründeten Rechtshängigkeit der Wechsel des Gesetzes die sofortige Anwendung des neuen Rechts auf alle zukünftigen Handlungen und Vorgänge in diesem Prozeß zur Folge haben[203].“

Damit ist gleichzeitig schon für den Abschnitt VI (Einwirkung des Rechtswechsels auf das Verfahren) ein Leitsatz gewonnen; so eng verflochten ist in dieser Frage Zuständigkeit und Rechtsgang, nicht minder wie Zuständigkeit und sachliches Recht.

Das erwähnte KKE. vom 3. Mai 1893, wonach beim Wechsel der Zuständigkeitsbestimmungen die Anhängigkeit für die Frage der anwendbaren Norm entscheiden soll, verteidigt v. Zink[204]) mit der Aufstellung, daß der Grundsatz, — wonach jedes Gesetz in Raum und Zeit herrscht, und ein Prozeßgesetz alle in sein Geltungsgebiet fallenden prozessualen Vorgänge beherrscht, unangesehen, ob ihr oder der Vorzeit das materielle, den Streitgegenstand bildende Rechtsverhältnis angehört, ohne daß ihm (nämlich dem Prozeßgesetz) aber fortwirkende Kraft in die Herrschaftszeit des neuen Rechtes hineingebühre, — nur gelte für den Fall einer Verfahrensänderung während des vor den Verwaltungsbehörden begonnenen Prozesses, nicht aber für den Fall der Übertragung der Zuständigkeit von den

[203]) Ebenso die Rechtsprechung des preuß. KKG. bei Jebens S. 275/6; auch Dyroff, BGG. S. 530 Anm. 2 a. E. Mit Recht hat damals der BGH. die sinngemäße Anwendung des § 18 I EGzZPO. abgelehnt; denn dieser ist eben notwendig gewesen, um eine Ausnahme von der Regel festzusetzen.

[204]) BlfaPr. Bd. 67 S. 134.

Verwaltungsbehörden an die Gerichte, also an einen ganz anderen Behördenorganismus, dessen Verfahren (Parteibetrieb!) sich an jenes der Verwaltungsbehörden (Amtsbetrieb!) nicht anschließen lasse. Deshalb habe sich dieser Gerichtshof — nämlich der KKG. — für die Weiterführung des Verfahrens vor den Verwaltungsbehörden ausgesprochen und zwar mit Rücksicht auf die bei den Verwaltugsbehörden eingetretene Rechtshängigkeit, eine Rechtshängigkeit, die durch die neue Zuständigkeitsbestimmung nicht mehr aufgehoben worden sei. Diese Auffassung erscheint bedenklich, wobei bemerkt werden will, daß die sachlichen Wirkungen der Rechtshängigkeit (insbesondere die Unterbrechung der Verjährung) bei der ursprünglich zuständigen Behörde als durch die Prozeßhandlung der Anhängigmachung herbeigeführtes und damit erworbenes sachliches (= materielles) Recht trotz nachträglicher Vernichtung der Rechtshängigkeit fortbestehen und nicht mehr untergehen können.

Zunächst will unter Bezugnahme auf die Ausführungen unter § 3 der Darstellung darauf hingewiesen werden, daß sich die Frage nach der Zuständigkeit im Sinn der Zulässigkeit des Rechtswegs auf dem Gebiete des Staatsrechtes und nicht auf jenem des Verfahrensrechtes bewegt und kein stichhaltiger Grund einzusehen ist dafür, warum nicht staatsrechtliche Normen ebenfalls sofort mit ihrem Inkrafttreten anwendbar sein sollen. Ist doch allgemein anerkannt, daß der Richter die Zulässigkeit des Rechtsweges (§ 274 I und II Ziffer 2 RZPO.) als unbedingte und zwar staatsrechtliche Prozeßvoraussetzung in jedem Stand des Verfahrens nicht nur auf Einrede, sondern von Amts wegen prüfen muß[205]), was umgekehrt auch für die Verwaltungsbehörden und die Verwaltungsgerichte gilt (Art. 14, 13I Ziffer 1 VGG.).

Aber zur tieferen Begründung dieses Standpunktes muß weiter ausgeholt werden. Gemäß § 72 der bayer. Landesverfassung prüfen die mit der Rechtspflege betrauten Behörden bei ihren Entscheidungen, ob ein anzuwendendes Gesetz nicht mit einer Bestimmung der Verfassung des Deutschen Reiches, dieser Verfassung oder einem anderen Verfassungsgesetz in Widerspruch steht. Diese Prüfung ist eine Inhaltsprüfung und erstreckt sich auch darauf, ob nicht etwa „Gewohnheitsrecht" (auch auf dem Gebiete der Zuständigkeit in staatsrechtlichem Sinn) wenigstens gegenwärtig, d. i. seit Verkündung der Landesverfassung, ausscheiden muß[206]); denn unter Gesetz ist auch in staatsrechtlichem Sinne jede Rechtsnorm zu verstehen. Nach § 95 tritt die bayerische Verfassung

---

[205]) RG. in JW. 1899 S. 39 Nr. 30 laut ständiger Rechtsprechung; oberstes Landesgericht in Z. S. Bd. 15 S. 258 und „Beiträge zur Erläuterung des deutschen Rechts" Bd. 45 S. 95 und namentlich auch die Entscheidung des Reichsgerichts unter Fußnote 240.

[206]) Vgl. die Ausführungen in § 5 und § 17 unter a der Darstellung, insbesondere Fußnote 59.

mit dem Tag ihrer Verkündung im GVBl. in Kraft (GVBl. 1919 S. 531).

Nun ist in § 69 IV daselbst mit sofortiger Wirkung verordnet, daß alle Streitigkeiten über Rechte und Ansprüche des bürgerlichen Rechtes und alle Strafsachen den bürgerlichen Gerichten zur Entscheidung zuzuweisen sind, soweit nicht durch diese Verfassung, die Verfassung des Deutschen Reiches oder ein besonderes Gesetz etwas anderes angeordnet ist (vgl. auch Art. 105 Satz 2 der Reichsverfassung: „Niemand darf seinem ordentlichen Richter entzogen werden" und § 13 GVG.). Für bestrittene Rechtsansprüche und Verbindlichkeiten auf dem Gebiet des öffentlichen Rechtes steht hiegegen nach Maßgabe der Gesetze das Verwaltungsrechtsverfahren offen (§ 71 I/II der bayerischen Landesverfassung.) Diese Vorschriften sind ius strictum, soweit schon auf Grund eines vorliegenden Gesetzes eine Zuständigkeitsbestimmung besteht, unter die sich solche Streitfälle unterstellen lassen, also z. B. unter irgend eine Ziffer des Art. 8 und 10 VGG. Schon deshalb müßte nach diesen Vorschriften, selbst wenn man dem erwähnten KKE. vom 3. Mai 1893 die Kraft eines Gewohnheitsrechtes unter der Annahme der Beachtung seines Grundsatzes seit Erlassung dieser Entscheidung zumessen wollte, der Regelsatz von der sofortigen Wirksamkeit der Bestimmungen der Verfassung auch bezüglich der Behördeneinrichtung anerkannt werden, die im einzelnen Fall nach dem ihr sachlich zugewiesenen Amtsbereich anrufbar und im Verlauf des Rechtsstreites weiterhin zuständig ist. Dabei will übrigens noch bemerkt werden, daß in Bayern durch die Formationsverordnung von 1825 die Zuständigkeit der Verwaltungsbehörden nur verordnungsmäßig geregelt war und der Streit darüber, ob diese VO. einem Gesetz gleich zu erachten ist, noch nicht zur Zufriedenheit entschieden ist; sie kann übrigens auch dahin gestellt bleiben, weil jedenfalls die neue verfassungsmäßige Regelung jeder gesetzlichen und verordnungsmäßigen Festlegung nach dem Grundsatz des Gesetzesvorrangs für die Zukunft zunächst ihre Herrschaft behauptete, bis sie wieder gewohnheitsrechtlich abgeändert würde.

Dazu kommt der allgemeine staatsrechtliche Grundsatz, daß der Staat und damit die Allgemeinheit an der Verteilung der Zuständigkeiten auf die einzelnen von ihm geschaffenen Behörden erheblich berührt wird und daß niemand im Staat auf den Bestand des subjektiven und objektiven Rechtes, zu welch' letzterem auch die Normen über die Behördenverfassung gehören, einen Rechtsanspruch hat[207]); er kann somit seinen sachlichen Rechtsanspruch nur innerhalb der jeweils für dessen Verfolgung

[207]) Georg Jellinek a. a. O. S. 97, 100 und 135 a. E. Vgl. oberstes Landesgericht ZS. vom 24. November 1922 Nr. I 123/22 (BayGVZ. 1923 Sp. 338): „. . . Es gibt kein allgemeines Recht auf Aufhebung, Änderung oder Begründung eines Rechtszustands oder Rechtsvorgangs."

bestehenden staatlichen Einrichtungen verwirklichen, so daß dem einzelnen Untertanen (nicht nur dem Staatsbürger!) kein förmlicher Rechtsanspruch auf eine bestimmte Art und Form des Rechtsschutzes überhaupt oder seiner Herbeiführung gewährleistet ist. v. Zink will diesen Grundsatz nur für die Art und Form der Rechtsschutzhandlung und ihrer Herbeiführung, also anscheinend ausschließlich für das Verfahrensrecht gelten lassen[208]); allein zu Unrecht. Wach führt gerade auf S. 212 aus, daß neue, bisher unbekannte Rechtsschutzmittel jedem bestehenden, nicht erst neu zu begründenden Recht zugänglich sein müssen. Verschließt das neue Recht den Rechtsweg zugunsten des Verwaltungsweges oder umgekehrt, so verwandelt sich eben die frühere Justizsache in eine Verwaltungssache und umgekehrt. Damit ist aber auch eine Änderung in der Zuständigkeit untrennbar verbunden, wie überhaupt die Versetzung eines Rechtsverhältnisses z. B. in das öffentliche Recht zur Folge hat, daß auch die Zuständigkeiten geändert werden.

Es muß ferner hervorgehoben werden, daß der Staat nur die Pflicht hat, überhaupt seinen Schutz zu gewähren zur Durchsetzung von Ansprüchen seiner Untertanen[209]), so daß dem Einzelnen auch jetzt — früher war § 77 der alten Reichsverfassung einschlägig — lediglich die querela denegatae vel retardatae iustitiae, also ausschließlich ein Anspruch auf Rechtsschutz schlechthin, nicht aber auf eine bestimmte Art des Rechtsschutzes, also bei einer bestimmten Behördengattung zusteht. Er kann sich nur wegen sogen. „Justizverweigerung" und „Justizverzögerung" zunächst im Rechtszug beschweren (vgl. Art. 72, 73, 74 AGGVG.[210]). Eine Verfassungsbeschwerde eines einzelnen Betroffenen gemäß § 93 der bayer. Landesverfassung könnte sich demnach nur darauf erstrecken, daß die §§ 69 IV/V und 71 ebenda verletzt sind, wenn nämlich eine dieser Behördeneinrichtungen sich auf Anruf mit der ihr unterbreiteten Rechtsangelegenheit überhaupt nicht befaßt hat, obwohl und soweit der Rechtsschutzanspruch kraft einer dieser Verfassungsbestimmungen gewährleistet ist. Soweit reichsrechtliche Zuständigkeitsvorschriften einschlägig sind, was z. B. besonders wichtig ist für die Austragung schwebender vermögensrechtlicher Ansprüche der bayerischen Gemeindebeamten im Hinblick auf Art. 129 Abs. I Satz 4 der Reichsverfassung und § 67 Satz 3 der bayerischen Landesverfassung[211]), bestünde auch die Möglichkeit der Anrufung

---

[208]) BlfaPr. Bd. 67 S. 133 unter Bezugnahme auf Wach, Handbuch des deutschen Zivilprozesses, 1885 S. 211 ff., insbesondere S. 214; vgl. Fleiner a. a. O S. 15, 18 und Meurer a. a. O. S. 700 und Fußnote 4.

[209]) Gg. Jellinek, ebenda S. 126/7.

[210]) Seydel-Piloty, a. a. O. S. 233/4.

[211]) Mit dem für den früheren Rechtszustand vom bayer. Verwaltungsgerichtshof erlassenen Erkenntnis in S. Bd. 39 S. 83 ff. kann man sich nicht einverstanden erklären. Vgl. auch Braunwart-Stössel, Die neue bayer. Gemeindegesetzgebung 1919

der Reichsaufsicht (Art. 15 I/III, 126 und 59 RV.). Nach früherem Recht war einem Gemeindebeamten zur Durchsetzung von Gehaltsforderungen im Sinne von erworbenen Rechtsansprüchen gegen seine Gemeinde lediglich der Weg der Anrufung der Staatsaufsicht eröffnet. Sofort mit dem Inkrafttreten der Reichsverfassung war ihm aber auch die Betretung des bürgerlichen Rechtsweges eingeräumt. Das angerufene Gericht konnte sich daher nicht unter Hinweis auf den Einwand der Anhängigkeit der Sache bei den Verwaltungsbehörden seiner Pflicht zur Entscheidung des geltendgemachten vermögensrechtlichen Anspruches entschlagen, da die neuen Zuständigkeitsvorschriften sofort in Kraft getreten sind und die Art der Erledigung des Falles bei den Verwaltungsbehörden ohnedies für die ordentlichen Gerichte nach dem Grundsatz der Selbständigkeit der sogen. Ressorts ein noli me tangere bedeutet und in keinem Fall den Einwand der Rechtshängigkeit der Sache rechtfertigen könnte. Denn darunter ist nur eine solche vor einem anderen ordentlichen Gericht zu verstehen (§§ 263, 267, 281 ZPO.).

Hat sich aber einmal ein ordentliches Gericht mit der Sache befaßt, also Amtshandlungen vorgenommen, gleichgültig, ob im Rahmen seiner Zuständigkeit oder unter Überschreitung seiner Zuständigkeitsgrenzen, so gibt es einem ordentlichen Gericht gegenüber vor Erschöpfung des Rechtswegs (§ 70 I und § 93 der bayer. Landesverfassung) zunächst kein sachliches Eingreifen irgend eines Staatsgerichtshofes, sondern nur die Möglichkeit der Anregung eines Zuständigkeitsstreites (= KK.) oder die Ergreifung eines Rechtsmittels. Dagegen könnte gegen Entscheidungen der reinen Verwaltungsbehörden sowie der mit der Verwaltungsrechtspflege betrauten Behörden, also der Gerichte des öffentlichen Rechtes, der Staatsgerichtshof angerufen werden, wenn nicht bei Entscheidungen der reinen Verwaltungsbehörden im Aufsichtsweg bis zur obersten einschlägigen Verwaltungsstelle und bei den Verwaltungsgerichten bis zur Erschöpfung des Verwaltungsrechtswegs durch Rechtsmitteleinlegung Abhilfe zu erzielen gewesen wäre. Auch der KKG. ist der Zuständigkeit des

S. 129 Bem. 10 vorletzter Absatz, ferner BayZfR. 1918 S. 201 u. BayGemVZ. 1918 Sp. 233. Den Anschluß an die rein mechanische Auffassung des Reichsgerichts gegenüber den organischen Zuständigkeitsbestimmungsgrundsätzen, wie sie sich in der bayer. Rechtsübung nicht nur, sondern auch in jener von ganz Süddeutschland entwickelt hat (vgl. hierher die Nachweise zu Fußnote 50 dieser Darstellung, dann Dyroff, VGG. S. 490/2 Bem. 1a zu Art. 13; Wach a. a. O. I S. 81 ff. und Otto v. Sarwey, Das öffentliche Recht usw. S. 102 ff.), kann man nicht gutheißen. Tatsächlich hat der bayer. KKG. bisher unbeirrt an seinem Standpunkt der Vertretung der organischen Lehre bei der Zuständigkeitsermittlung festgehalten, so in seinem neuesten Erkenntnis vom 12. November 1919 (GVBl. 1920 Beil. I), dann vom 18. Mai 1921 (in der BayGemVZ. 1921 Sp. 561/2) und jüngst auch unter Hervorhebung seines Anschlusses an die bayer. Übung der große Senat des Reichsversicherungsamtes in seiner Revisionsentscheidung vom 20. Dezember 1919 (A. N. 1320 Nr. 2559 S. 169).

Staatsgerichtshofes nicht entzogen, wenn nur im übrigen die Voraussetzungen des § 93 der bayer. Landesverfassung gegeben sind. Angenommen, in einem von einer Kreisregierung gegenüber einem Landgericht erhobenen KK. in einer Gehaltsforderungsstreitigkeit eines Gemeindebeamten gegen seine Gemeinde entschiede der KKG. dahin, daß der Rechtsweg unzulässig sei, so könnte der Gemeindebeamte mit der Behauptung, daß durch diese KKE. der ihm durch § 67 II Satz 3 der Landesverfassung gewährleistete Rechtsschutzanspruch vor den ordentlichen Gerichten abgeschnitten und er angesichts der sofortigen Rechtskraft dieses Erkenntnis mit der Folge der Bindung aller Beteiligten Behörden in seinem verfassungsmäßigen Rechtsverfolgungsanspruch verletzt sei, den bayer. Staatsgerichtshof anrufen. Dieser hätte auch hier gegebenenfalls dieses Ergebnis festzustellen, eine Art kassatorische Tätigkeit[212]). Damit ist im Ergebnis das Urteil des KKG. vernichtet.

Demnach ist jeder Staatseinwohner zu jeder Zeit d. h. in jeder Lage des Verfahrens der gerade für den Gegenstand seines Begehrens jeweils zur Erledigung zuständigen Rechtsschutzbehörde unterworfen. Dazu kommt, daß nach Art. 14 und 50 VGG. der Verwaltungsgerichtshof nur innerhalb seiner Zuständigkeit die Rechtmäßigkeit des Verfahrens prüfen darf, also sich in allen Fällen zunächst einmal über seine eigene Zuständigkeit, in erster Linie gegenüber den ordentlichen Gerichten klar sein muß. Das gilt auch für die unteren Verwaltungsrechtszugsbehörden: sie müssen immer ihre jeweilige Zuständigkeit prüfen vor Eintritt in die Sachbehandlung. Dieser gesetzliche Grundsatz kann aber nicht durch ein Erkenntnis des KKG. aus der Welt geschafft werden.

Es ist anerkannter Rechtsgrundsatz, daß jeder, der einen Rechtsstreit um ein sachliches Recht führt, des Rechtsschutzes im sachlichen Sinn nur solange teilhaftig werden kann, als das mit der Klage geltend gemachte Rechtsverhältnis, aus dem der Anspruch hergeleitet werden soll, noch vom Gesetz anerkannt ist (vgl. § 17 c a. E. und § 9 der Darstellung). Mit Rücksicht hierauf kann man den aussichtsreichsten Rechtsstreit verlieren, wenn während dessen Schwebens (vgl. §§ 7 ff. der Reichsgewerbeordnung!) das sachliche Rechtsverhältnis — meist ohne Entschädigung — im Weg der Gesetzgebung beseitigt wird[213]). Wenn aber der Untertan auf Wahrung eines sachlichen Anspruchs als sogen. „wohlerworbenes Recht" dem Staat gegenüber kein subjektives

---

[212]) Bayer. Gesetz über den Staatsgerichtshof vom 11. Juni 1920 (GVBl. S. 323 ff.), § 47; ZfR. in Bayern 1920 S. 257 u. BlfaPr. Bd. 71 S. 8, 10. Vgl. übrigens die zutreffende, auch hieher wegen Art. 129 Abs. I Satz 4 RV. (also § 67 II Satz 3 nur unzulässige Wiederholung von Reichsrecht: Art. 13 I RV.) einschlägige Kritik des Erkenntnisses des bay. Staatsgerichtshofs vom 28. Februar 1923 in BayZfR 1923 S. 100 und BayGVZ. 1923 Sp. 455/7.

[213]) Vgl. § 17 b der Darstellung.

Recht hat, dann erst recht nicht auf die Möglichkeit der Anrufung einer bestimmten Behördeneinrichtung; denn sie gehört zum Bestand der Rechtsordnung überhaupt, worauf begrifflich niemand im Staat einen Rechtsanspruch haben kann. Ein solcher Kläger lauft dieselbe Gefahr, den bei der ursprünglich wirklich zuständigen Behörde anhängig gemachten Rechtsstreit bei dieser Behördengattung zu verlieren, wie jener, dessen sachliches Recht durch die staatliche Gesetzgebung vernichtet wurde. Der so abgewiesene Kläger muß auch die Kosten des bisherigen Verfahrens tragen, obwohl er vielleicht sachlich völlig im Recht ist und auch bei der neuerlich für zuständig erklärten Behörde obsiegt. Eine andere Frage ist die, ob nicht diese Kosten der früher zulässigen Rechtsverfolgung der im neuen Rechtszug endgültig Unterliegende zu tragen, gegebenenfalls zu ersetzen hat, was wohl zu bejahen sein wird (Näheres S. 148).

Daher vermag auch, wie schon aus anderen Erwägungen bemerkt, der Standpunkt des bayer. Landesversicherungsamtes, daß das zur Zeit der Anhängigkeit eines Zuständigkeitsstreites zwischen Gerichten und Verwaltungsbehörden geltende Zuständigkeitsrecht bei einem Normenwiderstreit entscheidend sein soll, nicht geteilt zu werden. Als Beleg hiefür will die Rechtsprechung des bayer. Verwaltungsgerichtshofes[214]) angeführt werden. Dort hat dieser Gerichtshof in der Überschrift ausgesprochen, daß „Beschlüsse im Dienststrafverfahren (gegen Gemeindebeamte) mit rechtlicher Wirkung nur von Behörden ausgehen können, die nach der zur Zeit der Beschlußfassung maßgeblichen Gesetzeslage zu einer instanziellen Sachwürdigung ermächtigt sind" und weiter dargelegt zur Rechtfertigung dieser Auffassung, daß nach der seitherigen Rechtsprechung des Verwaltungsgerichtshofes in bezug auf Zuständigkeit und Verfahren bei einem Widerstreit von Gesetzen (S. Bd. 18 S. 143 und Bd. 24 S. 471) ein Rechtsstreit nicht nach dem Stand der Sache im Zeitpunkt des Streitbeginns (wie nach römischem Recht), sondern nach jenem zur Zeit der Urteilsfällung zu beurteilen ist. Auch in jüngster Zeit hat der Verwaltungsgerichtshof mit Rücksicht auf das Inkrafttreten des neuen Armengesetzes in dieser Richtung ausgesprochen, daß Beschlüsse mit rechtlicher Wirkung nur von Behörden ausgehen können, die nach der zur Zeit der Beschlußfassung jeweils maßgebenden Gesetzeslage zu einer instanziellen Sachwürdigung gesetzlich ermächtigt sind (ungedruckte Entscheidung vom 10. Juli 1916 Nr. 33 III/16[215]). Damit hat sich der bayer. Verwaltungsgerichtshof die zutreffende Ansicht zu eigen gemacht, daß die jeweilige Rechtszugsbehörde zur Ausübung ihrer Zuständigkeit nur nach den jeweils einschlägigen Zuständig-

[214]) Bd. 38 S. 114/5.

[215]) BlfaPr. Bd. 31 S. 181 ff. und Bd. 67 S. 145 b.

keitsnormen berufen ist. So kann es vorkommen, daß eine zur Erhebung des KK. befugte Behörde begründeterweise den KK. gegenüber einem Gericht erhoben hat, der KKG. dagegen infolge Wechsels der Gesetzgebung und klarer Zuweisung der Angelegenheit an die Gerichte auf Zulässigkeit des Rechtsweges erkennen muß, da eine Zurücknahme des KK. gesetzlich nicht vorgesehen ist.

Wie schon oben im anderen Zusammenhang erwähnt, ragen bei einem schwebenden Rechtsstreit im Falle eines Rechtswechsels auf dem Gebiet der Zuständigkeit unvernichtbar in das Geltungsbereich der neuen Zuständigkeitsnorm hinein die sogen. „erworbenen Prozeßvorteile", die durch Vorkehrung einer Verfahrenshandlung z. B. durch Anhängigmachung, Bescheidszustellung[216]), durch Einlegung oder Zurücknahme eines Rechtsmittels in der Vorzeit hervorgerufen sind. Ein Verwaltungsbescheid oder ein richterliches Urteil, die noch unter der Geltung der früheren Gesetzgebung erlassen wurden, können selbstverständlich noch rechtskräftig werden, jedoch nach Maßgabe der neuen Rechtsnormen, auch wenn für die Beurteilung des streitigen Rechtsverhältnisses eine andere Behördenorganisation bestimmt wurde. Dies trifft sowohl dann zu, wenn die Zustellung überhaupt in die Zeit nach dem Rechtswechsel fällt, als auch dann, wenn die Rechtsmittelfrist infolge Zustellung nach Maßgabe der alten Vorschriften noch in die Zeit der neuen Gesetzgebung hineinragt. Wird unter der neuen Gesetzgebung und damit unter den neuen Normen innerhalb der Notfrist kein Rechtsmittel eingelegt, so kann das Erkenntnis in Rechtskraft erwachsen trotz der neuen veränderten Zuständigkeitsbestimmungen. Gehört doch die Zustellung bis zur Rechtsmitteleinlegung selbst noch zum alten Rechtszug, gewissermaßen als Anhängsel des Urteils, dessen Schicksal sie teilt. Erst nach Einlauf des Rechtsmittels bei der höheren Behörde beginnt ein neuer Rechtszug: sogen. Überwälzungswirkung des eingelangten Rechtsmittels (früher Devolutiveffekt genannt). Aber trotzdem gehören alle in das neue Recht hineinragenden Fristen und Rechtshandlungen dem späteren Recht an, wie überhaupt darnach auch die sog. formelle Rechtskraft zu beurteilen ist, während das alte Recht über die sachliche Rechtskraft eines vorher gefällten Erkenntnisses entscheidet. Demnach gilt, wie noch unter Abschn. VI näher dargelegt werden soll, die neue Rechtsmittelfrist, wenn sie gegenüber der früheren geräumiger ist. Eine Rechtsmittelzurücknahme oder ein Rechtsmittelverzicht unter dem neuen Recht müssen sich selbstverständlich nach dessen Rechtsformen abspielen, wenn sie rechtsgültig sein sollen, wie alle übrigen Prozeßhandlungen auch. Vgl. hieher Fußnote 254 der Darstellung. Deshalb war auch in Art. IX des Einführungsgesetzes zum Gesetz, betreffend Änderungen der ZPO. vom 17. Mai 1898 (RGBl. S. 332) als Aus-

[216]) Gierke S. 207 und Fußnote 92. Vgl. auch § 21 der Darstellung.

nahme von der Regel die Vorschrift vorgesehen, daß eine Frist, die zur Zeit des Inkrafttretens des Gesetzes, betreffend die Änderungen der ZPO., lauft, nach den bisherigen Vorschriften berechnet wird.

Wenn dagegen solche Prozeßhandlungen innerhalb einer Notfrist nach der Rechtsänderung vorgenommen werden, gilt das neue Recht, selbst wenn eine Verschlimmerung der prozessualen Lage für den eintritt, der auf Grund einer in der Rechtsgangsgesetzgebung vorgesehenen Rechtshandlung diese Folge herbeigeführt hat.

b) Die besondere verfahrensrechtliche Gestaltung infolge der Einwirkung des Zuständigkeitsnormenwechsels.

An die bestehenden Rechtsnormen über die Zuständigkeit sind, wie schon in § 1, Fußnote 4 und 5 der Darstellung hervorgehoben, de lege lata sowohl der Staat selbst als auch die Vollzugsbehörden unabänderlich gebunden. Im einzelnen Fall wird sich nach obigen Ausführungen die Rechtslage folgendermaßen gestalten, wofern nicht das neue Recht anders bestimmt:

Ist ein nach dem Rechtswechsel als Justizsache anzusprechendes Rechtsverhältnis[217]) vor den früher zuständigen Verwaltungsbehörden anhängig gemacht worden, so hat die erkennende Rechtszugsbehörde (= Instanz), sei es auch die 2. oder 3., die vorausgegangenen Entscheidungen, gegebenenfalls unter kostenfälliger Zurückweisung des Rechtsmittels — möglicherweise ist wenigstens teilweise Art. 171 I des Kostengesetzes anwendbar[218]) — aufzuheben und den Antrag auf verwaltungrechtliche Entscheidung (oder auf Entscheidung der Sache durch die Verwaltungsbehörden) zurückzuweisen, wobei in den Entscheidungsgründen auf die nunmehrige Unzuständigkeit der Verwaltungsbehörden hinzuweisen ist[219]). Umgekehrt haben die ordentlichen Gerichte ebenfalls unter etwaiger Aufhebung vorher ergangener gerichtlicher Urteile und Verwerfung des Rechtsmittels die Klage kostenfällig abzuweisen[220]). Auch im ersten Rechtszug müßte der Antrag auf verwaltungsrechtliche Entscheidung oder der geltend gemachte Anspruch zurückgewiesen oder — bei gerichtlicher Anhängigkeit — die Klage abgewiesen werden. Diese völlige Vernichtung der verfahrensrechtlichen Spuren der früheren Rechtszugsbehörden ist notwendig, weil sonst nur eine teilweise Erledigung des Streitfalles

---

[217]) Ein Schulbeispiel für unsere Frage gibt das neue allerdings nach den Grundsätzen des ius eminens zu beurteilende Reichsgesetz vom 15. Juli 1921 über religiöse Kindererziehung ab (RGBl. S. 939 ff.), in dem nicht nur das sachliche Rechtsverhältnis gegenüber dem früher einschlägigen Landesrecht, namentlich gegenüber den bayer. Verfassungsbestimmungen inhaltlich vollständig umgestaltet wurde, sondern auch eine andere Behördenart, nicht mehr die Verwaltungsrechtsbehörden (nach Art. 8 Ziff. 4 VGV.), sondern die Vormundschaftsgerichte als entscheidungsbefugt erklärt wurden. (§ 7 dieses Gesetzes vom 15. Juli 1921.)

[218]) Grund: § 4 II Ziff. 1 der Darstellung.

[219]) Dyroff, VGG., S. 518 ff., Anmerkung.

[220]) Näheres Fußnote 240.

einträte, wenn neben der Rechtsmittelverwerfung noch die früheren Erkenntnisse unberührt blieben oder vielmehr in der Luft hingen. Ebenso muß auch förmlich über den Anspruch oder Antrag entschieden werden, damit nach dieser Richtung ebenfalls keine verfahrensrechtliche Lücke klafft. Selbstverständlich sind aber damit die sachlichen Rechtsstellungen aus verfahrensrechtlichen Vorgängen, weil erworben, nicht beseitigt und können auch nicht — außer durch Gesetz — beseitigt werden.

Eine einfache Aktenabgabe nach Rechtshängigkeit vor Fällung einer Entscheidung ist unzulässig. Dieses Verfahren erscheint — sofern die neue Rechtsnorm es nicht ausdrücklich vorschreibt — lediglich dann statthaft, wenn es sich um Abkürzung des Rechtszugs innerhalb eines bestimmten unbestritten zuständigen Behördenorganismus infolge Rechtswechsels handelt. In diesem Fall kann die mit dem Rechtsmittel angefochtene Entscheidung der bisher, aber jetzt nicht mehr ersten Rechtszugsbehörde (z. B. Bezirksamt) sofort der neuen ersten Instanz (z. B. Regierungssenat) oder nach Beschwerdeeinlegung gegen ein Erkenntnis der früheren Instanz (z. B. des Regierungssenats) der neuen Rechtsmittelprüfungsbehörde, die gegebenenfalls die letzte Instanz (z. B. der Verwaltungsgerichtshof) sein kann, unterbreitet werden. Nicht einmal unter reinen Verwaltungsbehörden im Verhältnis zu Verwaltungsgerichten ist eine bloße Aktenabgabe zulässig z. B. dann nicht, wenn jemand ausdrücklich verwaltungsrechtliche Entscheidung etwa über den ursprünglich zweifellos gewährten Rechtsanspruch auf den Genuß einer Stiftung beantragte, jedoch durch eine inzwischen staatlich genehmigte Abänderung der Stiftungssatzung grundsätzlich kein Rechtsanspruch auf den Stiftungsgenuß (sog. Bewerbungsberechtigung) mehr eingeräumt ist; hier müßte vielmehr erst der Antrag auf verwaltungsrechtliche Entscheidung im ersten Rechtszug — als unzulässig — zurückgewiesen werden, wobei dem abgewiesenen die Anhängigmachung der Sache bei den Verwaltungsbehörden (Stiftungsaufsichtsbehörden) anheim zu geben wäre. In gleicher Weise wie beim vorigen Beispiel unter b Abs. 2 müßte eine solche im höheren Rechtszug durch Rechtsmitteleinlegung anhängige Stiftungsgenußstreitigkeit verfahrensrechtlich behandelt werden, es sei denn, daß die Streitteile die in der Vorzeit ergangenen verwaltungsrichterlichen Entscheidungen in Rechtskraft erwachsen ließen, sei es durch Nichteinlegung eines Rechtsmittels oder durch dessen Zurücknahme, diese selbst unter dem neuen Recht.

Hiebei taucht neuerdings die bereits oben gestreifte Frage auf, ob der endgültig im neuen Rechtszug unterliegende Teil auch die dem Sieger erwachsenen Kosten der Rechtsverfolgung in den vor dem Rechtswechsel zuständigen Instanzen zu tragen hat. Die Frage wird zu bejahen sein, da nach dem auch im Verwaltungsverfahren sinngemäß als allgemeiner Rechtsgrundsatz anwendbaren § 91 I RZPO. die Angehung der vor dem Rechtswechsel ausschließlich entscheidungsbefugten Behörden als objektiv notwendig zur zweckentsprechenden Rechtsverfolgung angesehen werden muß, und es durchaus kein Verschulden oder Mitverschulden des Siegers bedeutet, wenn inzwischen durch einen außerhalb seines Willens liegenden Akt der Staatsgewalt eine andere Behörde zur Entscheidung der gleichen Sache berufen wurde.

Die gleichen Grundsätze für den Zuständigkeitswechsel und die Kostentragung gelten auch für den Fall, daß vor der Zuständigkeitsnormenänderung im Rechtszug ein Obergericht (Landgericht, Oberlandesgericht, Reichsgericht, Regierungssenat, Verwaltungsgerichtshof) das Erkenntnis oder die Erkenntnisse eines oder mehrer untergeordneter Rechtszugsbehörden etwa wegen wesentlicher Verfahrensmängel aufgehoben und die Sache an eine Vorinstanz verwiesen hat und zwar auch da wieder ohne Rücksicht darauf, ob das das Vorerkenntnis aufhebende Gericht seine Zuständigkeit ausdrücklich oder stillschweigend, zu Recht oder Unrecht angenommen hat; dabei muß sogar, wenn nach der Aufhebung der Vorerkenntnisse ein Wechsel in der Zuständigkeitsbestimmung zwischen den ordentlichen Gerichten und den Verwaltungsbehörden eintritt, sowohl die Anwendung der Vorschrift in Art. 8 II KKG. wie auch jene in Art. 22 II daselbst ausscheiden. Nach Art. 8 II KKG. ist die Erhebung des KK. unstatthaft, wenn die *Zulässigkeit* des Rechtsweges durch rechtskräftiges Urteil eines ordentlichen Gerichtes feststeht. Diese Beschränkung der Zulässigkeit der Erhebung des Zuständigkeitsstreites wird natürlich begrenzt, solange der *ganze Rechtsstreit sachlich noch nicht rechtskräftig abgeschlossen* ist, durch die Herrschaft der Norm, auf Grund deren das Gericht die Zulässigkeit des Rechtsweges rechtskräftig ausgesprochen hat. Und das gleiche gilt für den Fall des Art. 22 II, wonach die Verwaltungsbehörden und der Verwaltungsgerichtshof (natürlich auch die unteren Verwaltungsrechtszugsbehörden), falls das Reichsgericht *die Unzulässigkeit des Rechtsweges* ausgesprochen hat, die *rechtliche* Beurteilung, die dem reichsgerichtlichen Erkenntnis zugrunde gelegt ist, auch ihrer Entscheidung zu unterstellen haben. Daraus, daß die Verwaltungsbehörden usw. die „rechtliche Beurteilung", die das Reichsgericht geleitet hat, anzuerkennen haben, ergibt sich der zwingende Schluß, daß auch die Ansicht des Reichsgerichtes, ebenso wie jene der Gerichte im Falle des Art. 8 II KKG. stehen und fallen muß mit der Änderung der Rechtsnormen über die Zuständigkeit[221]); sie gilt nur

[221]) *Gierke* a. a. O. S. 207 Fußnote 50. Ein Fall, der nach den Grundsätzen des ius eminens zu beurteilen ist, liegt vor bei der Betrachtung des Verhältnisses zwischen § 71 Abs. II Satz 2 der bayer. Landesverfassung, der lautet: Ihre Erkenntnisse — nämlich der mit der Verwaltungsrechtspflege betrauten Behörden — binden auch die Organe der öffentlichen Gewalt und dem § 17 I GVG: „Die Gerichte entscheiden über die Zulässigkeit des Rechtswegs." Hier

legibus sic stantibus[222]). Wie verwickelt und vielseitig verschlungen sich dieses Gebiet gerade unter Berücksichtigung der Änderung der Zuständigkeitsnormen gestalten kann, und welche Nachteile für die Parteien mit einem Zuständigkeitswechsel verbunden sein können, mögen aus nachfolgendem Beispiel ersehen werden. Haben sich an einem beim Landgericht anhängigen Rechtsstreit die Parteien zunächst um die Zuständigkeitsfrage gestritten, ebenso noch beim Oberlandesgericht und Reichsgericht und hat dann das Reichsgericht den Rechtsweg für zulässig erklärt, so beginnt der Streit neuerdings am Landgericht in sachlicher Richtung und geht im Fall der Rechtsmitteleinlegung über das Oberlandesgericht wiederum zum Reichsgericht. Da kann es nun vorkommen, daß nach Einlegung der Revision eine Zuständigkeitsänderung eintritt, so daß das Reichsgericht entgegen seinem erstmaligen Erkenntnis ohne jedes Eingehen auf die Sache unter Aufhebung aller entgegenstehenden Erkenntnisse und unter Verwerfung der Revision die Klage wegen Unzulässigkeit des Rechtsweges abweisen muß. Hieran schließen sich dann gegebenenfalls noch drei Rechtszüge im verwaltungsrechtlichen Verfahren bis zum Verwaltungsgerichtshof, so daß der Rechtsstreit neun Instanzen bis zur sachlichen Erledigung günstigenfalls durchlauft, wenn nicht noch der Verwaltungsgerichtshof etwa wegen wesentlicher Verfahrensmängel die Sache an die erste Rechtszugsbehörde unter Aufhebung der Vorbescheide zurückverweist, so daß nochmals drei Rechtszüge in der gleichen Sache eröffnet werden. Auf solche Weise kann eine endgültige Sachentscheidung erst nach Zurücklegung von zwölf Instanzen zustande kommen.

handelt es sich nicht um die Frage des zeitlichen Zusammentreffens von 2 gleichwertigen Gesetzen, sondern um die Frage des Gesetzesvorrangs. Haben z. B. die Verwaltungsgerichte rechtskräftig und zwar innerhalb ihrer Zuständigkeit in einer Streitsache erkannt, so bindet ihr Erkenntnis die bürgerlichen- und die Strafgerichte, wenn sie bei Prüfung ihrer Zuständigkeit zur Auffassung kommen, daß sich die Verwaltungsgerichte im Rahmen ihrer Entscheidungsbefugnis gehalten haben. Verneinen sie jedoch dies, so bindet sie § 71 II Satz 2 der bayer. Verfassungsurkunde nicht, es müßte denn sein, daß sie die Entscheidung der Verwaltungsgerichte als Zwischenpunkt z. B. § 148 ZPO. und bei Strafsachen (§ 261 StPO.) etwa zur Feststellung der objektiven Rechtswidrigkeit z. B. Bachreinigungspflichtigkeit bei Anzeigen wegen deren strafbaren Unterlassung benötigen. In den letzteren Fällen werden die Gerichte — zweifellos „Organ der öffentlichen Gewalt" — auch durch Erkenntnisse der Verwaltungsgerichte und selbst Verwaltungsbehörden gebunden, sogar dann, wenn die Verwaltungsgerichte usw. nicht in den Grenzen ihrer Zuständigkeit entschieden hätten, weil eben in diesen Fällen kein Widerstreit mit dem hier gar nicht einschlägigen § 17 I GVG. vorliegt.

[222]) Vgl § 9 Schlußabsatz der Darstellung; ferner Mitt. 1921 S. 46/7: Hier war das bayer. Landesversicherungsamt von einer früheren Entscheidung des Reichsversicherungsamts selbständig abgewichen, ohne die Verweisung der Sache an den Großen Senat des Reichsversicherungsamts gemäß §§ 1718 I, 1717 I RVO. für erforderlich zu erachten; denn die Entscheidung des Reichsversicherungsamts war auf Grund einer anderen, von der jetzt maßgeblichen völlig verschiedenen Rechtsgrundlage getroffen. — Ebenso die Rechtsprechung des bayer VGH. bei Dyroff, VGG. S. 692.

c) Ergebnis.

Ändert sich demnach die rechtliche Unterlage, so muß notwendig die rechtliche Beurteilung der Frage nach der Zulässigkeit des Rechtsweges neu geprüft werden. Die rechtliche Beurteilung auf Grund der früheren Rechtsgrundlage ist dann unbehelflich, da neue Gesetze sofort anwendbar sind und mangels Übergangsbestimmungen das alte Recht unbedingt, d. h. mit sofortiger Wirksamkeit bei noch nicht rechtskräftiger sachlicher Erledigung des Rechtsstreites ausschließen. Nova auf dem Gebiet der Zuständigkeit während eines schwebenden Verfahrens erzeugen eine andere Rechtslage. Wirkt doch sogar die sachliche Rechtskraft nur rebus sic stantibus. Eine abweichende Anschauung müßte dazu führen, daß der Richter den Normen-Schöpfer an die Kette legen und den Vollzug der Gesetze aufhalten könnte, was schon deswegen unzulässig ist, weil der Richter dem Gesetz unterworfen ist (Art. 102 RV.; § 5 der bayerischen Landesverfassung) d. h. der jeweils geltenden Rechtsnorm. Auch dieser Verfassungsgrundsatz kann nicht durch ein KKE. vernichtet werden.

Alle mit der Entscheidung eines sachlichen noch nicht erledigten Rechtsstreites befaßten Behörden haben deshalb beim Wechsel der Zuständigkeitsbestimmungen immer die jüngste ihrem Erkenntnis zugrunde zu legen, gleichgültig, ob schon irgend ein Obergericht nach Maßgabe der früheren Zuständigkeitsnormen die Zulässigkeit des Rechtsweges (oder bei den Verwaltungsbehörden und Verwaltungsgerichten: die Zuständigkeit der Verwaltungsbehörden oder Verwaltungsgerichte) rechtskräftig und mit verpflichtender Wirkung gegenüber den Vorinstanzen ausgesprochen hat. Ebenso kann z. B., selbst wenn das Reichsgericht unter Zugrundelegung der alten Zuständigkeitsvorschriften auf die Zulässigkeit des Rechtsweges erkannt und etwa die Sache an ein Untergericht verwiesen hat, jedenfalls bei einer solchen Sachlage der KK. gegenüber dem Untergericht erhoben werden, wenn eine abweichende Zuständigkeitsrechtsregel nach dem verweisenden Erkenntnis in Kraft getreten ist. Nichts zu tun hat die Beantwortung dieser Frage mit einer anderen allgemeinen Streitfrage, ob der KK. gegenüber einer beim Reichsgericht anhängigen, aber noch nicht verbeschiedenen Rechtsstreitigkeit oder gegenüber einer beim Reichsgericht anhängig gewesenen, aber unter stillschweigender Anerkennung des Rechtsweges an ein Untergericht zurückverwiesenen Streitsache überhaupt erhoben werden kann. Denn in diesem Fall bildet den Kernpunkt der Beurteilung die Möglichkeit der Erhebung des Zuständigkeitsstreites schlechthin, ohne daß ein Wechsel in der Zuständigkeitsnorm eingetreten ist, gegenüber einem dem Reichsgericht untergeordneten Gericht; dagegen ist es im andern Fall vollständig gleichgültig, ob dem Reichsgericht selbst gegenüber dessen Zuständigkeit infolge der streitigen Anwendbarkeit des früheren Rechtes oder einer neuen Zuständigkeitsnorm bekämpft wird. Der Beweggrund für die Bestreitung der gerichtlichen Zuständigkeit ist eben belanglos für die Frage, ob überhaupt gegenüber einem beim Reichsgericht anhängigen Rechtsstreit der KK. erhoben werden kann, so daß diese Streitfrage als nicht hierher gehörig aus der Betrachtung ausscheidet. Sie steht mit dieser Darstellung so wenig in innerem Zusammenhang wie die Frage des Widerrufes eines Verwaltungsaktes infolge Wechsels der Gesetzgebung bedeutsam ist für die Würdigung der Frage, ob der erlassene Staatsakt an sich rechtsgültig ist[223]).

Gegenüber einem sachlich durch rechtskräftiges Urteil abgeschlossenen Rechtsstreit d. h. auf die sachliche Rechtskraft selbst ist der Zuständigkeitsnormenwechsel selbstverständlich ohne Einfluß. Die Auslegung eines gerichtlichen Urteils oder eines Erkenntnisses einer Verwaltungsbehörde oder eines Verwaltungsgerichtes nach der Richtung, ob das Erkenntnis überhaupt noch rechtsbeständig und wie es in seinem Inhalt zu verstehen ist, ob die zu vollstreckende Forderung überhaupt oder in der angesprochenen Größe entstanden ist, Einwendungen gegen die Zulässigkeit der Vollstreckungsklausel auch nach dem Rechtswechsel, haben z. B. bei einem Erkenntnis, das von einer Verwaltungsbehörde ausgegangen ist, diese zu beurteilen, alle übrigen Einwendungen dagegen die ordentlichen Gerichte (vgl. Art. 7 II des bayer. AGZPO. und und KO.; § 9 I RGewO.[224])). Wie bereits oben hervorgehoben,

---

[223]) Kormann a. a. O. S. 364 III.

[224]) KKE. vom 28. Mai 1898 (GVBl. 1898 Beilage I). Hier wird zutreffend angenommen, wenn eine Verwaltungsbehörde ein verwaltungsrichterliches oder einfaches Verwaltungserkenntnis gefällt hat in einer vermögensrechtlichen Angelegenheit, in der die künftige Vollstreckung auf eine Geldleistung gerichtet ist, und dann im Vollstreckungsverfahren der Einwand des Erlöschens (Tilgung durch Zahlung, Aufrechnung, Erlasse vgl. usw.) geltend gemacht wird, die Verwaltungsbehörden über diese Einwendung zu entscheiden berufen sind, wenn der Einwendende behauptet, daß den Tilgungseinwand schon die Verwaltungsbehörde in ihrem Erkenntnis hätte würdigen und darüber entscheiden müssen, daß dagegen die bürgerlichen Gerichte dann zur Entscheidung befugt sind, wenn der Tilgungseinwand erst nach dem letzten Verwaltungserkenntnis entstanden ist (KKE. vom 1. April 1875, GVBl. Beilage I und vom 15. November 1876, GVBl. Beilage XII S. 67/74; v. Kahr, Kommentar zur bayerischen Gemeindeordnung, Band II S. 66 Fußnote 36). A.M. ist der bayerische Verwaltungsgerichtshof in seinem Erkenntnis in S. Bd. 17 S. 141 ff., auch bei Dyroff, VGG. S. 706/7. Der Umstand, daß das Vollstreckungsgericht die Vollstreckung einstweilen eingestellt hat, steht nicht entgegen, daß über den Tilgungseinwand die bürgerlichen Gerichte zu entscheiden haben, wenn hervorgehoben wird, daß dieser Erlöschenseinwand wirklich erst nach Feststellung der Forderung durch ein — rechtskräftig gewordenes — verwaltungsgerichtliches Erkenntnis entstanden ist. Doch gelten diese Zuständigkeitsgrundsätze (Art. 7 des bayer. AGZPO. und KO.) nur unter den Voraussetzungen, daß 1. eine Geldforderung vorliegt; 2. die Zwangsvollstreckung bereits eingeleitet ist und gegen deren Durchführung Einwendungen geltend gemacht wurden. Dagegen haben in allen übrigen Fällen des Zwangsvollzuges von Erkenntnissen der Verwaltungsbehörden und Verwaltungsgerichte diese selbst nach Art. 46 VGG. darüber zu entscheiden, ob die Zwangsvollstreckung eingeleitet werden soll, wenn nicht in einer reinen Parteiangelegenheit

steht und fällt der Inhalt eines rechtskräftigen behördlichen Erkenntnisses mit dem Untergang des darin festgestellten Rechtsverhältnisses oder Anspruches infolge Normenwechsels (siehe § 17b der Darstellung). Im Streitfall sind auch beim Wechsel der Zuständigkeit über solche durch die sachliche Rechtskraft nicht mehr gedeckte Rechtsverhältnisse im allgemeinen die Behörden berufen, die das rechtskräftige Erkenntnis erlassen haben und zu deren Geschäftsbereich bisher die Erledigung solcher Streitigkeiten gehörte (vgl. Dyroff, ebenda S. 654/5 und die dortigen Nachweise sowie neuestens der bayer. VGH. in S. Bd. 36 S. 164/5; auch § 9 I RGewO.). Indessen für die Auslegung eines rechtskräftigen, auch inhaltlich noch rechtsbeständigen Erkenntnisses der Vorzeit ist im Fall des Zuständigkeitsnormenwechsels immer und zwar einschließlich der etwa getroffenen neuen Zuständigkeitsausscheidung das neue Verfahrensrecht anwendbar, insbesondere auch über die Zulässigkeit und den Umfang der Zwangsvollstreckung[225]). Das kann dazu führen, daß infolge Zuständigkeitsnormenwechsels die ordentlichen Gerichte ein rechtskräftiges verwaltungsgerichtliches Erkenntnis unbeschränkt nach Inhalt und Umfang, d. h. ohne Rücksicht auf Art. 7 II AGZPO. und KO. zu prüfen befugt sind.

II. Die besondere Reichs- und landesgesetzliche Regelung.

Es will hier noch kurz hingewiesen werden, wie die jüngere wichtigere Gesetzgebung bei einzelnen Reichs- und bayerischen Landesgesetzen durch ausdrücklichen gesetzlichen Ausspruch den Rechtswechsel der Zuständigkeit zwischen den ordentlichen Gerichten und den Gerichten des öffentlichen Rechtes geregelt hat.

1. In der RVO. ist in Art. 85 EGRVO. für das Verhältnis zwischen den Verwaltungsbehörden und den durch die RVO. neu geschaffenen Versicherungsbehörden, also nicht zwischen Versicherungsbehörden und Gerichten der Grundsatz aufgestellt, daß ein Verfahren,

---

der Gegner deren Durchführung beantragt (S. Bd. 24 S. 78), und überhaupt selbständig die ganze Zwangsvollstreckung zu vollziehen, soweit nicht bestimmte Vollstreckungshandlungen (Forderungspfändungen, Vollstreckung in Liegenschaften und Grundstücksrechte!) den ordentlichen Gerichten ausschließlich zugewiesen sind.

[225]) Vgl. hierher § 17b und § 17a am Ende der Darstellung; ferner Wach a. a. O. S. 218 und Gierke a. a. O. S. 207 Fußnote 50; ferner arg. § 21 EGZPO., wonach ausnahmsweise eine vor dem Inkrafttreten der ZPO. anhängig gewordene Zwangsvollstreckung nach den bisherigen Prozeßgesetzen zu erledigen ist. Daß diese Regelung besonders zu treffen ist, erhellt auch aus dem bayer. Vollzugsgesetz vom 30. Mai 1921 zum Landessteuergesetz vom 30. März 1920 (GVBl. 1921 S. 361 ff.). Hier bestimmt der Art. 48 IV, daß Art. 44, der von der Einziehung von Gefällen von Körperschaften des öffentlichen Rechts (Staat, Gemeinden usw.) handelt, am 1. Juli 1921 in Kraft tritt, wogegen Zwangsvollstreckungsverfahren, die vor diesem Zeitpunkt begonnen haben, nach den landesrechtlichen Vorschriften durchgeführt werden.

wenn es an dem Tag, an dem die Vorschriften des 6. Buches der RVO. über das „Verfahren" in Kraft treten, bereits anhängig ist, nach den bisher geltenden Vorschriften erledigt wird, soweit nicht die Art. 86 bis 99 etwas anderes vorschreiben[226]. Hierher sind besonders die Fälle der Art. 86 und 87 bedeutsam. War nämlich an dem im Art. 85 bezeichneten Termin ein Verfahren gemäß § 58 des früheren KrVG. oder z. B. § 23 Abs. II des alten JVG. — um zwei besonders häufige Fälle herauszugreifen, — bei der Aufsichtsbehörde einer Krankenversicherungseinrichtung oder einer Behörde zum Vollzug des JVG. anhängig, so mußte die Sache an das Versicherungsamt abgegeben werden, wenn darüber noch nicht entschieden war mit der Folge, daß von nun an für das weitere Verfahren die Vorschriften der RVO. zu gelten hatten. War aber darüber bereits einmal entschieden, so gilt wiederum Art. 85, d. h. die bisher geltenden Vorschriften sind auch hier anwendbar[227]. Wichtig ist hiebei, daß bei bloßer Anhängigkeit ohne vorausgegangenes Erkenntnis zum Zwecke der Erleichterung der Rechtsverfolgung die einfache Aktenabgabe ohne Unzuständigkeitserklärung und damit verbundener Abweisung des Anspruches vorgeschrieben wurde. Hieraus ist ersichtlich, daß diese Vorschrift als Ausnahme von der Regel anzusprechen ist; danach ist an sich ein solcher Anspruch wegen Unzuständigkeit förmlich abzuweisen, um den Rechtszug bei einer bestimmten Behördenart sowie innerhalb ihres Organismus abzuschließen, wofern nicht die Klage oder der Antrag auf verwaltungsrechtliche Entscheidung förmlich zurückgenommen und damit die Rechtshängigkeit beseitigt ist.

2. Das UWG. hat in § 65 Abs. II Ziffer 6 für die sogen. „Reichssachen" und zwar für Streitsachen der Armenverbände untereinander[228], die nach dem Inkrafttreten des UWG. anhängig gemacht werden, für das Verfahren, wozu nach den §§ 37, 38 UWG. auch die Zuständigkeitsbestimmung gehört, die Vorschriften des UWG. für anwendbar erklärt[229]. Alle übrigen Streitigkeiten sind nach den früheren Vorschriften zu erledigen. Auch diese Bestimmung erwies sich aus Zweckmäßigkeitsgründen geboten, um alle Zweifel auszuschließen, daß die dem alten sachlichen Recht angehörigen und vollendeten erwähnten Streitsachen der neuen Zuständigkeit sowie dem neuen Rechtsgang unterworfen sein sollen, womit wiederum der Grundsatz anerkannt ist, daß neue Zuständigkeitsnormen (nebst neuem Verfahren) sofort anwendbar sind.

3. Das bayer. Wassergesetz (= WG.) vom 23. März 1907 hat im Art. 209 lediglich eine Zuständigkeitsüberleitungsbestim-

[226] S. Bd. 34 S. 1 ff.; A. N. 1915 S. 347; Mitt. 1913 S. 60.
[227] S. Bd. 34 S 1 ff.; weiteres am Ende dieses Abschnittes.
[228] BlfAPr. Bd. 66 S. 120 Fußnote 1).
[229] BlfAPr. Bd. 67 S. 137 ff., näheres am Schluß des Abschnittes.

mung im Verhältnis von Verwaltungsbehörden und Verwaltungsrechtsinstanzen getroffen. Soweit vor den Verwaltungsbehörden eine Wassersache anhängig, aber zur Zeit des Inkrafttretens des WG. noch kein Bescheid erlassen war, sind die neuen Zuständigkeitsbestimmungen einschlägig, im übrigen die früheren[230]). Auch in jenem (ersteren) Fall ist in Abweichung von der Regel in § 299 der Vollzugsbekanntmachung zum WG. einfache Aktenabgabe an die nunmehr zuständige Behörde vorgesehen. Durch diese ausdrückliche Gesetzesbestimmung ist vermieden, wie die Begründung zum WG. sagt, daß eine und dieselbe Sache nach zwei Gesetzen behandelt wird, womit der Grundsatz der Erheblichkeit des Rechtswechsels auch für die Zuständigkeit als Regel anerkannt ist.

Dagegen greifen nach § 303 der gleichen Vollzugsvorschriften bei Ablösung der Zuständigkeit der ordentlichen Gerichte durch die der Verwaltungsbehörden auf das Verfahren bei den Gerichten die für die Einwirkung neuer Gesetze bestehenden, oben geschilderten Rechtsgrundsätze Platz. Die Vollzugsvorschriften betonen hiebei ausdrücklich, daß daher in den Fällen, in denen nach dem neuen Wassergesetz — durch sog. Hinüberwechseln der gerichtlichen Zuständigkeit in jene der Verwaltungsbehörden infolge zunehmender Sozialisierung des Individualismus — künftig der Rechtsweg nicht mehr beschritten werden kann, die Einrede der Unzulässigkeit des Rechtsweges in jedem Stand des Verfahrens geltend gemacht (und selbstverständlich auch der KK. erhoben) werden kann. Hinzuzufügen wäre noch, daß die Würdigung der Frage, ob der Rechtsweg unzulässig ist, wie schon oben bemerkt, auch von Amts wegen als sogen. Prozeßvoraussetzung, deren Geltendmachung unabhängig ist vom Vorbringen der Parteien, jederzeit den Gerichten zukommt[231]).

4. Einen besonderen Fall, der beim Wechsel der Gemeinde- und Gemeindezweckverbandsgesetzgebung in Bayern durch das Inkrafttreten des Selbstverwaltungsgesetzes vom 22. Mai 1919 aufgetreten ist, habe ich in der BayGVZ.[232]) behandelt. Hier ist infolge unterlassener Aufhebung früherer Sonderbestimmungen über die Gründung von Zweckverbänden in sachlicher und formeller Hinsicht eine doppelte Möglichkeit der Verwirklichung von Rechtsansprüchen aus solchen Zweckverbänden gegeben; zunächst eine verwaltungsrichterliche Zuständigkeit, soweit die Zweckverbände früher und auch künftig auf den alten, für Sonderfälle noch zugelassenen Rechtsnormen aufgebaut wurden und noch werden; soweit sie aber unter der Wirksamkeit des Selbstverwaltungsgesetzes (= SVG.) die neuen gesetzlichen Unterlagen entweder bei der Zweckverbandsgründung oder nach der Anpassung

[230]) S. Bd. 30 S 19, 22; Bd. 36 S. 62/3.
[231]) Vgl. hierher Fußnote 205.
[232]) 1920 Sp. 377 ff. unter III: „Selbstverwaltung und Zweckverbände".

der bisherigen Satzungen an die neuen Vorschriften annehmen, ist das schiedsrichterliche Verfahren für Verbandsstreitigkeiten anwendbar (Art. 26 SVG. und Art. 11 VGG.). Es wird nach dem Willen des Gesetzgebers anzunehmen sein, und auch das Staatsministerium des Innern gab durch den damaligen Minister des Innern im Landtag diese Auffassung kund, daß künftig bei Neugründung oder wesentlicher Änderung der Satzungen früherer Zweckverbände, denen infolge gesetzlicher Unmöglichkeit der Unterstellung unter die noch zugelassenen Sonderzweckverbände der Rechtsboden des Art. 37 des abgeänderten Distriktsratsgesetzes für die Zukunft entzogen ist, nicht nur das sachliche, sondern auch das formelle neue Recht, insbesondere bezüglich der nunmehrigen schiedsrichterlichen Zuständigkeit gelten soll; mindestens ist dies der Fall bei Neuerrichtung und Satzungsänderung von solchen Verbänden, die zweifellos nicht auf eine aufrecht erhaltene Sondervorschrift (insbesondere für den eigentlichen und übertragenen Wirkungskreis der Gemeinde) gestützt werden können. Solche früher begründete, noch unberührte, namentlich noch nicht streitbefangene, also noch nicht dem Rechtsgang unterworfene Rechtsverhältnisse finden im übrigen ihren sachlichen und formellen Rechtsboden nach wie vor in Art. 37 des Distriktsratsgesetzes und in Art. 8 Ziffer 22 VGG.; vornehmlich bei sogen. deklaratorischen Streitigkeiten, von denen im nächsten Abschnitt die Rede sein soll, wie z. B. Austritt von Teilhabern aus dem Verband, Verteilung der Gemeinschaftslasten, Auflösung des Verbandes usw. im Gegensatz zu den rechtsgestaltenden, sogen. konstitutiven Streitigkeiten z. B. über die Ausgestaltung des Verbandes; aber auch wenn sie streitbefangen sind, gilt nach obigen allgemeinen Ausführungen für die Zuständigkeit sowie als sachliche Entscheidungsnorm noch das alte Recht weiter[233]).

5. Durch den Entwurf zum Reichsverwaltungsgericht werden eine Reihe von Streitigkeiten im Vollzug von Reichsgesetzen, namentlich auch der Reichsverfassung in der letzten Rechtsstufe den obersten Verwaltungsgerichtshöfen der deutschen Länder entzogen. Nach dem Entwurf[234]) soll für den Übergang das bisherige Verfahren, natürlich in Verbindung mit der bestehenden Zuständigkeit der Landesgerichtshöfe des öffentlichen Rechtes gelten, wenn die Berufung zum Reichsverwaltungsgericht nicht mehr möglich oder bei einem obersten Verwaltungsgerichtshof eines Landes anhängig ist. Hier ist also — offenbar aus Zweckmäßigkeitserwägungen — der Zeitpunkt der Anhängigkeit bei der obersten Rechtszugsbehörde als entscheidender Wendepunkt erklärt.

---

[233]) Näheres unter Abschn V insb. auch § 10 IV der Darstellung. Dazu AM. 1915 S. 346 Nr. 19; Art. 170 EGBGB. Pöll, UWG. S. 53.

[234]) BlfaPr. Bd. 70 S. 65 ff.

III. Das Verhältnis des Zuständigkeitsnormenwechsels zu den in der Vorzeit erlassenen einstweiligen Verfügungen.

Endlich wäre noch die Einwirkung des Zuständigkeitswechsels auf die von den bisher zuständigen Behörden erlassenen „einstweiligen Verfügungen" kurz darzustellen. Soweit nicht besondere Rechtsnormen Abweichendes bestimmen, ist die Zuständigkeit zur Erlassung vorsorglicher Maßnahmen ein accessorium der Zuständigkeit zur Erledigung der Hauptstreitsache. Wer in der Hauptsache zur Fällung einer Entscheidung berufen wird, ist auch befugt, einstweilige Anordnungen zu treffen. Denn sie dienen ja grundsätzlich zur Sicherung der Befriedigung des Anspruchs, also zur Sicherstellung der künftigen Zwangsvollstreckung. Soweit demnach die ordentlichen Gerichte Arreste und einstweilige Verfügungen erlassen (§§ 935, 940, 916ff. RZPO.), muß in jedem Stand des Verfahrens die Zulässigkeit des Rechtsweges geprüft werden. Darin stimmen die Kommentatoren zur ZPO. überein[235]). Schon die Zwangsvollstreckung auf Grund eines rechtskräftigen Erkenntnisses[236]) steht grundsätzlich der untersten Rechtszugsbehörde der jeweils einschlägigen Behördenorganisation zu, die die zu vollstreckende auch nach dem Rechtswechsel durch die sachliche Rechtskraft noch gedeckte Entscheidung künftig zu erlassen hätte, wenn nachträglich die Zuständigkeit zur Erlassung solcher Entscheidungen an eine andere Behördenart übergeht; erst recht muß dann eine vorsorgliche Anordnung ebenso wie ein vorläufig vollstreckbares Urteil gedeckt sein während der ganzen Dauer der Durchführung der Zwangsvollstreckung durch die fortwährende Zuständigkeit der zur Erlassung der Sicherungs- und Vollstreckungsmaßnahmen befugten Behörden; ist ja die Hauptsache noch nicht einmal rechtskräftig abgeschlossen und hat nach obigen Grundsätzen beim Normenwechsel die bisher mit der Sache befaßte Behörde von Amts wegen ein Prozeßurteil über ihre nunmehr mangelnde Zuständigkeit ergehen zu lassen, womit alle bisherigen Amtshandlungen dieser nunmehr unzuständig gewordenen Behörde und alle damit verknüpften rein verfahrensrechtlichen Rechtswirkungen erlöschen, soweit es sich nicht um erworbene Rechtsstellungen handelt (vgl. vor Fußnote 201 unter § 18 I sowie VII der Darstellung und die Ausführungen im VI. Abschnitt)! Hatten z. B. die ordentlichen Gerichte etwa in den Fällen der Art. 86, 87, 88 des früheren bayer. Wasserbenützungsgesetzes einstweilige Verfügungen oder vorläufig vollstreckbare Urteile erlassen, so wurde ihre Zuständigkeit gemäß Art. 158, 159 und 177b des neuen WG. mit sofortiger Wirkung abgelöst zugunsten der Zuständigkeit der Verwaltungsrechtsinstanzen; die Einrede der

---

[235]) Siehe auch Fußnote 205.

[236]) Siehe unter I Schlußabsatz.

Unzulässigkeit des Rechtsweges kann daher nicht nur in jedem Stand des Verfahrens geltend gemacht werden; vielmehr obliegt der bisher zuständigen Behörde sogar die Amtspflicht, von sich aus jederzeit, vornehmlich beim Rechtswechsel zu prüfen, ob ihre Befassungsbefugnis immer noch fort besteht; im Verneinungsfalle hat sie umgehend über ihre Zuständigkeit sowie den Bestand der bisher von ihr erlassenen Maßnahmen zu erkennen (vgl. § 303 der schon erwähnten Vollzugsbekanntmachung zum WG.).

Umgekehrt d. h. beim etwaigen Hinüberwechseln der Entscheidungsbefugnis von den Verwaltungsbehörden auf die ordentlichen Gerichte gelten dieselben Regeln, jedoch mit folgender Einschränkung. Den Gerichten steht es gewöhnlich auch trotz Rechtswechsels nicht zu, den Vollzug der von den Verwaltungsbehörden in dem ihnen verbliebenen Zuständigkeitsbereich erlassenen Anordnungen durch einstweilige Verfügungen zu hemmen und sich hiezu durch Eigentums- oder Besitzklagen und Anträge auf Erlassung vorsorglicher Maßnahmen bestimmen zu lassen. Die Zuständigkeit zum Vollzug einer Anordnung ist eben die notwendige Folge der Befugnis zu ihrem Erlaß; dabei ist vorausgesetzt, daß nicht durch eine Sonderbestimmung die Zuständigkeit zur Fällung und jene zur Vollziehung eines Erkenntnisses in einer und derselben Sache zwischen den Gerichten und den Verwaltungsbehörden geteilt ist; insbesondere sind zum Erlaß einstweiliger Anordnungen auch die Verwaltungsbehörden berufen trotz der Zuständigkeit der Gerichte in der Hauptsache bis zum Erlaß einer einstweiligen Verfügung durch die ordentlichen Gerichte selbst. So die ständige Rechtsprechung der bayerischen KK.-Behörden[237]).

Fälle, in denen trotz gerichtlicher Zuständigkeit in der Hauptsache doch vorerst die Verwaltungsbehörden vorsorgliche Verfügungen zu erlassen für befugt erklärt worden sind, sind z. B. enthalten bei Dyroff VGG.[238]).

Für die Form sowie den Inhalt der Zuständigkeitsentscheidung der bisher mit der Sache befaßten Behörden sowie für die Frage der Überbürdung der bisher erwachsenen Verfahrenskosten gelten sinngemäß dieselben Grundsätze wie bei der Beschlußfassung über die Zuständigkeit in der Hauptsache selbst in den einzelnen Rechts-

---

[237]) Z. B. die Erkenntnisse vom 9. Mai 1851, RegBl. S. 680, vom 20. Juni 1853 RegBl. S. 862, vom 15. Februar 1864 RegBl. S 230, vom 7. Mai 1866 RegBl. S. 569, vom 6. Dezember 1869 RegBl. 1870 S. 24, insbesondere vom 26. April 1871 RegBl. 1870 S. 1394. — Dazu BlfaPr. Bd. 60 S. 177 u. Bd. 61 S. 58 ff., Art. 10 I des neuen bayer. Armenges. mit Art. 10 Ziff. 6 VGG. — Geschäftsanweisung für die Gerichtsvollzieher vom 28. April 1900, § 205. — Dyroff, VGG., ebenda S. 702, Vorbem. 1.

[238]) S. 500 Bemerk. 6 zu Art. 46 VGG. — Vgl. auch den Art. 13 V SVG. — KKE. vom 28. Juni 1851, RegBl. S. 949/58, vom 6. Dezember 1569, RegBl. 1870 S. 19 ff, insbesondere vom 26. Oktober 1857, RegBl. S. 1414/30 (für vorläufige Anordnungen der Verwaltungsbehörden anf dem Gebiet der bürgerlichrechtlichen Kultusbaulast).

zügen; namentlich ist dies der Fall, wenn solche vorsorglichen Maßnahmen zur Überprüfung an die Oberbehörde gebracht werden, während der Hauptstreit noch bei der Unterbehörde schwebt.

IV. Die Einführung des schiedsgerichtlichen Verfahrens.

Im wesentlichen dieselben Rechtsregeln sind anwendbar, wenn statt des Rechtsweges vor den ordentlichen Gerichten oder der Anrufung der Verwaltungsbehörden (Staatsaufsichtsbehörden) z. B. laut Art. 66 des bayer. Gemeindebeamtenbesoldungsgesetzes in der Fassung vom 31. März 1921 (Staatsanzeiger Nr. 76), für Anträge von Gemeindebeamten auf Erhöhung oder überhaupt Neufestsetzung ihrer Gehälter sowie der Teuerungszulagen das schiedsgerichtliche (richtiger: Schlichtungs-) Verfahren angeordnet ist. Diesem sind auch schwebende Streitigkeiten unterworfen, solange sie noch nicht rechtskräftig abgeschlossen sind, sofern das Gesetz selbst nichts anderes bestimmt.

V. Einfluß der staatlichen Umwälzung auf bestehende Zuständigkeitsverhältnisse.

Über den Einfluß des Auftretens neuer oberster Machthaber gegen die bisherige Staatsordnung und über das Verhältnis ihrer Anordnungen zu jenen der früheren Gesetzgebungs- und Regierungsorgane und deren Zuständigkeit beziehe ich mich auf meine Ausführungen an anderem Orte[239]).

VI. Ausschluß von Parteivereinbarungen über die Zuständigkeitsbegründung bei Zuständigkeitsnormenänderung.

Über die Zuständigkeitsbegründung der Gerichte und der Verwaltungsbehörden wie überhaupt staatlich in's Leben gerufener Organisationen ist eine Vereinbarung der Streitsteile auch im Falle der Gesetzesänderung staatsrechtlich ausgeschlossen, da die Behördeneinrichtungsbefugnis sowie die Ausstattung der Behörden mit einem amtlichen Wirkungskreis der privaten Willkür entzogen und ausschließlich Sache der Staatsgewalt ist. Hat es etwa der Gesetzgeber zur Förderung des öffentlichen Wohles für angemessen erachtet, irgend einen Gegenstand zum Amtsbereich der Verwaltungsbehörden zu verweisen, so kann es der Natur der Sache nach nicht den Gesetzesuntergebenen überlassen sein, diese Zuständigkeit durch Vereinbarung (sogen. Prorogation) oder Vergleich eigenmächtig zu verändern und die ordentlichen Gerichte zuständig zu machen[240]). Jus publicum pri-

---

[239]) BlfaPr. Bd. 69 S. 92/3 und W. Jellinek a. a. O. S. 27/8.

[240]) KKE. vom 16 Januar 1865, RegBl. S. 159; vom 14. Oktober 1859, RegBl. S. 992/3; vom 23. März 1863, RegBl. S. 523 ff. Otto v. Sarwey

vatorum pactis mutari nequit gilt als Regel, wenn nicht die Norm selbst Ausnahmen vorsieht. Es bedeutete nichts weniger als eine Verfügung über die Gewaltenteilung im Staat, an die sogar, solange sie bestehen, der Staat selbst und dessen Behörden gebunden sind (vgl. Fußn. 4 und 5), wenn sich einmal der Staat in seiner Rechtsordnung darauf festgelegt hat. So Fleiner, ebenda S. 18 unter II, S. 29/30 und namentlich die Entscheidung des Reichsgerichts in ZS. S. Bd. 53 S. 35ff., hauptsächlich S. 37, in der die Unabhängigkeit der Zuständigkeitsnormen von der Parteiverfügung ausdrücklich als so wichtig anerkannt ist, daß sie sogar die Bedeutung der sogen. „relativen" Rechtskraft bei teilweiser Anfechtung des Vorerkenntnisses überstrahlt und zur gänzlichen Aufhebung aller Vorerkenntnisse verbunden mit Klagsabweisung führt. Fleiner a. a. O. hebt zutreffend hervor, daß dasselbe auch im Verhältnis von Verwaltungsbehörden und Verwaltungsgerichten zu gelten hat.

Jedoch kann, wie schon hervorgehoben, durch Gewohnheitsrecht auch Staatsrecht samt Zuständigkeitsanordnungen beeinflußt werden. *Ebensowenig liegt es*, was des Zusammenhangs wegen schon hier betont werden will, in der Verfügungsgewalt der Parteien, *innerhalb* der zuständigen Behördeneinrichtung *über den Rechtszug* durch Vereinbarung usw. zu bestimmen z. B. eine andere Behörde als erste Instanz anzurufen oder eine vom Gesetz ausgeschaltete, aber früher in den Rechtsgang verwobene Mittelinstanz dennoch als solche beizubehalten, sofern nicht das Gesetz es ausdrücklich gestattet.

VII. *Einwirkung des Zuständigkeitsnormenwechsels auf die Wiederaufnahme des Verfahrens.*

Wie gestaltet sich weiter die Rechtslage, *wenn ein Verfahren über ein vor dem Rechtswechsel rechtskräftig abgeschlossenes Rechtsverhältnis* unter der Geltung neuer Zuständigkeitsnormen über die Behördenart *wieder aufgenommen werden soll?* Die Vorschriften der Reichsgesetze (§ 584 RZPO.; §§ 407ff. RStPO.), dann Art. 23 VGG., sowie die Übergangsvorschriften hiezu (z. B. § 20 Abs. II EGZPO.) enthalten hierüber keine Bestimmungen. Es geht nur aus ihnen hervor, daß in der Regel über die Wiederaufnahme das Gericht entscheidet, das das letzte rechtskräftige Erkenntnis erlassen hat, wobei der Landesgesetzgebung immerhin die Möglichkeit vorbehalten wurde, zu bestimmen, in *welcher* Instanz die Klagen gegen solche Endurteile zu erheben sind. Das bayerische AGZPO. und KO. Art. 229

---

a. a. O. S. 664: „Die Zuständigkeit kann durch . . . . keine Parteivereinbarung geändert werden. Die Verfügungsfreiheit der Beteiligten ist ganz ohne Einfluß hierauf. Der Unterschied beruht auf objektiven, jeder persönlichen Einwirkung entzogenen Merkmalen."

regelte daraufhin die Sache dahin, daß Nichtigkeits- und Restitutionsklagen gegen die auf Grund bisheriger Prozeßvorschriften erlassenen Endurteile in der Instanz, in der das angefochtene Urteil erlassen worden ist, und, wenn sie sich gegen Entscheidungen verschiedener Instanzen richtet, bei der höheren Instanz zu erheben sind.

Aber aus dieser rein verfahrensrechtlichen Bestimmung der sachlich zuständigen Wiederaufnahmebehörde ist unmittelbar nichts zu entnehmen für den Fall des Zuständigkeitswechsels, der Überweisung der inhaltlich gleichen Rechtssache an eine andere Behördeneinrichtung. Man wird in Anlehnung an die Ausführungen unter I Schlußabsatz über die Auslegung von Erkenntnissen der Gerichte und der Verwaltungsbehörden die gleichen Grundsätze hier bestimmend sein lassen müssen, wonach (wenn nicht das neue Gesetz etwas anderes besagt) die rechtliche Behandlung und damit auch die Wiederaufnahme des Verfahrens in einer rechtskräftig entschiedenen Sache abhängig ist vom Rechtswechsel; denn das Schicksal einer rechtskräftigen Entscheidung ist durchaus nicht verkettet mit der es erlassenden Behördenart. Kann doch der Gesetzgeber jederzeit anders darüber verfügen! Daher ist auch eine staatsrechtliche Zuständigkeitsänderung ebenso wie eine verfahrensrechtliche innerhalb einer bestimmten Behördengattung (etwa eine Rechtszugsabkürzung!) nicht einflußlos auf die Zuständigkeit zur Einleitung des Wiederaufnahmeverfahrens gegenüber Erkenntnissen aus der Vorzeit. Zudem bezweckt ja dieser außerordentliche Rechtsbehelf nicht nur die Vernichtung der sachlichen Rechtskraft, sondern auch der formellen Rechtskraft. Damit aber sind die Voraussetzungen für die Anwendung der neuen Zuständigkeitsnormen geschaffen. Eine Stütze findet diese Auffassung in Art. 52 VGG. Danach können Gegenstände, die vor dem Tag, an dem das VGG. in Wirksamkeit trat, nach den bisherigen Vorschriften ihre endgültige Erledigung[241]) gefunden haben, nicht mehr vor den Verwaltungsgerichtshof gebracht werden, insofern nicht eine Wiederaufnahme des Verfahrens in Frage steht. Es ist Dyroff zuzustimmen, daß Anfechtungsklagen, die sich gegen solche etwa infolge mangelnder Zuständigkeit oder Verweigerung des rechtlichen Gehörs erlassenen Bescheide von Verwaltungsbehörden richten, nicht im Weg des Wiederaufnahmeverfahrens, sondern durch Anhängigmachung und Geltendmachung der Nichtigkeit bei dem für die Streitsache an sich — natürlich jeweils — maßgebenden Instanzenzug zu stellen sind. Hat inzwischen die Zuständigkeit gewechselt, so muß sofort die neue Behördenart angerufen werden; und wenn zwar nicht die staatsrechtliche, wohl aber die verfahrensrechtliche Zuständigkeit geändert wurde, z. B.

---

[241]) Was unter „endgültiger" d. h. formell rechtskräftiger Erledigung eines an sich gültigen Erkenntnisses zu verstehen ist, siehe bei Dyroff a. a. O. Anm. 1 zu Art. 52 VGG., S. 725.

die Angelegenheit zur Verwaltungsrechtssache erhoben wurde, so muß die gegenüber der den Bescheid erlassenden Behörde nächst höhere Rechtszugsbehörde damit befaßt werden. Mit dem vorstehenden Satz des Art. 52 ist zwar an sich für unsere Frage, ob die neue Zuständigkeit im staatsrechtlichen Sinne beim Rechtswechsel sofort in Tätigkeit zu treten hat, nichts gewonnen; es ist vielmehr lediglich eine Bestimmung für die sogenannte verfahrensrechtliche Zuständigkeit gegeben, soweit sie sich bisher überhaupt innerhalb des Amtsbereiches der Verwaltungsbehörden abgespielt hat. Indessen ist darin der Grundsatz verborgen, daß bisherige einfache Verwaltungssachen (sog. administrativ-kontentiöse Streitsachen), die nunmehr zu Verwaltungsrechtssachen oder Verwaltungsstreitsachen umgeprägt wurden, sofort vom neuen Verfahrensrecht ergriffen werden. Wiederaufnahmeanträge aber, so fährt Art. 52 fort, werden in solchen Fällen nach Maßgabe der Bestimmungen des VGG. entschieden von der Behörde, die hienach zur erstinstanziellen Bescheidung zuständig wäre. Wenngleich auch diese Bestimmung nur Bedeutung hat für Angelegenheiten innerhalb des gleichen Amtsbereiches (= Ressorts), also keine unmittelbare staatsrechtliche Bedeutung hat, vielmehr eigentlich dem Rechtsgang zuzurechnen ist, liegt ihr doch die Regel zugrunde, daß sich „außerordentliche Rechtsmittel" bezüglich der nach altem Recht formell und damit sachlich unangreifbar gewordenen und durch fruchtlosen Beschwerdefristablauf nach dem Stichtag werdenden Erkenntnisse nach neuem Recht bestimmen, vorausgesetzt, daß nicht die gesetzlichen Vorschriften etwa für das am Stichtag bereits anhängige oder erst später anhängig werdende außerordentliche Rechtsmittelverfahren eine andere Anordnung getroffen haben[242]).

III. Staatsrechtliche und zwischenstaatsrechtliche Zuständigkeitsnormenänderung.

Zum Schlusse dieses Abschnittes will nur noch zur Behebung von Zweifeln kurz bemerkt werden, daß unter Zuständigkeit im Sinne dieses Abschnittes verstanden wird die gebührende Amtsobliegenheit sowie die hieraus erfließende berechtigende Pflicht irgend einer staatlichen Behörde, in einer bestimmten Rechtsangelegenheit — also nicht nur zur Entscheidung über subjektiv-öffentliche Rechte und Pflichten — auf Anruf oder von Amts wegen tätig zu werden, worunter z. B. auch die sog. diplomatische Behandlung von Rechtsangelegenheiten fällt[243]).

[242]) So auch Wach a. a. O. S. 218 und S. 211, woselbst er auch für die Zuständigkeit die gleichen Vorschriften wie für den Rechtsgang gelten läßt.

[243]) Vgl. z B. die Entscheidung des bayer. KKGH in der Sache betreffend die Beschlagnahme österreichischen Eisenbahnmaterials in Bayern (GVBl. 1885, Beil. II S. 31 ff.) sowie die Beschlagnahme der bekannten „Russenmillionen" bei

Erkennt man einmal dieses Wesen der Zuständigkeit, daß darin nicht ausschließlich die staatliche Befugnis zur Grenzziehung zwischen Mein und Dein eingeschlossen ist, wie das übrigens schon aus der eigentliche Verwaltungstätigkeit darstellenden Zuständigkeit der Vormundschaftsgerichte erhellt, so verliert auch unter diesem Gesichtspunkt und sicherlich für die Frage des Zuständigkeitswechsels die Streitfrage über die Möglichkeit von sogen. „wohlerworbenen" Rechten, nämlich auf eine bestimmte Art der Rechtsverfolgung, jede Bedeutung. Denn, wie schon aus § 1 der Darstellung hervorgeht, unterliegen den Grundsätzen des Rechtswechsels auch die Normen des objektiven Rechtes. Dies zu verwirklichen ist aber jedenfalls in der Zuständigkeit inbegriffen.

Es fehlt weiter jeder rechtfertigende Grund, um diesen Grundsätzen auf dem Gebiete der zwischenstaatlichen Vereinbarungen die Geltung abzusprechen, wofern diese nur jeweils innerstaatsrechtlich als Gesetz verkündet wurden[244]). Staaten oder Mitglieder des sogen. „Völkerbundes", die das Protokoll über die Satzung des ständigen internationalen Gerichtshofes, angenommen auf der ersten Vollversammlung des Völkerbundes am 13. Dezember 1920, ratifiziert haben (zurzeit 24), haben sich verpflichtet, daß sie von nun an gegenüber jedem in gleicher Weise sich verpflichtenden Staat die Gerichtsbarkeit dieses Weltgerichtshofes in allen oder bestimmten Streitfragen als bindend (obligatorisch) anerkennen wollen. Nur im übrigen haben die Parteien die Freiheit, ob sie sich an diesen Weltgerichtshof oder an den der ersten Haager Friedenskonferenz geschaffenen ständigen Schiedshof wenden wollen. Schwebende Fälle, die zur Zeit bei diesem Schiedshof anhängig, aber noch nicht entschieden sein sollten, werden daher, soweit die obligatorische Tätigkeit des neuen internationalen Gerichtshofes einschlägt, unter Zurücknahme des früheren Entscheidungsantrages an den Weltgerichtshof gerichtet werden müssen.

XI. Einfluß des Zuständigkeitsrechtswechsels auf Anwartschaften und Rechtsaussichten aus der Vorzeit.

Die Ausführungen in den Unterabteilungen I, II, auch III und VI, in denen die sofortige Geltung der Normen über die Zuständigkeit näher dargelegt wurde, erstreckten sich im wesentlichen auf die Fälle, wie sie in § 16 Ziffer 1a und 1b der Darstellung näher bezeichnet sind, nämlich auf die Fälle eines schwebenden Verfahrens über die endgültig unter der früheren Gesetzgebung sachlich abgeschlossenen Rechtsverhältnisse. Sie sind

einer Bank in Berlin (Erk des preuß. Kompetenzgerichtshofs vom 25. Juni 1910); hieher v. Liszt, Völkerrecht, S. 64 III. Für die formelle Seite auch Delius DJZ. 1919 Sp 924, ohne auf die sachliche Seite der Frage eingehen zu wollen.

[244]) Vgl. Walter Jellinek, a. a. O. S. 93/4. — Hieran hat auch der Weltkrieg nichts geändert: Liszt, Völkerrecht S. 265 II, Ziff. 1.

mit umso größerem Recht anwendbar auf unvollendete Rechtsverhältnisse, Keimrechte, Anwartschaften oder gar Gesuche um Erteilung staatlicher Genehmigungen und Erlaubnisse, die das neue Recht im Rechtszug vorfindet, gleichgültig, ob schon einmal ein Erkenntnis gefällt wurde oder nicht. Es ergibt sich dies weiter aus der gerade dem öffentlichen Recht eigentümlichen engen Verwachsung von Zuständigkeit und sachlichem Recht, wovon schon einmal die Rede war und in Abschnitt VI eingehend gesprochen werden soll. Denn immer kehrt hiebei als Kernpunkt die Frage wieder, ob dem Zuständigkeitsträger wirklich ein abgeschlossenes oder noch nicht vollkommenes Rechtsverhältnis zur rechtlichen Beurteilung unterbreitet wurde.

VI. Abschnitt.

Der Wechsel der Rechtsgangsnormen.

§ 19. Allgemeine Grundsätze. Sofortige Anwendbarkeit des neuen Verfahrensrechts.

1. Einfacher gestaltet sich schon die Betrachtung des Rechtswechsels auf dem Gebiet des Verfahrensrechtes. Mußten doch zuweilen bereits bei der Erörterung der Änderung der Zuständigkeitsnormen, die vielfach mit dem Rechtsgang verknüpft sind, die Grundsätze für die Einwirkung des neuen Rechtes auch auf den Rechtsgang gleichzeitig mitbehandelt werden, wenn nicht der innere Zusammenhang zerrissen werden sollte. Dennoch ist eine scharfe Abgrenzung gegenüber dem V. Abschnitt geboten.

In diesem VI. Abschnitt sollen nicht die Normen dargestellt werden, die beim Wechsel der Gesetzgebung über die Zuständigkeit zwischen den Verwaltungsbehörden und den Gerichten, dann zwischen verschiedenen Gerichten des öffentlichen Rechtes untereinander oder zwischen Behörden der reinen Verwaltung und den Verwaltungsrechtsinstanzen für den Vollzug der allgemeinen Reichs- und Landesverwaltungsgesetze (= Zuständigkeit im staatsrechtlichen Sinne) maßgebend sind; es sollen vielmehr lediglich Veränderungen in der Zuständigkeit innerhalb einer bestimmten an sich unstreitig zur Entscheidung berufenen Behördenorganisation (= Zuständigkeit im verfahrensrechtlichen Sinn) gewürdigt werden, wobei zwei Fälle zu unterscheiden sind:

a) Verschiebung der instanziellen Zuständigkeit von einer unteren auf eine obere Behörde innerhalb des Rechtszuges oder umgekehrt (Art. 17 VGG.),
b) die Ausschaltung einer früheren Rechtszugsbehörde aus dem Rechtsgang z. B. durch Überspringen der Mittelinstanz (Art. 9 VGG.);

c) ferner fällt in den Rahmen dieses Abschnittes das ganze Verfahrensrecht[245]), insbesondere das Rechtsmittelverfahren. Auch in dieser Richtung sind Rechtsmittelfristverlängerungen und -fristverkürzungen sowie Wegfall der letzten Rechtsmittelstufe[245a]) überhaupt durch Normenwechsel möglich.

2. Grundsätzlich ist daran festzuhalten, daß auch auf dem Gebiet des Verfahrensrechtes einerseits das aufgehobene Recht einen nach dem Rechtswechsel entstandenen Rechtsvorgang nicht ergreifen, andererseits aber auch das neue Gesetz auf alte abgeschlossene Verfahren und Verfahrensereignisse nicht zurückwirken kann.

Allein mit dem Fortfall des Gesetzes ist lediglich dessen Fortbestand vernichtet; keineswegs aber sind Rechtswirkungen, die auf dessen Boden gekeimt sind und geboren wurden, spurlos untergegangen. Es ist ausgeschlossen, daß auf Grund der beseitigten Gesetzgebung nach dem Rechtswechsel neue Rechte namentlich verfahrensrechtlicher Natur sprießen können, weil dem alten Gesetz selbst keine fortdauernde Rechtserzeugungskraft zukommt, wofern nicht das neue Recht diesen außergewöhnlichen Zustand ausdrücklich vorsieht. In der Regel wird beim Schweigen des neuen Gesetzes die auf Grund der früheren Rechtsordnung im engeren Sinn erwachsene rechtliche Regelung lediglich anerkannt werden in ihrem Bestand und in ihren Folgen.

3. a) Die Betrachtung der Einwirkung des Rechtswechsels auf den Rechtsgang unterscheidet sich von der Betrachtung der Gesetzesänderung in ihrer Auswirkung auf Zuständigkeit und sachliches Recht dadurch, daß beim Verfahren in eine Kette von rechtlich bedeutsamen Handlungen und Ereignissen eingegriffen wird, die aber in ihrem Zweck doch wieder einem einzigen Endziel zustreben und dadurch zu einer Zweckeinheit zusammengeschweißt werden, die darin besteht, daß durch all' das der öffentlich-rechtliche Anspruch auf staatlichen Rechtsschutz, somit ein einheitlicher Staatsakt verwirklicht werden soll. Innerhalb dieses Zieles ist aber ein stufenweise sich entwickelndes Prozeßrechtsverhältnis zu erkennen. Der Prozeßgedanke als einheitliche Handlung und dann wieder zerlegt in einzelnen Verfahrensabschnitte und

---

[245]) Hierzu gehört auch das Verfahren für sog organisatorische Angelegenheiten, z B. bei Verfügung der Abtrennung von Gebietsteilen einer Gemeinde und deren Zuweisung an eine andere Gemeinde (siehe nachstehend unter Ziff. 3 b), wie überhaupt bei Verwirklichung objektiven Rechts, z. B. in Fußnote 8 der Darstellung.

[245a]) Vgl. A. M. des bayer. Landesversorgungsgerichts vom 6. Juni 1922, Bd. 1922 S. 12 Nr. 8 (Grundsätzliche Entsch): „Wenn nach der Rechtslage z. Z. der Verkündung der Rekurs gegen ein Urteil des Versorgungsgerichts nicht zulässig ist, so wird es mit der Verkündung rechtskräftig. Die nachträglich eintretende Änderung der Gesetzgebung ist auf die Zulässigkeit des Rekurses ohne Einfluß. Ein solcher Rekurs muß als unzulässig verworfen werden".

selbständige verfahrensrechtliche Handlungen in ihrer verhältnismäßigen Selbständigkeit bricht hier durch[246]).

b) Der Grund, warum das Verfahren und die verfahrensrechtlichen Handlungen und Vorgänge vom jeweiligen Recht beherrscht werden, liegt darin, daß der Rechtsgang in gewissem Sinn losgelöst ist von dem streitbefangenen unterliegenden Rechtsverhältnis; denn einerseits stellt der Rechtsschutzanspruch selbst ein einheitliches subjektiv-öffentliches Recht dar in jedem Fall, auch wenn bürgerlich-rechtliche Angelegenheiten zur Entscheidung unterbreitet werden, ist somit seinem Wesen und Begriff nach von jedem unterliegenden sachlichen Verhältnis verschieden, wenn auch nicht losgelöst, andererseits erscheint allerdings der Rechtsschutzanspruch derart vom streitigen Sachverhältnis unabhängig, daß kein ihn Begehrender kraft des unterliegenden sachlichen Anspruchs ein Recht auf eine bestimmte Art und Form der Verfahrensgestaltung hat. Der Prozeß ist eben nicht die Folge bestehenden materiellen Rechts, sondern der abstrakten Klagsmöglichkeit, die sich aus dem jeweils geltenden Verfahrensrecht (Rechtsschutzordnung) ergibt. Daher können die zur Geltendmachung dieser abstrakten Klagsmöglichkeit vorgeschriebenen verfahrensrechtlichen Handlungen (sogen. Klagehandlungen) und der darin behauptete Rechtsschutzanspruch immer nur durch das gegenwärtige Verfahrensrecht bestimmt werden. Somit beherrscht das jeweilige Recht sowohl den Rechtsgang wie alle Rechtsgangsereignisse[247]). Dazu kommt, daß aus Zweckmäßigkeitsgründen im wesentlichen die Verwaltung und ihr Gang bestimmt sind und die im öffentlichen Recht geradezu verdichteten staatlichen Belange eine sofortige ordnungsgemäße Verwaltung, namentlich in der Art der Durchführung gebieterisch erheischen, dem gegenüber alle privaten Belange und subjektiven Rechte weichen müssen (vgl. Stier-Somlo, Einwirkung S. 108 ff.). Namentlich sog. organisatorische Angelegenheiten auf dem Gebiet der inneren Verwaltung sind diesen Grundsätzen unterworfen. (Vgl. Fußn. 245); so wenn Anregungen auf Änderung der Bezirke bürgerlicher Gemeinden zu einer Zeit gegeben wurden, als Art. 4, 5 und 153 der bayer. rechtsrh. GemOrd. noch in der ursprünglichen Fassung galten. Nach dessen Abänderung ist nunmehr Art. 29 des Selbstverwaltungsgesetzes auf laufende Umgemeindungen auch für das Verfahren maßgebend, was sich vornehmlich nach der subjektiven Seite äußert. Hienach sind jetzt Streitsparteien nur die von den beabsichtigten Änderungen betroffenen Gemeinden, nicht mehr auch noch, wie früher, die einzelnen Anwesens- und Grundstücksbesitzer; diese sind also nicht mehr beschwerdeberechtigt

---

[246]) Georg Jellinek, System S. 124 ff., S. 261; Laband a. a. O. Bd. III S. 349; Bühler, Die subjektiven öffentlichen Rechte usw. S. 56/60; Wach a. a. O. S. 19 und 210.

[247]) Wach, ebenda S. 211/2.

nach Art. 153 GemO. in der sich aus dem Selbstverwaltungsgesetz ergebenden Fassung (Entsch. des bayer. VGH. Nr. 6 II/21 vom 15. April 1921 in der BayGVBl. 1922 Sp. 117). Die tiefer liegende Ursache hiefür wurde bereits in § 2 II der Darstellung erörtert. Wach führt z. B. den Fall an, daß Feststellungsklagen trotz Fortbestandes des Feststellungsinteresses durch eine spätere Gesetzgebung beseitigt werden können, weil dieses jetzt nicht mehr als rechtserheblich (= schutzbedürftig) anerkannt wird. So sind auch im öffentlichen Recht etwa Klagen auf Feststellung des Anfechtungsrechtes (weil kein Rechtsverhältnis in sinngemäßer Anwendung der ZPO. § 256), ferner auf Anerkennung des Unterstützungswohnsitzes (im Gegensatz zur Heimatrechtsanerkennung!), auf Anerkennung des Bedürfnisses für Errichtung einer Wirtschaft ohne Einreichung eines Wirtschaftserlaubnisgesuchs unzulässig. Selbstverständlich gelten diese Ausführungen nicht nur für die Klage selbst, sondern auch für den ganzen Verfahrensverlauf, für alle ihn bestimmenden und beherrschenden verfahrensrechtlichen Vorschriften einschließlich der Zwangsvollstreckung sowie der außerordentlichen Rechtsmittel, dann auch der begehrten vorläufigen Verfügungen über den streitbefangenen Klagegegenstand, wie teilweise schon unter § 17c und § 18 I am Ende, III und VII im Zusammenhang mit der Zuständigkeitsbeurteilung hervorgehoben wurde.

c) Aus dem unter Ziff. 2 entwickelten Satz, daß andererseits das neue Verfahrensrecht auch nicht zurückwirkt, folgt, daß die in der Vorzeit einmal rechtsgültig begründeten Rechtswirkungen z. B. formelle und sachliche Wirkungen vorgenommener Prozeßhandlungen, die Wirksamkeit formell rechtskräftiger Erkenntnisse usw. diese Eigenschaft nicht verlieren und ihrer durch den nachfolgenden Gesetzeswechsel nicht beraubt werden, wenn das neue Gesetz hierüber schweigt; nur kann natürlich das aufgehobene Recht nach dem Rechtswechsel neue Rechtswirkungen nicht mehr erzeugen. Angewendet auf den Vorgang der Klagestellung ist eine solche nicht schon dann anzunehmen, wenn lediglich die Möglichkeit der Klagbarkeit bestand, sondern erst dann, wenn hievon auch durch gerichtliche Geltendmachung (= Anhängigmachung) des sachlichen Anspruchs Gebrauch gemacht wurde. Erst dann ist eine verfahrensrechtliche Rechtsstellung einer Partei unanfechtbar erworben. Denn die Klagbarkeit vor den ordentlichen Gerichten wie vor jenen des öffentlichen Rechtes ist eine durch die Willenserklärung der Klageerhebung vor der zuständigen Behörde bedingte Tatsache, nicht Folgetatsache des Prozeßbeginns im Sinne von Ursache und Wirkung, vielmehr liegt das Verhältnis umgekehrt[248]). Die abstrakte Fähigkeit, zu klagen, der sog. Rechtsschutzanspruch, steht zum Inhalt der Klage, dem Klags-

[248]) Wach S. 214.

gegenstand in derselben Wechselwirkung wie sich im Liegenschaftsrecht das Grundgeschäft zum Erfüllungsgeschäft verhält. Beide sind an sich völlig gleich geordnet und von einander unabhängig; aber trotz dieser Selbständigkeit stehen sie doch insoweit in einem gewissen Zusammenhang, als das Erfüllungsgeschäft das Grundgeschäft überhaupt (aber nicht seinen rechtsgültigen Bestand; denn dies gehört zum Erfolg der Klage!) zur Voraussetzung hat. So ist auch die Klageerhebung nichts anderes als die rechtserhebliche Willenserklärung gegenüber dem Staat, den behaupteten sachlichen Anspruch geltend zu machen (vgl. Wach ebenda). Wie im übrigen das Kausalgeschäft völlig unabhängig ist vom Vollzugsgeschäft, nur mit der Einschränkung, daß dieses ohne jenes rechtlich nicht bestehen kann, wohl aber umgekehrt jenes ohne dieses denkbar ist, so steht auch die rechtlich mögliche Klagbarkeit zu ihrer Geltendmachung vor der Behörde nur im umgekehrten Verhältnis von Rechtsschutzanspruch zum behaupteten sachlichen Anspruch. Dieser kann vorhanden sein, jener fehlen, aber nicht umgekehrt. Der Rechtsschutzanspruch muß daher einen Inhalt haben, ohne daß er in ursächlichem Zusammenhang mit ihm zu stehen braucht; eine abstrakte Klagsmöglichkeit in blanko, um ihrer selbst willen gibt es nicht. Allein Wach's Folgerung hieraus, daß deshalb, weil mit der Geltendmachung vor Gericht das Prozeßrechtsverhältnis entstanden ist, die gesetzlich begehrte Rechtsschutzhandlung nicht mehr versagt werden könne, auch wenn das neue Recht eine derartige Form des Rechtsschutzes nicht mehr kenne, muß als zu weitgehend abgelehnt werden (vgl. die Ausführungen unter § 18 I, insbes. die Fußn. 208ff. hieher), ganz abgesehen davon, daß diese Behauptung so allgemein schlechthin nicht aufgestellt werden kann. Und ebenso wenig vermag seiner Anschauung zugestimmt werden, daß das gesamte folgende Verfahren sofort dem neuen Gesetz in Form und Wirkung unterliege, insoweit dies verfahrensrechtlich möglich sei, womit Wach anscheinend die sog. sachliche (= technische) „Anschlußmöglichkeit" des alten Verfahrens an das neue meint. Wie bereits im V. Abschnitt dargelegt wurde, ist die öffentlich-rechtliche Rechtsprechung namentlich auf dem Gebiet der versicherungsrechtlichen Übergangsfälle mit guten Gründen davon abgekommen, daß sog. Anpassungsfähigkeit und Anschlußmöglichkeit des Verfahrens gegeben sein müsse, damit das neue Recht anwendbar werden könne. In § 18 I der Darstellung ist diese Auffassung teilweise schon auf das richtige Maß zurückgeführt worden.

Andererseits soll in nachfolgender Ziffer 4 erörtert werden, daß auch der geltend gemachte Rechtsschutzanspruch dem Zugriff des Gesetzgebers nicht entzogen ist und im Falle seiner Abschaffung oder Umgestaltung lediglich in bestimmten sachlichen und formellen Wirkungen aus dem Grund in der Vorzeit vorgenommener abgeschlossener verfahrensrechtlicher Willenserklärungen aufrecht erhalten bleibt, sofern nicht ausdrücklich im neuen Gesetz etwas anderes gesagt ist. Zwar ist im bürgerlichen Recht der Rechtsschutzanspruch als solcher nicht abhängig vom unterliegenden Klagsgegenstand, wofern überhaupt nur ein subjektives Recht geltend gemacht wird.

Im öffentlichen Recht aber tritt dieser Zusammenhang zwischen Rechtsschutzanspruch und dem eingeklagten Rechtsverhältnis dadurch viel schärfer hervor, daß — wenigstens in Bayern — alle Verwaltungsstreitsachen im weitesten Sinn durch ausschließende Aufzählung erschöpfend benannt sind; in anderen Streitsachen wird gerade der verwaltungsrechtliche Rechtsschutz versagt. Z. B. wäre eine verwaltungsrechtliche Klage auf die Feststellung, daß dem ersatzpflichtigen Ortsarmenverband gegenüber die Anmeldung des Ersatzanspruches ordnungsgemäß (§ 34 I UWG.) erstattet wurde, verfahrensrechtlich ebenso unzulässig, wie auf Feststellung des Unterstützungswohnsitzes, da das einschlägige Rechtsschutzgesetz, hier das VGG. (Art. 10 Ziffer 5 daselbst mit Art. 72 I ArmG.) lediglich Rechtsansprüche auf Ersatz wegen geleisteter Unterstützungen schützt, Feststellungsklagen aber nur dann zulässig sind, wenn sie gesetzlich vorgesehen sind. Ebenso wäre gegen eine Verfügung einer Stiftungsausrichtungsbehörde über Verleihung des Stiftungsgenusses keine verwaltungsrechtliche Klage zulässig; wohl aber könnte im verwaltungsrechtlichen Verfahren nach Art. 8 Ziffer 35) VGG. ein Streit über eine Stiftungsbewerbungsberechtigung entschieden werden, aber auch nur insolange, als nicht die Stiftungssatzung rechtsgültig geändert ist, etwa die Bewerbungsberechtigung zugunsten ungebundener Verleihung des Stiftungsgenusses beseitigt wurde. Hier war also ursprünglich zwar die verwaltungsrechtliche Klage zulässig, wurde aber später unzulässig aus Gründen der Änderung des unterliegenden sachlichen Rechtes. Statt des Verwaltungsrechtsweges wäre nunmehr der einfache Verwaltungsweg eröffnet. Eben wegen dieses besonderen verfahrensmäßigen Aufbaues der Verwaltungsrechtssachen nach bayer. Recht besteht ein unzerreißbar rechtlicher Zusammenhang zwischen sachlichem Recht und Rechtsanspruch auf Rechtsverfolgung, nicht nur eine Schicksalsgemeinschaft wie im bürgerlichen Recht.

d) Da jedoch mit diesen Grundsätzen nicht alle Streitfragen gelöst werden können, müssen sämtliche Erscheinungen auf dem Gebiet der verfahrensrechtlichen Gestaltung, insbesondere alle schwebenden prozeßrechtlichen Verhältnisse im Einzelnen dargelegt werden.

e) Wie schon unter § 3 hervorgehoben wurde, bestimmen sich bei der Überweisung von bürgerlich-rechtlichen Angelegenheiten an die Verwaltungsbehörden die Begriffe der „Rechtshängigkeit“ und der „rechtskräftig entschiedenen Sache“ an sich nach Landesrecht, wenn dieses solche Vorschriften enthält. Dies ist in Bayern nicht mehr der Fall; denn die Vorschriften der alten bayerischen Gerichtsordnung von 1753 und ihrer Novellen sind nach der Übung der Rechtsprechungsbehörden zugunsten der allgemeinen sinngemäß anwendbaren Vorschriften des Reichsrechtes, hier der RZPO. in keinem Fall mehr als bestehend anzusehen [249]). Danach werden also diese Begriffe für unsere Darstellung im Sinne der §§ 263 II, 267 RZPO. in Verbindung mit Art. 20 VGG. (Amtsbetrieb) einschlagen.

Umgekehrt wären beim Übergang einer Verwaltungsangelegenheit in das Gebiet der bürgerlich rechtlichen Sachen nicht die allgemeinen Grundsätze des Landesrechts über die Herrschaftszeit der Gesetze anwendbar, da von dem Zeitpunkt des Übertritts an sofort das Reichsrecht seinen Geltungsumfang bestimmt, somit auch für die Auslegung dieser erwähnten Rechtsbegriffe entscheidet; ob dagegen hienach im einzelnen Fall Rechtshängigkeit und res iudicata vorliegt, darüber befindet das Landesrecht [250]) (Art. 19 EGZPO.). Diese Grundsätze erstrecken sich bei dem untrennbaren Zusammenhang zwischen Gerichtsverfassung und Verfahren auch auf die Zuständigkeitsfrage (Art. 14 ff. EGGVG.).

Für Bayern trafen die Art. 225 ff. AGZPO. und KO. besondere Bestimmungen. Bei Änderungen der Behördenverfassung tritt demnach das neue Rechtspflegeorgan zwar an die Stelle des früheren, aber, wenn sich auch der Rechtsgang geändert hat, nicht mit den verfahrensrechtlichen Befugnissen nach Maßgabe des alten, sondern des neuen Verfahrensrechtes.

4. Bei der Prüfung der Einwirkung neuer Verfahrensnormen muß man sich ferner immer vor Augen halten, daß im öffentlichen Recht der Rechtsgang ebenfalls unzertrennlich verbunden ist mit dem sachlichen Erfolg, den man im eingeschlagenen Verfahren erreichen will, also mit dem der behördlichen Erledigung unterbreiteten Rechtsverhältnis und den daraus hergeleiteten Rechtsansprüchen. Nicht nur die Zuständigkeit, sondern auch das Verfahren ist überwiegend von der Feststellung der Art der geltend gemachten Ansprüche abhängig. Wie bei der Frage der Beurteilung der Zuständigkeit im staatsrechtlichen Sinn beim Rechtswechsel eine allgemeine Regel dahin, daß entweder die zur Zeit der Anhängigkeit oder die zur Zeit der Fällung des ersten Erkenntnisses bestehenden Rechtsnormen für die Zuständigkeitsfrage entscheidend sein sollen, nicht zutreffend ist, so muß auch bei der Würdigung der jeweils anwendbaren Rechtsgangsnormen auf das dem Rechtsstreit unterliegende Rechtsverhältnis und seine Entstehungsgeschichte zurückgegriffen werden. Es ist doch zweifellos etwas anderes, wenn vor Änderung der sachlichen und formellen Gesetz-

249) Vgl Dyroff, VGG. Anm. 2e zu Art. 16 S. 529/30; S. Bd. 42.
250) Wach, ebenda S. 216.

gebung z. B. eine Gemeinde einen — nach neuem Recht beseitigten — durch Tatsachenvollendung abgeschlossenen Anspruch auf Heimatverleihung gegenüber einer anderen Gemeinde geltend und infolge deren Ablehnung bei der früher zuständigen Behörde anhängig gemacht hatte, als wenn ein Gastwirt etwa unter günstigeren Bestimmungen des früheren Rechts (vielleicht weil die Prüfung der Bedürfnisfrage durch örtliche Satzung aufgehoben war, vor der Entscheidung über den Anspruch auf Erteilung der Wirtschaftserlaubnis aber wieder eingeführt wurde), eine Wirtschaftserlaubnis von der zuständigen Verwaltungsbehörde für die Zukunft begehrte. Man sieht an diesen Beispielen, daß beim Wechsel des sachlichen und formellen Rechts im wesentlichen zwei Gattungen von Entscheidungsanträgen ausgeschieden werden müssen.

a) Fälle, in denen lediglich eine Rechtsbegrenzungsentscheidung erheischt wird, also eine rechtsfindende, sogen. deklaratorische staatliche Erklärung angesonnen wird, wie dies bei den Feststellungsklagen und den Leistungsklagen, die gleichzeitig in sich ein Feststellungsbegehren enthalten, zutrifft (actio nata: § 198 Satz 1 BGB.) oder

b) Fälle einer Rechtsgestaltung, eine Erzeugung von Rechtsstellungen; hier will eine sogen. konstitutive staatliche Erklärung durch Hervorrufung der Vornahme eines besonderen obrigkeitlichen Aktes bezweckt werden, wie dies der Fall ist bei der Menge von Gewährungen in Gestalt von Genehmigungen, Erlaubnissen, Bewilligungen usw., gleichgültig, ob auf deren Erteilung ein Rechtsanspruch besteht oder ob freies Ermessen der bewilligenden Behörde waltet; denn immerhin macht in solchen Fällen der Gesuchsteller noch kein ihm zugewachsenes und in seiner Person ausgereiftes Rechtsverhältnis (irrtümlich „wohlerworbenes Recht" genannt) geltend, sondern er behauptet selbst im Fall des Rechtsanspruches auf ein staatliches Gewähren (z. B. Wirtschaftsgesuch!) lediglich eine berechtigende Anwartschaft auf einen Staatsakt, deren Erhebung zum Vollrecht durch staatliche Erlaubniserteilung ihm nur unter bestimmten gesetzlichen Voraussetzungen versagt werden darf; einen abgeschlossenen, vollendeten, sog. perfekten Rechtszustand will er gar nicht behaupten; denn sonst brauchte er sich ja nicht an die Behörde zu wenden, es müßte denn sein, daß ein privater Gegner ihm das Recht bestritte. Damit ist aber noch nicht gesagt, daß die Fälle unter a und b in der Frage des Rechtsnormenwechsels im Ergebnis verschiedentlich behandelt werden müßten, wie später dargelegt werden soll.

In beiden Fällen a und b trägt der Antragsteller, wie dies schon bei Erörterung des Rechtswechsels auf dem Gebiet der Zuständigkeit im staatsrechtlichen Sinn dargetan wurde, die Gefahr einer Verschlechterung seiner abgeschlossenen oder erst zu erwerbenden sachlichen Rechtsstellung einschließlich der prozeßrechtlichen Stellung, da er, wie schon einmal hervorgehoben, keinen Anspruch auf den gegenwärtigen Bestand der Rechtsordnung besitzt, unter dem er die Behörde angegangen hat. Wie ihm eine infolge Rechtswechsels günstigere Lage zugute kommt, ohne daß er irgend einen Einfluß darauf ausüben kann, so muß er sich auch abfinden mit einer Verschlechterung seiner Rechtsstellung während des Schwebens seines Gesuches ohne unterliegenden Rechtsanspruch oder seines geltend gemachten Rechtsanspruchs (Anwartschaft) auf Gewährung; beides kann erst durch einen besonderen staatlichen Verleihungsakt verwirklicht werden.

5. Auch die Rechtsgangsnormen beherrschen alle in ihre Geltungszeit fallenden verfahrensrechtlichen Vorgänge, einerlei, ob das streitbefangene Rechtsverhältnis sachlich der Gegenwart oder der vor dem Rechtswechsel liegenden Zeit angehört[251]), wofern nur im letzteren Fall das sachliche Rechtsverhältnis infolge des Rechtswechsels nicht überhaupt förmlich aufgehoben wurde. Für solche, vor der Normenänderung völlig abgeschlossene, für die Vorzeit noch rechtsbeständige, aber für die Zukunft beseitigte Rechtsstellungen gilt nicht nur das frühere sachliche, sondern auch das frühere Verfahrensrecht, vorausgesetzt, daß die Auswirkungen des aufgehobenen Rechtsverhältnisses für den Rechtskreis des Betroffenen auch noch in der Zukunft erheblich sind, wie z. B. die Erledigung eines vorher anhängig gemachten Heimatverleihungsanspruches; denn der Ausgang eines solchen Rechtsstreites gewinnt unmittelbaren Einfluß auf die für den Unterstützungswohnsitz maßgebenden Heimatrechtsverhältnisse. Insofern gelten die gleichen Ausführungen wie zu § 17c auch hierher. Diese Grundsätze sind so ziemlich allgemein in der Rechtslehre und allmählich auch in der Rechtsprechung anerkannt[252]). So hat auch der bayer. Verwaltungsgerichtshof in S. Bd. 37 S. 88 betont, daß Streitigkeiten über die wirkliche oder vorläufige Heimat einer Person, die bereits vor dem Inkrafttreten des Gesetzes über den UW. in Bayern (= 1. Januar 1916) rechtshängig wurden, nach dem bisherigen Verfahrens- und sachlichen Recht zu entscheiden sind; vgl. ebenda S. 90, * Fußnote. Nach diesen beiden Richtungen ist ferner über bestrittene Ansprüche auf den Besitz der Heimat (sog. Heimatfeststellung), auf Heimatverleihung und auf Zahlung von Heimatgebühren, die vor dem 1. Januar 1916 rechtshängig, d. h. bei der ersten Rechtszugsbehörde geltend gemacht wurden, ebenfalls noch nach dem bisherigen Recht zu entscheiden. Das gleiche gilt für Rechtsgang und sachliches Recht für Ansprüche auf Verleihung des Bürgerrechts, die auf Grund der bisherigen Vorschriften vor

[251]) Wach a. a. O. S. Bd. I S. 213 ff. — Jebens a. a. O. S. 274 ff. IV 2. — Gierke a. a. O. S. 206 ff. VI. — Ferner § 18 I der Darstellung.

[252]) Dyroff, VGG. Anm. 1 III c zu Art. 20 S. 558. — Pöll, UWG. 1. Aufl S 54 unter c.

dem Inkrafttreten des bayerischen Armengesetzes (Art. 103 I) geltend gemacht worden sind (Art. 105 Armengesetz); es genügt also die Geltendmachung gegenüber der Gemeinde in der Vorzeit, ohne daß eine förmliche Rechtshängigmachung des Anspruches vor den Verwaltungsgerichten geboten wäre. Denn die Wirkungen des früheren Bürgerrechts ragen, auch wenn es infolge der neuen bayer. Landesverfassung (§ 11) wesentlich umgestaltet wurde, doch noch in die neue Zeit herein wegen verschiedener Vorteile, die der Altbürger vor dem Neubürger hat (vgl. Braunwart, Das neue Gemeindebürgerrecht, BayGVZ. 1920 S. 473).

Jedenfalls ist aber allgemein nicht zuzugeben, daß gerade die Entstehung des streitigen Rechtsverhältnisses unter dem Walten des alten Rechts zugleich einen Rechtsanspruch darauf in sich schlösse, es in dem der Vorzeit entsprechenden Verfahren zu verfolgen; nur beim Schweigen des neuen Rechts ist in solchen Fällen der frühere Rechtsgang maßgebend. Denn die Staatsgewalt läßt sich in ihrer Entschlußfreiheit nach keiner Richtung hin beschränken.

6. Manche Vorschriften der ZPO. sind im verwaltungsgerichtlichen Verfahren teils unmittelbar kraft ausdrücklicher Gesetzesvorschrift teils als allgemeiner Rechtsgrundsatz anwendbar, so z. B. über den Kostenpunkt. Der Grund hiefür ist darin zu suchen, daß die ersatzweise anwendbare Bestimmung der ZPO. in ihrer jeweils geltenden Fassung „sich ihrem Wesen nach als eine unabweisliche Forderung eines jeden geordneten Prozesses darstellt oder sich doch der prozeßleitenden Gewalt des Verwaltungsrichters aus überwiegenden, insbes. auch für das verwaltungsrechtliche Verfahren zutreffenden Gründen empfiehlt"[253]).

Für die Frage der Anwendbarkeit solcher ausdrücklich oder hilfsweise entnommenen Vorschriften entscheiden im Fall eingetretenen Rechtswechsels die für die ZPO. herausgebildeten Regeln darüber, welches Recht während des Laufes eines Rechtsstreites nach der Normenänderung gilt. Wie im Verwaltungsrechtsgang so beherrschen auch im Zivilprozeß die neu in Kraft getretenen Gesetze sofort ein schwebendes Verfahren, soweit nicht besondere Überleitungsbestimmungen Abweichendes anordnen.

§ 20. Schwebende Rechtsstreitigkeiten über erworbene sachliche Rechtsstellungen und erst nach dem Verfahrens-Rechtswechsel hierüber anhängig gemachte Streitigkeiten (sog. deklaratorische Streitsachen)

1. Streitigkeiten über erworbene sachliche Rechtsstellungen, die vor dem Verfahrenswechsel anhängig gemacht wurden, sind nach obigen Ausführungen dem neuen Rechtsgang nach dessen

---

[253]) S. Bd. 11 S. 419; BlfaPr. Bd. 72 S. 23, II, 2 und Dyroff a. a. O S. 528.

[254]) Vgl. v. Zink in BlfaPr. Bd. 67 S. 131 ff., insbesondere S. 132/3.

Wirksamkeit nach allen Richtungen auch dann unterworfen, wenn die Normen des sachlichen Rechts nicht geändert wurden. Das alte Verfahrensrecht ragt für die Entscheidung solcher in der Vorzeit abgeschlossener Rechtsstellungen grundsätzlich nicht in die Herrschaftszeit der neuen Verfahrens-Rechtsnorm herein, wenn diese nicht selbst etwas anderes wollte[254]). v. Zink beruft sich zur Begründung seiner allgemein zutreffenden Anschauung auf Wach, Handbuch des deutschen Zivilprozesses S. 210 sowie auf einen Beschluß der vereinigten Zivilsenate des Reichsgerichts (Entsch. in ZS. Bd. 16 S. 398), wo ausgesprochen ist: „Prozeßgesetze sind in der Regel sofort anwendbar; der nach dem Beginn des Prozesses einsetzende Wechsel des Gesetzes hat die sofortige Anwendbarkeit des neuen Rechtes für alle zukünftigen Handlungen und Vorgänge zur Folge, soweit nicht reine Rechtswirkungen der vergangenen Handlungen in Frage kommen". Solche hineinragende Rechtswirkungen früherer Prozeßhandlungen weisen auf Rechtsmitteleinlegungen, Zustellungen, aber auch Unterlassungen z. B. Fristversäumungen, wobei allerdings wie bei Zustellungen, in denen sich der Zustellungstag in der Vorzeit befindet, die Notfrist aber nach dem Stichtag des Rechtswechsels abläuft, das neue Recht maßgebend ist für die Dauer und den Ablauf der durch die Zustellung in Lauf gesetzten Notfrist (vgl. hieher Fußnote 216 der Darstellung). So auch S. Bd. 14 S. 339/41 und Dyroff, a. a. O. S. 530, Anm. 2 a. E. und S. 219, Anm. 3 Abs. 3 nebst den dortigen Nachweisen. — Mitt. 1917 S. 146/7 Nr. 86. — Ferner Fußnote 125 — der Darstellung und die dortigen Nachweise. — Außerdem hat der bayer. Verwaltungsgerichtshof in S. Bd. 24 S. 106/7 denselben Standpunkt, wenn auch mit einer anfechtbaren Begründung eingenommen. Insoweit er ausführt, daß bei der Beurteilung der Frage, ob ein am 2. November 1900 gestellter Vorentscheidungsantrag nach Art. 7 II VGG. in seiner seit dem 1. Januar 1900 geltenden Fassung oder nach der früheren Fassung zu behandeln und zu entscheiden sei, der neuen Rechtsnorm Anwendungskraft gebühre, so muß dies anerkannt werden, aber nicht deshalb, weil die dem Vorentscheidungsantrag zugrunde liegenden Tatsachen in die Zeit vor dem 1. Januar 1900 fielen; dieser Rechtfertigung kann nicht beigetreten werden. Denn für die vor dem Vorentscheidungsantrag zugrunde liegende Sachlage wurde doch durch die neue Gesetzgebung kein anderer Rechtsboden geschaffen, um das streitige Rechtsverhältnis inhaltlich beurteilen zu können; es wurden vielmehr wesentlich für das inhaltlich unverändert in die Nachzeit übernommene Rechtsverhältnis eine andere Durchführungsform, andere Voraussetzungen für dessen verfahrensrechtliche Geltendmachung gesetzlich festgelegt, so daß gerade im vorwürfigen Fall das sachliche Element verfahrensrechtlich bedeutungslos ist, und zwar so belanglos, wie bei unverändertem Strafrecht die verfahrensrechtliche Abhandlung. „Die dem Vorentscheidungsantrag zugrunde liegenden Tatsachen" sind eben auf dem Boden des sachlichen Rechtes erwachsen, demnach nur belangreich für die Frage, welches sachliche (= materielle) Recht die Entscheidungsnorm zu bilden hat. Auch das Reichsgericht hat in seiner erwähnten Plenar-Entscheidung vom 10. Juni 1886 ohne Rückgriff auf das zugrunde liegende Sachverhältnis ausgesprochen, daß eine in einem vor dem 6. April 1886 begonnenen bürgerlichen Rechtsstreit notwendig gewordene Plenar-Entscheidung des Reichsgerichtes nicht mehr nach der Vorschrift § 137 GVG. v. 27. Januar 1877, also nach mündlicher Verhandlung der ganzen Streitsache vor den vereinigten Zivilsenaten des Reichsgerichtes zu erlassen, sondern daß in diesem Fall nach dem inzwischen erlassenen Reichsgesetz v. 17. März 1886, betr.. die Änderung des § 137 GVG., also ohne mündliche Verhandlung lediglich eine Entscheidung der vereinigten Zivil-Senate einzuholen ist. — Ebenso gilt die Bindung der obersten Gerichtshöfe dahin, daß sie wie z. B. der bayerische VGH. nach Art. 43 VGG. ohne Plenarentscheidung in einer Rechtsfrage nicht von der Entscheidung des Gerichtshofes oder eines Senates abweichen dürfen, nicht mehr bei einem Umschwung in der Gesetzgebung für Entscheidungen auf Grund des früheren Rechts; in diesem Fall ist Abweichung von den Entscheidungen auf Grund des Rechts der Vorzeit zulässig (vgl. Pöll, Ziff. 9, g zu § 37 UWG. S. 364/5). Demnach gelten frühere grundsätzliche Entscheidungen, dann aufhebende und zurückverweisende Erkenntnisse nur legibus sic stantibus, wie schon beim Zuständigkeitsnormenwechsel für diesen Punkt hervorgehoben wurde. Dazu Fußnote 222 der Darstellung; die in solchen nach früheren Gesetzen erlassenen Erkenntnissen enthaltenen Rechtsanschauungen erwachsen nicht in Rechtskraft, vgl. Dyroff, VGG. S. 654, 656. —

2. Nicht minder aber muß dieser Grundsatz anwendbar sein auf die inhaltlich verändert oder unverändert in die Neuzeit herübergenommenen Rechtseinrichtungen, wenn sich auf deren Boden ein Rechtsverhältnis nicht erst in der Nachzeit bis zur Vollendung entwickelt hat und nach dem Verfahrens-Rechtswechsel der behördlichen Entscheidung unterbreitet wird; jedoch ist vorausgesetzt, daß nicht für solche Fälle die alten Zuständigkeits- und Verfahrensnormen nach dem ausdrücklich ausgesprochenen Willen der neuen Rechtsvorschrift noch als fortbestehend zu gelten haben. Das ist jedenfalls unbedingt anzunehmen für Streitigkeiten auf Grund früherer allgemeiner und früherer Sonderbestimmungen, wenn eine frühere allgemeine Rechtseinrichtung inhaltlich neu ausgestaltet, insbesondere mit einem besonders gearteten neuen Rechtsschutz umgeben werden soll, und zwar unter Aufrechterhaltung der allgemeinen früheren Bestimmungen für Streitigkeiten auf dem Rechtsboden der Vorzeit

und unter Beibehaltung der Sonderbestimmungen auch für künftig sich entwickelnde sachliche Rechtsstellungen. Dies ist z. B. der Fall nach Art. 26 des bayerischen SVG., wo nicht mehr unter fortdauernd geltende Sonderbestimmungen (z. B. Art. 141 Abs. V GewOrd.) fallende gemeindliche Zweckverbände, wenn sie neu geschaffen oder inhaltlich satzungsmäßig geändert werden sollen, auch den neuen Verfahrensbestimmungen unterstellt werden (= schiedsrichterliches Verfahren nach Art. 11 VGG.); dagegen sind rein rechtsfindende Entscheidungen über alte Gemeindeverbände auf Grund des Art. 37 des Distriktsratsgesetzes, deren Gründung beim Rechtswechsel abgeschlossen war und die keine Änderung im Aufbau im Vollzug des Art. 26 SVG. erfahren haben, den alten nicht aufgehobenen Verfahrensbestimmungen (Art. 8 Ziffer 22 VGG.) unterworfen[255]). Auch der bayer. Verwaltungsgerichtshof[256]) vertritt diese Auffassung, wenn er dort ausführt: „Nach allgemeinen, durch die Rechtslehre und die Rechtsprechung anerkannten Grundsätzen haben neue — ist zu ergänzen: die früheren Vorschriften ausdrücklich oder nach klarem Gesetzeswillen aufhebende — Gesetzesbestimmungen über Zuständigkeit und Verfahren sofort in allen Angelegenheiten Anwendung zu finden, die nach dem Inkrafttreten des betreffenden Gesetzes anhängig werden, auch dann, wenn die Entstehung des betreffenden Rechtsverhältnisses in eine frühere Zeit fällt. Der Verwaltungsgerichtshof beruft sich in dieser Entscheidung auf seine Ausführungen in S. Bd. 24 S. 107[257]), dann auf das in § 18 I dieser Darstellung besprochenen KKE. vom 3. Mai 1893 (BGBl. Beilage I S. 5ff.); ferner auf § 18 I EGZPO. sowie auf Art. I und IX EG. zu dem Gesetz, betreffend die Änderungen der ZPO. vom 17. Mai 1898 (RGBl. S. 332), endlich auf Art. 226 des bayer. AGZPO. In letzterer Ausführungsvorschrift war bestimmt, daß Prozesse bis zur rechtskräftigen Entscheidung nach den bisherigen Prozeßgesetzen zu erledigen sind, wenn vor dem Inkrafttreten der ZPO. 1. die Klage erhoben, 2. das Gesuch oder die einfache Vorstellung beim Gericht eingereicht ist. Wenn nicht diese Vorschrift als arg. e contrario, also für die gesetzliche Regel der sofortigen Anwendung der Verfahrensgesetze angeführt werden wollte, wäre sie hierher nicht verwertbar. v. Zink bemerkt hiezu zutreffend, daß, wenn überhaupt, dieser Artikel 226 höchstens für das VGG. für anwendbar erachtet werden könnte, weil dieses Gesetz selbst (nämlich Art. 18) auf die ZPO. verweist und in Einzelfällen eine sinngemäße Anwendung einzelner Bestimmungen der ZPO. nicht ausgeschlossen sein dürfte. Man

[255]) Bayer. GVZtg. 1920 Sp. 377 III.
[256]) S. Bd 26 S. 246 Ziff 5.
[257]) S. Fußnote 106 der Darstellung.

wird diese Bedenken, ob Art. 226 AGZPO. überhaupt einschlägig sei, teilen müssen, namentlich mit Rücksicht auf das neue armenrechtliche Streitverfahren[258]).

Anders ist die Rechtslage zu beurteilen, wenn die neue Rechtsnorm selbst über Fortwirkung der Vorschriften der Vorzeit in ihr eigenes Herrschaftsbereich bestimmte Regeln aufstellt wie z. B. Art. 85 EGRVO.[259]).

3. Will ein Rechtsanspruch, der sich sachlich unter der Geltung eines früheren Gesetzes vollendet hat, erst unter der Geltung neuer Rechtsnormen über das Verfahren verwirklicht werden, dann muß er selbstverständlich auf der neuen verfahrensrechtlichen Grundlage entschieden werden, falls die frühere zuständige Behördenart wie auch die Bestimmungen über den vor jener anzuhaltenden Rechtsgang für die zu entscheidende Streitsache überhaupt beseitigt sind[260]). Dementsprechend wurde ein erst unter der Wirksamkeit der RVO. geltend und anhängig gemachter Rückgriffsanspruch nach § 50 KrVG. als zur Erledigung im Beschlußverfahren nach § 1780 RVO. geeignet erklärt (AN. S. 348). Dieser Fall steht im Gegensatz zu dem obigen Beispiel über die Durchsetzung von Rechtsansprüchen auf dem Boden des früheren Rechts unter der nur für neubegründete oder inhaltlich geänderte Rechtsverhältnisse herrschenden Geltung anderer sachlicher (Art. 26 SVG.), aber nicht ausdrücklich aufgehobener früherer Rechtsgangsvorschriften, hier des Art. 8 Ziffer 22) VGG. Siehe auch Fußnoten 255, 277, ferner § 10 IV und § 18 II Ziffer 4) dieser Darstellung. Das bayer. Landesversicherungsamt vertritt ebenfalls in Mitt. 1916 S. 190 den vom Reichsversicherungsamt eingenommenen Standpunkt.

Diese grundsätzliche Rechtsanschauung, der beigetreten werden muß, hat der bayer. Verwaltungsgerichtshof bisher beibehalten. In seiner jüngsten Entscheidung[261]), in der es sich um die Fällung einer Entscheidung in einem Dienststrafverfahren gegen einen Gemeindebeamten handelte, führte er aus, daß bei einem Widerstreit von Gesetzen grundsätzlich nicht nur die Zuständigkeit, sondern auch das Verfahren zur Erledigung der Streitsache nicht nach dem Stand der Sache im Zeitpunkt des Streitbeginns (wie nach römischem Recht), sondern nach jenem zur Zeit der Urteilsfällung zu beurteilen ist; der Gerichtshof bezieht sich hiebei außerdem auf seine ungedruckte auf das neue Armenrecht bezügliche Entscheidung vom 10. Juli 1916 Nr. 33 III/16 (vgl. BlfaPr. Bd. 72 S. 23 Fußnote 17) und BlfaPr. Bd. 31 S. 181 ff. Der tiefere Grund für diese Hal-

[258]) BlfaPr. Bd. 67 S. 145.

[259]) Weitere Beispiele in BlfaPr. Bd. 67 S. 135.

[260]) Vgl. die schon unter § 17 c der Darstellung erwähnte Entscheidung des Reichsversicherungsamtes in A. N. 1915 S. 346 Nr. 1951, insbesondere S. 348.

[261]) S. Bd. 38 S. 114 ff. unter Hinweis auf S. Bd. 18 S. 143 und Bd. 24 S. 471.

tung der Rechtsprechung ist wiederum in dem Grundsatz zu erblicken, daß jeder Untertan öffentlich-rechtlichen Rechtsschutzanspruch lediglich nach dem jeweils von der Rechtsordnung vorgesehenen Verfahren hat.

Nur mit einem im Jahre 1915 anhängig gewordenen Verfahren nach dem alten Warenhaussteuergesetz vom 14. August 1910, das mit Wirkung vom 1. Januar 1920 ab außer Kraft getreten ist, machte der Gerichtshof mit seinem Erkenntnis vom 20. Februar 1920 Nr. 55 II/19 (siehe BlfaPr. Bd. 72 S. 24) eine Ausnahme. Er wandte nämlich das frühere Verfahren an, mit der Begründung, daß es sich hier um eine für das Jahr 1915 in Betracht kommende Steuerveranlagung handle." Mit dieser Sonderbehandlung kann man bei Jahressteuerveranlagungen einverstanden sein, da derartige wiederkehrende Abgaben auch einen ihrer Eigenart entsprechenden und dem jeweiligen sachlichen Recht genau angepaßten Rechtsgang unterworfen sein müssen. Es handelt sich hier nur um eine scheinbare Ausnahme von der Regel.

§ 21. Schwebende Rechtsstreitigkeiten über Rechtsaussichten und Anwartschaften (sog. konstitutive Rechtssachen).

I.

Als besondere Gruppe zu betrachten sind die Begehren auf sog. rechtsgestaltende Staatsakte, die vor dem Rechtsgangswechsel anhängig gemacht wurden, aber erst unter der neuen verfahrensrechtlichen Lage entschieden werden. Hiezu gehört das ganze Heer der staatlichen Befähigungen, Erlaubnisse, Genehmigungen usw., die erst auf Grund einer obrigkeitlichen Handlung erworben werden, einerlei, ob der Einzelne unter besonderen tatsächlichen und rechtlichen Voraussetzungen auf deren Erteilung einen Rechtsanspruch (= Anwartschaft) hat oder nicht (= Rechtsaussicht)[262]. Meist tauchen derartige Streitigkeiten auf beim Wechsel örtlicher sachlicher Rechtsnormen z. B. ortspolizeilicher Vorschriften über Würdigung der Bedürfnisfrage (§ 33 III der Reichsgewerbeordnung früherer Fassung), dann bei Änderungen staatlicher Vorschriften über Voraussetzungen zur Erlangung gewerberechtlicher Befähigungen aller Art, Genehmigungen und Erlaubnisse infolge sog. „Gesetzesnovellen". Manchmal wird hiedurch auch der Rechtsgang beeinflußt.

Hier gilt folgendes: Übereinstimmung besteht in der Übung des bayerischen Verwaltungsgerichtshofes und des preußischen Oberverwaltungsgerichtes, daß sowohl für die verfahrensrechtliche wie für die sachliche Seite des Begehrens keinesfalls das zur Zeit der Einreichung des Gesuches oder der Stellung des Antrages

[262] K. Kormann, System der rechtsgeschäftlichen Staatsakte, §§ 12, 13 (S. 82 ff., 104 ff.). — Vgl. § 10 Ziff. 1 der Darstellung.

auf verwaltungsrechtliche Entscheidung herrschende Recht maßgebend ist[263]).

Dagegen besteht eine Meinungsverschiedenheit darüber, ob die zur Zeit der „Beschlußfassung" im ersten Rechtszug geltenden verfahrensrechtlichen Rechtsnormen auch die weiteren Rechtszugsbehörden binden oder ob diese immer das jeweils geltende Recht auch ihrer formellen, nicht nur ihrer sachlichen Entscheidung zugrunde zu legen haben. Aus den allgemeinen, in Abschnitt V § 18 erörterten Gründen muß man sich für die letztere Ansicht entscheiden[264]), der übrigens der bayerische Verwaltungsgerichtshof in jüngster Zeit sogar für sogen. deklaratorische Streitsachen beigetreten ist[265]). Es muß auch hier der Grundsatz folgerichtig durchgeführt werden, daß zwar eine staatliche Schutzordnung zu jeder Zeit dem Rechtsuchenden zu Gebote stehen muß, weil dies eine staatlich-sittliche Forderung ist, die sich der Staat selbst stellt und die er daher auch erfüllen muß; aber der einzelne der Staatsgewalt Unterworfene hat keinen unabänderlichen, genau umgrenzten, vornehmlich nach Art und Inhalt des Rechtsschutzes dauernd bestimmten Rechtsanspruch auf staatliches Gewähren, sondern nur nach der jeweiligen Lage der Rechtsordnung. Das bedeutet durchaus keine Verweigerung des Rechtsschutzes, vielmehr eine Verwehrung des Eingriffes des Einzelnen in die Bewegungsfreiheit des Staates, darüber souverän zu befinden, auf welchem Weg, namentlich vor welcher Behörde und in wievielen Rechtszügen der Einzelne seine Rechte und Belange soll verwirklichen können. Insbesondere verfügt auch die Staatsgewalt frei, mit welcher Rechtsgewähr z. B. Mündlichkeit und Öffentlichkeit des Verfahrens der Rechtsgang umkleidet sein, ob der einfache Verwaltungsweg oder der Verwaltungsrechtsweg eröffnet werden soll; letztere Ausscheidung fällt im wesentlichen damit zusammen, ob dem Untertanen ein Rechtsanspruch auf ein staatliches Gewähren eingeräumt sein oder das uneingeschränkt freie — allerdings nicht rein willkürliche, sondern pflichtgemäße — Ermessen bei der Austeilung eines Gewährens ausschließlich walten soll.

Die staatliche Rechtsordnung kann sich auch unmöglich vorschreiben lassen, von welcher Zeit an ihre Befehle Gültigkeit erlangen sollen, so daß sich der einzelne Beteiligte und auch der nur Belangte eben mit den jeweils dargebotenen Rechtsbehelfen zur Durchsetzung seiner Persönlichkeits- und öffentlichen Vermö-

---

[263]) Z. B. die ungedruckte Entscheidung des bayer. Verwaltungsgerichtshofes vom 14. Februar 1906 bezüglich eines Wirtschaftskonzessionsgesuches. — Näheres unter § 10 Ziff. 8 und § 11 der Darstellung.

[264]) v. Landmann, Kommentar zur Gewerbeordnung, 6. Aufl. 1911, Bd. 1 S. 77, Anm. 4 zu § 1; Reger-Stößel, Gewerbeordnung, 5. Aufl. Bd. 1, Bem. 5 am Ende zu § 1.

[265]) BlfaPr. Bd. 67 S. 143, 145 b. — Die gleiche Stellung nimmt auch das bayer. Landesversicherungsamt ein in seinen Mitt. 1917 S. 146/7 Nr. 86.

gensrechte sowie seiner Belange begnügen muß. Er kann, wie schon unter Abschnitt V § 18 Ziffer VI anläßlich der Würdigung der Zuständigkeitsfrage beim Rechtswechsel hervorgehoben, auch keine Vereinbarung über das Verfahren treffen, das grundsätzlich öffentlich-rechtlicher Natur (iuris publici) ist, insbesondere auch nicht über Zahl und Art des Rechtszuges. Der Satz: ius publicum privatorum pactis mutari nequit beherrscht uneingeschränkt auch das Verfahrensrecht.

Die gleiche Stellung in dieser nach der sachlichen und verfahrensrechtlichen Seite untrennbar miteinander verschlungenen Frage nimmt Walter Jellinek[266]) in seinen Erörterungen über die rückwirkende Kraft des Polizeibefehls ein: Eine Rückdatierung des — staatlichen — Befehls sei allgemein im wesentlichen ausgeschlossen, wobei er drei Fälle unterscheidet:

a) zur Zeit der Einreichung des Antrages bestand noch die gesetzliche Genehmigungsmöglichkeit, aber nach freiem Ermessen der Behörde; es folgt darauf ein gesetzliches Verbot der Genehmigung solcher Anträge;

b) bei Stellung des Antrages hatte der Antragsteller ein subjektives Recht, einen Anspruch auf Genehmigung; dann erging ein gesetzmäßiges Genehmigungsverbot derartiger Anträge;

c) bei Antragstellung bestand ein Rechtsanspruch auf Genehmigung, wie vor; dann wurde das freie Ermessen an Stelle des Rechtsanspruches gesetzt. Mit diesen Darlegungen, aus denen die verschiedenen Fälle ersichtlich sind, in denen der Untertan nach Gesuchseinreichung bei einer Behörde durch den Rechtswechsel formell und sachlich geschädigt werden kann, wird man sich einverstanden erklären können. In den Fällen a) und b) ist gegebenenfalls unter Aufhebung der Vorbescheide und Zurückweisung der Beschwerde der Antrag oder Anspruch kostenfällig abzuweisen. Im Fall c) regelt sich das weitere Verfahren nicht mehr nach den Vorschriften über den Rechtsgang in Verwaltungsrechtssachen oder über das „Rekursverfahren", vielmehr nach dem einfachen Verwaltungsverfahren. Jedoch ist Aufhebung der Vorerkenntnisse und Zurückverweisung nicht veranlaßt, da das vorhergegangene verwaltungsrechtliche Verfahren eine größere Rechtsgewähr für die Beteiligten bietet und daher nicht zu ihrem Nachteil ausschlagen konnte. Ein weiterer Fall

d) ließe sich anschließen, — der allerdings die Rechtslage des Gesuchstellers nicht verschlimmerte, sondern zu verbessern geeignet wäre, — daß nämlich zur Zeit der Antragstellung das freie Ermessen für das Gewähren gesetzlich festgelegt war, dieses aber in einen Rechtsanspruch des Gesuchstellers umgewandelt wurde. Dann wäre nach obigen Grundsätzen erst recht das neue Verfahren anwendbar, ganz abgesehen davon, daß es allgemein unbestritten

[266]) Gesetz, Gesetzesanwendung usw. S. 254/6.

anerkannt ist, neues Recht dann anzuwenden, wenn es für die Beteiligten und Belangten günstiger ist[267]), gegebenenfalls unter Aufhebung der Vorbescheide und Zurückverweisung an die erste Rechtsstufe zur Vermeidung eines Rechtszugsverlusts im neuen mit erhöhter Rechtsgewähr ausgestatteten Verfahren.

f) Endlich wäre des Falls zu gedenken, daß z. B. des Betriebsbeginns nach der GewO. keine Genehmigung vorgeschrieben war. Hier hat eine später eingeführte Genehmigungspflicht z. B. gemäß § 37 GewO. keine rückwirkende Kraft in künftigen Streitigkeiten über diese Betriebsausübung (vgl. S. Bd. 35 S. 148).

§ 22. Die Durchführung des Normenwechsels bei Änderungen im Rechtszug.

I.

Wenn durch neuerliche Rechtssatzung der Rechtszug sachlich geändert wurde z. B. statt der Kreisregierung die Bezirksverwaltungsbehörde als 1. Instanz bestimmt wurde oder umgekehrt, wenn weiter etwa die Mittelbehörde ausgeschaltet, wenn die Mündlichkeit oder die Öffentlichkeit des Verfahrens oder beides aufgehoben und dergl. andere Verfahrensänderungen eingeführt wurden, so müssen sich die Beteiligten mangels einer Übergangsvorschrift damit abfinden; jedoch bleiben die durch die Rechtshängigkeit oder die Rechtsmitteleinlegung in der Vorzeit eingetretenen Wirkungen der Überwälzung der Zuständigkeit auf die nächst höhere Rechtszugsbehörde — gleichgültig, welche — sowie die damit verknüpften Wirkungen auf dem Gebiet des sachlichen Rechtes (Unterbrechung der Verjährung usw.) an sich unberührt; es kann weiter vorerst von keiner formellen Rechtskraft die Rede sein. Endlich ist (wie bei Verkürzung einer Verjährungsfrist) das neue Recht nur dann anwendbar, wenn die volle kürzere Verfahrensfrist unter dessen Herrschaft abgelaufen ist, während das alte Recht maßgebend bleibt, falls dessen längere Frist vor Ablauf der neuen Frist endet. Doch ist diese Einschränkung nicht unbestritten[268]). Wenn also Rechtsmittelfristverkürzungen vorgesehen wären, was aber wenigstens für die nächste Zeit kaum einmal der Fall sein wird, da das Bestreben auf Verlängerung der Fristen zur Einlegung von Rechtsmitteln (z. B. Art. 13 III Satz 2 SVG.: vierwöchentliche Beschwerdefrist — im Anschluß an die Reichsgesetzgebung der jüngsten Zeit insbesondere in der RVO. — gegenüber 14 Tagen in Art. 161 der bayerischen Gemeindeordnung mit Art. 45 II VGG.) gerichtet ist, so könnte auch hier die durch die Zustellung der Entscheidung in Lauf gesetzte, schwebende, nur durch den Ver-

[267]) Vgl. § 2 der Darstellung und Jebens S. 272

[268]) Vgl. Gierke a. a. O. S. 208, insbesondere Fußnote 57 für die Verjährung: Art. 169 EGBGB.

fahrensrechtswechsel unterbrochene Notfrist dem Beschwerdeberechtigten nicht gewahrt bleiben, da sie noch in die Zeit des neuen Rechtes hereinragt. Die Frist war noch nicht unter der Vorzeit durch Ablauf für den Beschwerdeberechtigten voll erworben[269]). Wenn umgekehrt durch die neuen Rechtsnormen ein geräumigerer Zeitraum zur Rechtsmitteleinlegung eröffnet würde, so gälte die Frist zur Einlegung des Rechtsmittels ebenfalls — und zwar hier zugunsten des Beschwerten — entsprechend verlängert.

II.

1. Die verfahrensrechtliche Durchführung dieser Grundsätze gestaltet sich folgendermaßen:

a) Wurde z. B. die Mittelbehörde durch die neuere Rechtsnorm beseitigt und hatte diese ausgeschaltete Instanz trotzdem eine Entscheidung in der Nachzeit erlassen, so muß, wenn eine Beschwerde gegen dieses Erkenntnis ergriffen wurde, die nach neuem Recht berufene Rechtszugsbehörde die Entscheidung aufheben[270]) mit der Wirkung, daß der Rechtszustand wieder hergestellt wird, der nach Einlegung des Rechtsmittels gegen den Bescheid im ersten Rechtszug bestand. Außerdem muß die Beschwerdesache an die neuerliche 2. und letzte Instanz abgegeben werden, das ist in der Regel an die das Vorerkenntnis aufhebende Rechtszugsbehörde. Hatte ein unmittelbarer Stadtmagistrat, dessen zugehöriger Ortsarmenverband in einer Ersatzstreitigkeit verklagt, der aber nach früherem Recht dennoch zur Streitsentscheidung zuständig war, erst unter der Geltung der neuen Zuständigkeitsnormen entschieden, so hätte die als Beschwerdebehörde etwa angerufene Kreisregierung diesen Bescheid ebenfalls außer Wirksamkeit zu setzen und im ersten Rechtszug selbst zu entscheiden. Hätte der Stadtmagistrat noch keine Entscheidung getroffen gehabt, so hätte er die Streitsache ohne weiteres der Regierung zur erstinstanziellen Entscheidung vorzulegen, einen förmlichen Bescheid über seine Zuständigkeit aber nur dann zu erteilen, wenn der Antragsteller gerade von ihm und trotz Aufklärung über die Rechtslage eine Entscheidung begehrte.

b) Wie verhält es sich aber mit jenen Entscheidungen von Verwaltungsbehörden und -gerichten, die mangels Rechtsmitteleinlegung formell rechtskräftig wurden, obwohl der erkennenden Behörde zur Zeit der Erlassung der Entscheidung keine Urteilsbefugnis auf Grund des Rechtswechsels mehr zukam? Die Ansichten gehen hier auseinander[271]). In S. Bd. 36 S. 165 hat der bayer. Verwaltungsgerichtshof offenbar nur Anfechtbarkeit und keine absolute Nichtigkeit des Verwaltungserkennt-

[269]) S. hiezu Fußnote 216.

[270]) BlfaPr. Bd. 67 S. 143 ff. und S. 145, b) erster Absatz für Übergangsfälle aus Art. 75 des bayer. Armengesetzes. Vgl. auch Fußnote 54 der Darstellung.

[271]) Vgl. hierüber Dyroff, VGG. S. 655; BlfaPr. Bd. 45 S. 353 ff.; Kormann a. a. O. S. 248, 250, 401; Fleiner a. a. O. S. 194 ff. unter Buchstabe e, insbesondere Fußnote 59; Walter Jellinek, Der fehlerhafte Rechtsakt S. 95.

nisses dann angenommen, wenn z. B. im vorliegenden Fall nach rückblickender rechtlicher Beurteilung die ordentlichen Gerichte hätten entscheiden sollen, tatsächlich aber die Verwaltungsbehörden erkannt haben, weil die Verwaltungsbehörden zur Entscheidung derartiger Streitigkeiten (Wege- und Brückenbauunterhaltungsstreitigkeiten) grundsätzlich ebenfalls berufen sind, je nach dem Klagegrund, wenn vielleicht auch im vorliegenden Fall einmal zu Unrecht. Hier kommt aber immerhin der in concreto nicht berufenen Behörde eine Entscheidungsbefugnis ganz allgemein zu, während z. B. bei Zuständigkeitsmängeln innerhalb des Rechtszuges vor den Verwaltungsbehörden einer ausgeschiedenen Instanz überhaupt keine Zuständigkeit mehr zur Entscheidung von Ansprüchen der von ihr beurteilten Gattung eingeräumt ist. Der Verwaltungsgerichtshof würde daher vermutlich in solchen Fällen Nichtigkeit annehmen und zwar absolute.

Zu den hierher gehörigen Fällen sind hauptsächlich jene zu rechnen, in denen eine Behörde der inneren Verwaltung infolge des Rechtswechsels und des damit verbundenen verfahrensrechtlichen (= sachlichen) Zuständigkeitsverlustes eine nunmehr vor eine andere Behörde der inneren Verwaltung gehörige Streitsache entschieden hat. Dyroff möchte hier nicht ohne weiteres absolute Nichtigkeit annehmen, sondern nur beim Mangel örtlicher Zuständigkeit; dabei muß aber das Gesetz selbst die örtliche Zuständigkeit ausdrücklich bestimmen, was z. B. bei Art. 20 des Jagdgesetzes (vgl. Entsch. d. bayer. VGH. vom 14. März 1923, BayGVZ. 1923 Spalte 485) nicht der Fall ist. Fleiner dagegen erachtet einen Verstoß gegen wesentliche Elemente jeder obrigkeitlichen Verfügung, zu denen er die sachliche und örtliche Zuständigkeit der verfügenden Behörde rechnet, als Nichtigkeitsgrund. Man wird dies als die Regel annehmen dürfen; denn wenn überhaupt keine Zuständigkeit einem staatlichen Organ verliehen ist, müßte es zu einer heillosen Verwirrung und Rechtsunsicherheit führen, wenn man einem Erkenntnis einer solchen sachlich unzuständigen Behörde materielle Rechtskraft zuerkennen wollte. Ersetzt doch nach anerkannter Übung der Verwaltungsgerichte nicht einmal der Sachzusammenhang die mangelnde sachliche Zuständigkeit[272]. Es müßte wenigstens eine teilweise sachliche Zuständigkeit in derselben Sache begründet sein, z. B. die eine Behörde über den Bestand, die andere über die Höhe der Forderung zu entscheiden haben[273]. Liegen solche Ausnahmefälle nicht vor, so gelten Erkenntnisse mangels sachlicher Zuständigkeit als „nicht geschrieben". Jedermann und jede Behörde kann sie als nichtig betrachten und behandeln; sie ermangeln der

[272]) S. Bd. 8 S. 251; BlfaPr. Bd. 47 S. 246 und Bd. 58 S. 226; jedoch wird dieser Grundsatz namentlich im landesrechtlichen armenrechtlichen Spruchverfahren nicht mehr so streng gehandhabt (Bundesamt f. H. Bd. 56 S. 104; VGH. vom 26. Februar 1923 in BayGVZ. 1923 Sp. 387).

[273]) S. Bd. 33 S. 75.

sachlichen Rechtskraft. Auch eine nachträgliche Genehmigung durch die zuständige Behörde heilt den Mangel der Nichtigkeit nicht mehr. Was rechtlich nicht vorhanden ist, kann nicht bestätigt werden[274]. In solchen Fällen gilt die Rechtsmittelfrist als noch laufend. Die etwa angerufene zuständige Rechtszugsbehörde bräuchte nur die Verhandlungen von der Unterbehörde einzuverlangen und nach formeller Aufhebung des unzuständigerweise erlassenen Erkenntnisses in der Sache selbst zu entscheiden.

c) Wie werden jene Übergangsfälle behandelt, in denen bisher ein dreifacher Rechtszug vorgesehen war und etwa gegen einen Bescheid der vor dem Rechtswechsel zuständigen, nunmehr aber ausgeschalteten ersten Rechtszugsbehörde z. B. einer Bezirksverwaltungsbehörde ein Rechtsmittel eingelegt wurde, so daß dessen Rechtskraft gehemmt wurde? Hier wird der zweiten Instanz (z. B. der Kreisregierung, die nunmehr in den Fällen des Art. 75 des Armengesetzes erste Instanz ist) nichts anderes übrig bleiben, — da kraft der sog. Abwälzungswirkung (= Devolutiveffekt) der Rechtsmitteleinlegung die ganze Streitsache an die Oberbehörde gebracht wird —, als daß die frühere Mittelstelle und nunmehrige erste Rechtszugsbehörde auf die Beschwerde den Bescheid der ursprünglichen d. h. zur Zeit der ersten Entscheidungsfällung wirklich zuständigen ersten Instanz aufhebt (wegen nunmehriger erstinstanzieller Zuständigkeit der Kreisregierung zur Erledigung der schwebenden Streitsache!) und in der Sache selbst erkennt; im Gegensatz hiezu steht die Erledigung der Angelegenheit, wenn die Entscheidungsbefugnis auf eine andere Behördenart übergegangen ist, wie unter Abschnitt V dargestellt, wo außerdem neben der Bescheidsaufhebung wegen Zuständigkeitshinüberwechseln auf eine andere Behördengattung der geltend gemachte Anspruch abzuweisen ist. Der Vorbescheid muß einerseits infolge der verfahrensrechtlichen Änderung aufgehoben werden, obwohl einmal ein in zuständiger Weise erlassener Rechtsakt vorliegt, so daß von einer Aufhebung wegen formeller Mängel des obrigkeitlichen Aktes an sich unter dem Gesichtspunkt des früheren Rechtes keine Rede sein könnte; andererseits muß aber auch der infolge Rechtsmitteleinlegung noch nicht rechtskräftig gewordene Bescheid aus der Welt geschafft werden, wenn nicht nur eine teilweise Erledigung der Angelegenheit eintreten soll, so daß nichts anderes übrig bleibt, als daß die nunmehr zuständige Behörde dieses vorausgegangene Erkenntnis auf die Beschwerde hin aufhebt, so die neue Rechtslage herstellt und das Verfahren damit

274) Fleiner a. a. O. S. 194 Fußnote 59 und S. 172. — Kormann, Grundzüge eines allgemeinen Teils des öffentlichen Rechts in den Annalen 1912 S. 46 ff., ferner BayGVZtg (Reindl) 1922 Sp. 101, die sich alle für absolute Nichtigkeit bei sachlicher und örtlicher Unzuständigkeit der verfügenden Behörde sowie bei Verletzung der gesetzlich vorgeschriebenen Form aussprechen, während sonst Verwaltungsakte (im Gegensatz zum bürgerlichen Recht) nur nichtig sind, wenn deren Inhalt auf einen absolut unmöglichen Rechtserfolg gerichtet ist.

in Einklang bringt. Hieraus ergibt sich, daß der Aufhebungsgrund des Gesetzeswechsels in Anwendung auf ein zuständigerweise in der Vorzeit erlassenes Erkenntnis keine Berichtigung des Urteils nach der sachlichen Seite hin darstellt, sondern nach der verfahrensrechtlichen, mag das Urteil auch an sich formell und sachlich vollständig in Ordnung sein; denn man darf die Angelegenheit nicht rückwirkend betrachten, muß vielmehr diese Frage vom Standpunkt der Gegenwart aus besehen derart, daß man die ganze Angelegenheit — nach Ausschaltung der früheren ersten oder der Mittelinstanz — als gegenwärtig neu spielend anschaut und nicht nur als schwebend, so daß der Vorbescheid wegen Verfahrensmangels und zwar infolge Rechtsgangsänderung aufgehoben, nicht aus sachlichen Gründen abgeändert werden muß (vgl. hierher die Nachweise in Fußnote 270).

d) In gleicher Weise wäre zu verfahren, wenn etwa der Verwaltungsgerichtshof gemäß Art. 14 VGG. wegen wesentlicher Verfahrensmängel die Angelegenheit an die nach dem oberstrichterlichen Erkenntnis unzuständig gewordene erste Rechtszugsbehörde zurückverwiesen hätte zur neuerlichen Entscheidung in der Sache. Hätte dann diese zur neuerlichen Entscheidung angewiesene Behörde noch keinen Bescheid erlassen, so wäre der Rechtsstreit an die Mittel- und nunmehrige erste Instanz abzugeben; hätte sie aber bereits entschieden, so wäre ebenfalls diese neuerliche Entscheidung aufzuheben und in der Sache selbst im neuerlichen ersten Rechtszug durch die Kreisregierung zu erkennen. Die Kosten müßten selbstverständlich dem endgültig unterliegenden Teil überbürdet werden, wobei auf die Ausführungen in § 18 I zu dieser Frage auch hierher verwiesen wird.

e) Dasselbe Verfahren ist einzuschlagen, wenn etwa spätere Gesetze (wie das bayer. Wassergesetz) besondere Verfahrensarten aufstellen, die früher einfacher gestaltet waren, z. B. sog. Tagfahrten zur mündlichen Geltendmachung von Einwendungen gegen ein wasserwirtschaftliches Unternehmen als notwendigen Verfahrensbestandteil angeordnet haben[275]), ferner, wenn bisher, wie dies ebenfalls das neue WassG. gegenüber der früheren Wassergesetzgebung getan, Angelegenheiten, die reine Verwaltungssachen waren, zu verwaltungsrechtlich verfolgbaren Ansprüchen, mit einem besonderen verwaltungsrechtlichen Verfahren umkleidet erhoben oder dgl. Verfahrensänderungen mit Steigerung der Rechtsgangsgewähr eingeführt würden, wofern nicht das Gesetz selbst anders bestimmte.

2. Die Überleitung des alten Rechtsgangs auf das neue Verfahrensrecht ist gesetzlich verschieden gelöst worden, wie dies des untrennbaren Zusammenhangs wegen teilweise schon bei Betrachtung der Zuständigkeitsfrage unter Abschn. V angedeutet wurde.

---

[275]) S. Bd. 33 S. 98, ergangen zu Art. 182 IV WG. „Die Frage, ob für die Übergangszeit (Art. 208) die Zustimmung zum Beitritt zur Wassergenossenschaft zurückgezogen werden kann, kann dann unerörtert bleiben, wenn der Widerspruch aus sachlichen Gründen abgewiesen werden muß."

a) Art. 85 EG. RVO. läßt zunächst — aus Zweckmäßigkeitserwägungen — grundsätzlich die Anhängigkeit entscheiden für die Bemessung dafür, ob das alte oder das neue Verfahrensrecht anwendbar sein soll. Anhängige Rechtsangelegenheiten sind deshalb noch den Rechtsgangsvorschriften der Vorzeit unterworfen[276]). Von dieser Regel machen Art. 86 und 87 ebenda eine Ausnahme, insoferne hier für die einzelne versicherungsrechtliche Streitsache nicht die Anhängigkeit die Grenzscheide zwischen altem und neuem Recht bildet, vielmehr hiefür die Tatsache maßgebend sein soll, ob schon ein Bescheid im ersten Rechtszug ergangen ist. War noch keiner erlassen worden, dann soll sofort das neue Verfahren einschlagen; die vorher zuständige Behörde soll einfach die Akten — natürlich unter Fortdauer der sachlichen und verfahrensrechtlichen Wirkungen der Rechtshängigkeit — an die neuerlich zuständige Behörde abgeben. War aber schon einmal in der Sache entschieden, auch wenn es nur ein formeller Bescheid etwa über die Zuständigkeitsfrage war, so herrscht auch für den weiteren Verlauf der Streitigkeit das alte Recht weiter[277]). Darnach unterstehen z. B. noch nicht anhängig gemachte, aber bereits in der Vorzeit erworbene, für die Vergangenheit nicht beseitigte, jedoch ins neue Recht nicht mehr übernommene Rechtsansprüche dem früheren sachlichen Recht, werden indessen nach den neuen Rechtsgangsnormen beurteilt; im vorliegenden Fall des früheren § 50 KrVG. griff daher das Beschlußverfahren nach § 1780 RVO. ein. Anders, wenn der Gesetzgeber die älteren Verfahrensbestimmungen, namentlich auch den Bestand der entscheidungsbefugten Behörden sowie der Zuständigkeitsbestimmungen aufrecht erhalten wollte, was zweifellos anzunehmen ist, wenn die zur Entscheidung berufene Behörde und das von ihr anzuwendende Verfahren, z. B. das verwaltungsrichterliche Verfahren nach Art. 8 Ziff. 22 VGG. nach Einführung des schiedsrichterlichen Verfahrens (Art. 26 SVG. und Art. 11 VGG.) nicht ausdrücklich aufgehoben wurden.

Für schwebende Rentenbegutachtungen hat Art. 94 ebenda die verfahrensrechtliche Behandlung vorgesehen. Außerdem bestimmen der Art. 88 ff. daselbst für weitere Streitsachen über Anordnung des Rechtsgangs im einzelnen. Der Grund, warum namentlich nach Erlaß eines Erkenntnisses in der Vorzeit die Gesetzgebung vielfach ausdrücklich die Beibehaltung des alten Verfahrens vorschreibt, ist meist darin zu suchen, daß störende Folgen, die sich aus der Anwendung des früheren und späteren Rechts auf die verschiedenen Stufen eines und desselben Rechtsstreites vielfach ergeben müssen, vermieden werden sollen; so z. B. §§ 18 und 21

[276]) S. Bd. 34 S. 1 ff.; Mitt. 1913 S. 60 und 1915 S. 44 ff.

[277]) A. N. 1915 S. 347 ff. — Mitt. 1915 S. 44 ff. — Gierke a. a. O. S. 207. — Siehe auch Fußnoten 260 und 116 der Darstellung; ferner § 10 Ziff. 4 der Darstellung.

EG. ZPO., wonach anhängige Rechtsstreitigkeiten sowie anhängige Zwangsvollstreckungen nach den bisherigen Gesetzen zu erledigen sind (vgl. S. Bd. 14 S. 339). Doch wurde zugunsten der Landesgesetzgebung ein Vorbehalt zur Anpassung schwebender Prozesse an das neue Verfahrensrecht gemacht.

b) Eine reichliche Ausbeute für die entscheidenden Behörden lieferte für Bayern die Übergangszeit vom alten bayer. Heimat- und Armenrecht zum UWG.

Nach der reichsgesetzlichen Übergangsvorschrift in § 65 II Ziff. 6 daselbst sind Streitsachen über öffentliche Unterstützung Hilfsbedürftiger, die vor dem Inkrafttreten dieses Reichsgesetzes — in Bayern also vor dem 1. Jan. 1916 — anhängig gemacht worden sind, nach den bisherigen Vorschriften über das Verfahren zu behandeln[278]). Dagegen ist der neue Rechtsgang maßgebend für die nach dem 1. Jan. 1916 anhängig gemachten Streitsachen, ohne Unterschied, ob für die Entscheidung in sachlicher Hinsicht das alte oder neue Recht anwendbar ist[279]). Im übrigen treten für Rechtsgang und sachliches Recht die neuen Rechtsnormen sofort in Wirksamkeit (Art. 106 ArmenG.).

Im Zusammenhang damit möge auch noch die Überleitung schwebender Zwangserziehungsverfahren in das neue bayer. Fürsorgeerziehungsgesetz in der Fassung vom 21. Juli 1915 (GVBl. S. 595) kurz behandelt werden. Hiezu hat die MB. vom 24. Dez. 1915 (MABl. S. 309ff.) angeordnet, daß bei den Gerichten anhängige Verfahren nach den bisherigen Vorschriften erledigt werden. Es waren hiefür Zweckmäßigkeitserwägungen maßgebend, namentlich auch die Sachkenntnis des bereits mit der Sache beschäftigten Vormundschaftsgerichts. Im übrigen wurde das Gesetz von seinem Inkrafttreten an auch für die vorher angeordneten Zwangserziehungen als anwendbar erklärt. Dies bezog sich namentlich auf die örtliche Zuständigkeit der Bezirksverwaltungsbehörden zum Vollzug der gerichtlichen Anordnungen. Die bisherige „Heimatbehörde“ mußte daher die Akten an die nach Art. 17 II FürsEG. zuständige Behörde, soweit sie diese nicht selbst war, abtreten und zwar gleichgültig, ob sie schon einen Unterbringungsbeschluß erlassen hatte oder nicht. Dabei sollte

---

278) Über die Auslegung des § 65 II Ziff. 6 UWG hat sich eine Auseinandersetzung ergeben in der Bayer. Staatszeitung 1916 Nr. 43 S. 4 und Nr. 58 S. 4.

279) Dazu BlfaPr. Bd 66 S. 120 Fußnote 1; ferner ebenda Bd 67 S. 137 ff., woselbst zutreffend ausgeführt ist, daß sich § 65 II Ziff. 6 UWG lediglich auf die sogen. „Reichssachen“ nach § 37 UWG. beziehe. Selbstverständlich unterliegen dieser Übergangsvorschrift ausschließlich Streitigkeiten über Unterstützungen von Hilfsbedürftigen, also im Ergebnis ausschließlich Ersatzstreitigkeiten zwischen Armenverbänden, während diese Zuständigkeitsnorm für alle übrigen auf dem Boden des Armenrechtes erwachsenen schwebenden Streitigkeiten, vornehmlich für solche, die sich früher auf Art. 18 Abs. 4/5 des alten Armengesetzes gründeten und nunmehr dem Art. 14 des neuen Armengesetzes zu unterstellen sind, nicht einschlägt; vielmehr sind für solche Fälle die in diesem Abschnitt erwähnten allgemeinen Grundsätze über den Rechtsgangswechsel anwendbar.

offenbar ausgeschlossen sein, daß die nunmehr örtlich unzuständig gewordene Bezirksverwaltungsbehörde einen förmlichen Beschluß über ihre Unzuständigkeit verbunden mit Abweisung des Vollzuges und Überweisung an die neue örtlich zuständige Bezirksverwaltungsbehörde zu fassen hatte, wie streng genommen zu verfahren wäre.

c) Auch die neue bayer. Schulgesetzgebung bietet für die Verfahrensübergangsregelung ein lehrreiches Beispiel. Durch Art. IV und Art. IX des Gesetzes vom 24. März 1920 über Änderung des Volksschullehrergesetzes und des Schulbedarfsgesetzes vom 14. Aug. 1919 (GVBl. 1920 S. 108) wurden die Grundsätze dieser beiden Gesetze über die Trennung des weltlichen Kirchendienstes vom Schuldienst und namentlich die Auseinandersetzungsnormen zwischen Kirchenstiftung und bürgerlicher Gemeinde wegen der Frage der Zugehörigkeit eines Einkommensbestandteiles zum Schuldienst oder zum Kirchendienst mit Wirkung vom 1. Mai 1920 an geändert. Damit ist von diesem Zeitpunkt ab auch das in Art. 40 SchBG. alter Fassung vorgesehene schiedsrichterliche Verfahren zugunsten eines neuen, anders ausgestalteten gleichen Verfahrens abgeändert worden; schwebende Verfahren mußten sofort nach den neuen Rechtsgangsvorschriften behandelt werden. Gleichzeitig wurde aber schon nach Art. 80 I SchBG. alter Fassung mit Wirkung von der Verkündung dieses Gesetzes vom 14. Aug. 1919 an, nach dem Abänderungsgesetz vom 24. März 1920 mit Wirkung vom 1. Jan. 1920 ab, das bisher für solche Einkommensausscheidungsstreitigkeiten vorgesehene Verfahren gemäß Art. 10 Ziff. 22 VGG. beseitigt. Wenn auch solche Streitsachen bereits durch zwei Rechtsstufen gegangen waren: solange sie nicht rechtskräftig erledigt waren, mußten etwaige verwaltungsrechtliche Erkenntnisse der Unterbehörden unter Zurückweisung der Beschwerden aufgehoben und der Antrag auf verwaltungsrechtliche Entscheidung zurückgewiesen werden, in den Gründen mit dem Anheimgeben, die Angelegenheit zur neuerlichen Behandlung im schiedsgerichtlichen Verfahren an die neue zuständige Behörde zu bringen; diese hatte, wie erwähnt, womöglich noch vom 1. Mai 1920 an ein umgestaltetes schiedsgerichtliches Verfahren anzuwenden.

3. Vorstehende Ausführungen gelten auch für anhängige Zwangsvollstreckungen, wenn nicht, wie unter Ziff. 2d beispielsweise aufgeführt, der ausdrückliche Wille des Gesetzes etwas anderes anordnet. Namentlich sind für Zwangsvollstreckung, einstweilige Verfügungen, Wiederaufnahme von Verfahren innerhalb des Zwangsvollstreckungsgangs die Ausführungen zu § 18 I Schlußabsatz, III und VII gleichfalls einschlägig. Jedenfalls bestimmt das neue Recht über die Zulässigkeit und den Umfang der Zwangsvollstreckung, über die Frage der Pfändbarkeit, dann über die Art des Vollstreckungsverfahrens[280]). (arg. § 21 II EG. ZPO. und

[280]) Gierke a. a. O. S. 207 Fußnote 50.

Art. 225, 230 bayer. AG. ZPO. und KO.). A. M. teilweise Wach, a. a. O. S. 218, der zwar zutreffend meint, daß die nicht vor dem Inkrafttreten der ZPO. anhängig gewordene Zwangsvollstreckung des schwebenden Prozesses dem neuen Recht gehorcht, die anhängig gewordene aber nach dem bisherigen zu beurteilen sei; dieser letzteren Anschauung kann nicht so allgemein beigetreten werden. Es muß hiebei unterschieden werden, ob schon endgültige Akte z. B. die ausgeführte Zustellung des Forderungspfändungsbeschlusses oder die durch den Gerichtsvollzieher durchgeführte Wegnahme der Sache abgeschlossen ist oder ob sich derartige Zwangsvollstreckungshandlungen noch in der Entwicklung befinden. Im ersten Fall wie im zweiten Fall sind die neuen rein verfahrensrechtlichen Vorschriften sofort anwendbar, jedoch im ersteren Fall die gemischten Vorschriften z. B. über die Frage der Pfändbarkeit von Sachen und Rechten die früheren überwiegend sachlichen Vorschriften, die zufällig in einem Rechtsgangsgesetz enthalten sind. Denn hier muß der Richter eine in der Vorzeit abgeschlossene, vom Vollstreckungsgläubiger erworbene Rechtsstellung auf ihre gesetzliche Haltbarkeit prüfen. Neues Recht ragt aber im Zweifel nicht in die Vergangenheit. Diese Erörterung ist deswegen auch für das öffentliche Recht von besonderer Wichtigkeit, weil gemäß Art. 46 VGG. die Verwaltungsbehörden in den in diesem Gesetz bezeichneten Angelegenheiten befugt sind, ihre rechtskräftig gewordenen Entscheidungen im Zwangsweg mit denselben Mitteln in Vollzug zu setzen, die zum Vollzug rechtskräftiger Urteile in bürgerlichen Rechtsstreitigkeiten gegeben sind (Vollstreckungsmaßnahmen auf dem Gebiet des Liegenschaftsrechtes sowie Forderungspfändungen sind der Zuständigkeit der Verwaltungsbehörden beim Betrieb der Zwangsvollstreckung wegen Geldleistungen nach Maßgabe des Art. 6 und 7 AG. ZPO. und KO. entrückt). Anders liegt die Sache, wenn es sich nicht um die Art und Weise der Zwangsvollstreckung, sondern darum handelt, ob infolge geänderter sachlicher Gesetzgebung die Zwangsvollstreckung überhaupt noch zulässig ist. Man denke etwa an folgenden Fall: Ein 14½jähriges Kind, über dessen religiöse Erziehung ein Verwaltungsgericht rechtskräftig ausgesprochen hat, daß es in der kath. Religion zu erziehen sei, soll zwangsweise auf Antrag der zuständigen geistlichen Obern angehalten werden, statt, wie bisher den evangelischen nunmehr den kath. Religionsunterricht zu besuchen, mindestens aber aus dem evang. Religionsunterricht entfernt werden durch Vorgehen gegen den Vormund gemäß § 890 ZPO. in der Zeit nach dem Inkrafttreten des Reichsgesetzes vom 15. Juli 1921 (RGBl. S. 939 ff.). Das Kind erklärt, es dürfe gegen seinen Willen nicht in dem kath. Bekenntnis erzogen werden; übrigens entscheide es sich für das evang. Bekenntnis (§ 5 dieses Reichsgesetzes). In diesem Fall ist die Durchführung der Zwangsvollstreckung überhaupt unzulässig und sofort einzustellen. Dies kann in allen sog. „Personenstands- (= status) angelegenheiten" vorkommen, bei denen sich in der Regel ohne Zutun der betreffenden Person eine sachliche Rechtsänderung vollzieht, die auch noch zur Abwendung der Zwangsvollstreckung aus einem rechtskräftigen Erkenntnis mit Erfolg geltend gemacht werden kann (näheres oben unter § 10 Ziff. 4).

§ 23. Die Verfahrensänderungen beim Wechsel des Ausnahmezustandsrechts.

Nach der bayer. VO. vom 4. Nov. 1919 (GVBl. S. 791) war unter anderem gegen Verhängung der Schutzhaft oder gegen die Anordnung des Verbots einer Druckschrift die Beschwerde zum zuständigen Landgericht eröffnet. Dagegen ließ die Reichspräsidenten-VO. vom 29. Aug. 1921 (RGBl. S. 1239) eine besondere Reichsbehörde, den Reichsminister des Innern (später einen Ausschuß aus Reichsratsmitgliedern) als Beschwerdebehörde zu. Der ordentliche Zuständigkeitsträger hatte damit den außerordentlichen abgelöst, wie unter § 7 hervorgehoben; er hatte dabei die Verhängung von Schutzhaft nicht mehr vorgesehen, wohl aber noch Einschränkungen der Presse-, Vereins- und Versammlungsfreiheit.

Hatte nun eine zuständige bayer. Polizeibehörde (Staatskommissar) für die Zeit des Geltungsbereichs des bayer. Ausnahmezustands etwa ein mit Beschwerde angefochtenes Zeitungsverbot erlassen, so mußte auch nach dem Rechtswechsel noch das Landgericht über das vor oder nach der Rechtsänderung hiegegen eingelegte Rechtsmittel erkennen und nicht die Instanzen der Reichsausnahmeverordnung. Es entschied hier für die Zuständigkeit und das Verfahren der bayer. Rechtsmittelbehörde nicht die Tatsache, daß eine früher ergangene Maßnahme auf ihre damalige Rechtsbeständigkeit hin zu überprüfen war, wie bei Beurteilung von Staatsaufsichtssachen und Vorentscheidungsklagen (Art. 7 II VGG.); das wäre für die Frage der sofortigen Herrschaft des neuen Verfahrensrechts belanglos.

Vielmehr bildete den Grund für die Fortdauer der landgerichtlichen Zuständigkeit die Erwägung, daß die Reichsausnahme-VO. völlig neues sachliches und formelles Recht unzertrennlich miteinander verwoben schuf, und daß nach dem Willen und dem Inhalte der Reichspräsidenten-VO. nur die unter dem Reichsausnahmezustand ergangenen Anordnungen dem neuen sachlichen und Verfahrensrecht unterstellt werden sollten. Rückwirkende Kraft wollte sie sich nicht beilegen im Gegensatz zur Regel der sofortigen Anwendbarkeit des neuen Rechtsgangs auch bei schwebenden Verfahren.

FSC
www.fsc.org
MIX
Papier | Fördert gute Waldnutzung
FSC® C083411

Kolibri 360 GmbH
Ferdinand-Jühlke-Straße 7
99095 Erfurt, Deutschland
produktsicherheit@kolibri360.de